スタンダード
消費税法

Consumption Tax Basics

佐藤英明・西山由美
Hideaki Sato + Yumi Nishiyama

著

弘文堂

はしがき

　本書は、消費税法を初めて学ぶ人たちのための学習書です。消費税法を勉強する目的は、税理士試験などの資格試験の受験のためや、職業の関係で消費税法を知る必要があるなどの理由が考えられます。また、経済学部、経営学部、商学部などのゼミで、本格的に消費税を扱う場合もあるでしょう。本書はこれらのどのケースであっても、消費税法を学ぶ際に、「最初に読んでほしい本」として執筆されています。

　国家試験や税務の実務において消費税額を計算できるようになるには、複雑な関係法令や通達の規定をマスターする必要があります。しかし、そのための勉強は、しばしば「丸暗記」になりがちです。これは辛い勉強方法であり、消費税法をマスターしても、消費税が嫌いになってしまうかもしれません。

　これに対して本書は、消費税法をしっかり使えるようになる最初の段階として、消費税法の骨格を取り出し、この制度はどうしてこうなっているのか、この計算にはどのような意味があるのか、などを丁寧に説明しています。細かな例外規定は、本書で骨格を学んだ後に、実務書などで学ぶことになりますが、原則の意味がわかっていれば、例外を理解することは容易です。だからこそ、本書は、「最初に読んでほしい本」なのです。

　消費税の姿は、令和5（2023）年10月からの適格請求書（インボイス）制度の施行に伴い、大きく変わります。しかし、本書で説明している消費税法の基本的な考え方や消費税の本質が変わるわけではありません。また、何が変わり、何が変わらないのかを理解するためには、変更される前の制度の姿をきちんと理解する必要があります。このような理由から、本書の内容を頭に入れておくことは、来年の変更後の制度を勉強する上でも、非常に有益です。もちろん、変更される制度のポイントも、本書で説明しておきました。

　本書は、『スタンダード消費税法』の刊行を望む読者の声が、弘文堂編集部に多数寄せられたことから、租税法のテキストや教材の執筆経験の豊富な佐藤と、長年にわたり消費税を研究してきた西山とが、タッグを組んで執筆しました。その意味で、本書の産みの親は、執筆を勧めてくださった、弘文堂編集部

の北川陽子さんです。北川さんと編集部の皆さんは、本書の刊行について、真摯にご尽力くださいました。このことに、著者として、深く感謝を申し上げます。

　本書が、ねらいどおり、読者が消費税法を学ぶ上で何らかの助けになれるなら、それは私たち著者にとって望外の喜びです。

　　令和4年8月

佐藤　英明

西山　由美

本書の利用について

1. 本書の構成

　本書は、括りが大きいほうから順に、章（**Chapter**）、節（Ⅰ、Ⅱ、Ⅲ）、項（**1. 2. 3.**）という構成になっています。章ごとに色扉があり、節ごとに内容をまとめた Key Points が置かれています（たとえば、Key Points 2－Ⅱは、第2章第2節の Key Points であることを示します）。

　各項は、**Examples**、**Lecture**、**Next Step** の3つのパートからできています。

　Examples は、その項で扱う事柄のうち重要な点を、質問の形式で示しており、その答えは、その項の **Lecture** や **Next Step** を読めばわかるようになっています。したがって、最初に **Examples** に目を通してから **Lecture** や **Next Step** を読むと問題意識をもって説明を読み進められるとともに、説明を読んだ後に **Examples** の解答を考えることで、学んだ知識や理解の確認ができます。

　Lecture には、必要に応じて図表や各種の囲みが挿入されています。このうち、とくに注意をしてほしいのは、消費税法や施行令などの条文をまとめた囲みと、説明の要点をまとめた【　】の囲みです。手もとに消費税法の条文がなくても本書を読み進められるように、重要な条文は、必要な箇所を書き抜く形で、比較的多く引用しています。また、重要な裁判例は **Lecture** の説明に対応する部分を引用したり要約したりして、囲みにしています。なお、引用部分の下線や傍点は、すべて本書の著者が付したものです。

　Lecture と **Next Step** には、*Case* と *Analysis* という囲みがあります。これらは章ごとに通し番号がつけられていて、たとえば、「*Case 1-3*」だと、**Chapter 1** の3番目の *Case* であることを示しています。*Case* と *Analysis* の番号は対応しています。この *Case* の多くは、説明のための事例という位置づけです。

　Lecture や **Next Step** には、かなり詳細に相互参照（☞）を付けています。最初に読むときは、この相互参照は無視してかまいません。いったん本書を読

み終わった後で再度読み直すときには、相互参照先に何が書いてあるかを参照しながら読むと、説明に関連する例外や特則の確認、または、消費税法全体を通した知識の整理などができます。

　本書には、法律学になじみのない読者にも手にとってもらいたいという希望が込められています。そのため、いくつかの節の終わりに、「法律用語のコラム」を設けてみました。消費税法の勉強の合間に、漠然と「こんなものだろう」と思っていた法律用語などの知識を、これらのコラムで確認していただきたいと思います。

2. 本書の読み方

　消費税の制度は、色々な事柄が絡み合っていて、1か所だけをみていただけでは、なかなか理解できません。この点、本書は、「読者が通読し、再読できる分量と内容にすること」を執筆方針としていますから、本書を初めて読むときには、ぜひ、最初に **Lecture** だけを通して読んで、消費税の全体像を大づかみに理解するようにしてください。ただし、**Chapter 1** Ⅱ と **Chapter 4** Ⅳは少し発展的な内容を扱っていますので、最初は飛ばして読んでかまいません。なので、**Lecture** を、**Chapter 1** Ⅰ、**Chapter 2**、**Chapter 3**、**Chapter 4** Ⅰ ⅡⅢと読み進め、それから最初に戻って、**Next Step** を含めて全体を通読すると、個別の制度の説明がずっと楽に理解できると思います。

3. 判決と条文

(1)　裁判所の判決や国税不服審判所の裁決について、**Lecture** や **Next Step** では、裁判所名と判決などの年月日だけを示しています。それぞれの出典については、巻末の判例索引を見てください。

(2)①　法律の条文は、消費税法については、特に法律名を書かずに条項番号のみで引用しています（**Lecture** や **Next Step** において、とくに法律名を書かずに条項番号をあげる場合も、消費税法の条項を指します）。「令」とだけ表記されているのは、消費税法施行令を指します。「規」とだけ表記されているのは、消費税法施行規則を指します。その他の法令名の略語は、以下に示すとおりです。

税通	国税通則法	税徴	国税徴収法	所税	所得税法
法税	法人税法	相税	相続税法	租特	租税特別措置法

地税　地方税法

輸徴　輸入品に対する内国消費税の徴収等に関する法律

新消税　令和5年10月1日施行消費税法

新消税令　令和5年10月1日施行消費税法施行令

外為　外国為替及び外国貿易法　　　　　　外為令　外国為替令

会　　会社法　　　　　関税　関税法　　　　関税定率　関税定率法

関税定率令　関税定率法施行令　　　　　　金商　金融商品取引法

憲　　憲法　　　　　　資金決済　資金決済に関する法律

借地借家　借地借家法　信託　信託法　　　　著作　著作権法

特許　特許法　　　　　民　　民法

EU指令　付加価値税指令（Council Directive 2006/112/EC）

②　引用するときの条項番号の略記は、アラビア数字が条数、ローマ数字が項数、○で囲んだものが、号数です。以下の例を参照してください。

　　憲25　　　⟶　　憲法25条

　　2Ⅰ①　　⟶　　消費税法2条1項1号

　　令6Ⅱ③　⟶　　消費税法施行令6条2項3号

Chapter ❷ 消費税法の基本構造 ··········49

Ⅰ 消費税額の算出方法   51

II 国境を越える デジタル役務の提供

Chapter ◆**4**◆ 消費税法の個別問題 ⋯⋯⋯181

Chapter

消費税法の基礎理論

この **Chapter 1** では、消費税法の学びのスタートアップとして、前半（I）では、「消費税は何のためにあるのか」「消費税と所得税の関係はどのようなものなのか」「消費税の税収はどのくらいで、何に使われているのか」について学んでいきます。

　消費税は今や、税収規模からいうと国税の中でも最も重要な租税です。そのような租税が「良い租税」であるためには、しっかりとした原則によって支えられなくてはなりませんし、その仕組みは、抜け道や迷い道がないように作られなくてはなりません。消費課税の詳しい仕組みについては **Chapter 2** で学びますが、ここでは消費税の仕組みをざっくりとみていきます。

　Chapter 1 の後半（II）は、消費税の歴史をふまえて、日々グローバル化・デジタル化する社会やビジネスに、消費税がどのように対応しようとしているのかに目を向けていきます。また、消費税 100 年の歴史の中で、工夫されて編み出された制度であるにもかかわらず、そこから不可避的に生じてしまう問題として、「益税・損税問題」も考えていきます。

　この後半は、まずはざっと目を通して、**Chapter 2** や **Chapter 3** で学ぶ知識を理解したあとで、もう一度じっくり読むことをお勧めします。

　それでは、消費税法の学びをスタートしましょう。

Ⅰ 消費税法スタートアップ

1. 消費税の基礎

Examples 1-1

　独身サラリーマンの A の収入は、勤務先からの給与所得だけである。年間給与収入が約 400 万円程度で、源泉徴収される所得税と住民税は約 26 万円である。1年間に負担した消費税を計算してみると約 20 万円であった。A は、「給料をもらったときに所得税をとられ、その給料で生活に必要なモノを買ったときには消費税がとられる。これは、自分の給料に対する二重課税ではないか」と疑問に思う。これは、やはり二重課税といえるであろうか。

Lecture

(1) 消費課税の目的

　下の図は、国税庁の統計年報における令和 2 (2020) 年度税収（令和 2 年度分徴収決定済額）の内訳です。国に納められる税収総額約 72 兆 146 億円のうち約 38% は消費税収で、所得税収は約 31% ですから、平成元 (1989) 年の消費税導入から 30 年を経た時点で、消費税収は所得税収を上回り、所得税、法人税、

【国税の徴収決定済額（令和 2 年度分）】

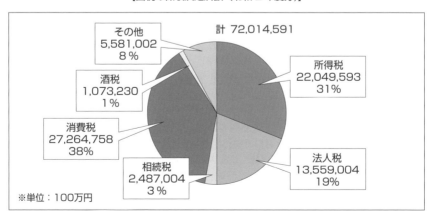

計 72,014,591

その他　5,581,002　8%

酒税　1,073,230　1%

消費税　27,264,758　38%

相続税　2,487,004　3%

所得税　22,049,593　31%

法人税　13,559,004　19%

※単位：100 万円

相続税といった主要な国税（基幹税）の中で最も重要な税となっています。

　現行消費税法は、昭和63(1988)年12月24日に成立し、消費税は、平成元(1989)年4月1日より実施されました。戦後最大の税制改革の1つである消費税の導入については、消費税法と同じ日に成立した税制改革法において、消費税創設を中核とする税制改革の趣旨目的が次のように記されています。

税制改革法
（今次の税制改革の趣旨）
2条　今次の税制改革は、現行の税制が、産業構造及び就業構造の変化、所得の水準の上昇及び平準化、消費の多様化及び消費におけるサービスの比重の増加、経済取引の国際化等を反映して著しく変化してきた現在の経済社会との間に不整合を生じている事態に対処して、将来の展望を踏まえつつ、国民の租税に対する不公平感を払しよくするとともに、所得、消費、資産等に対する課税を適切に組み合わせることにより均衡がとれた税体系を構築することが、国民生活及び国民経済の安定及び向上を図る上で緊要な課題であることにかんがみ、これに即応した税制を確立するために行われるものとする。

　つまり、所得税や法人税を中心とする直接税と、消費税導入前に存在していた物品税などの間接税との不均衡の是正（いわゆる「直間比率の是正」）が、消費税導入の大きな目的だったのです。そうだとすれば、現在では消費税が最大の税収を得ていることからすると、この目的はすでに達成されています。

　そして、この税制改革の基本理念と消費税導入という方針、さらに消費税創設の目的は、次のように示されています。

税制改革法
（今次の税制改革の基本理念）
3条　今次の税制改革は、租税は国民が社会共通の費用を広く公平に分かち合うためのものであるという基本的認識の下に、税負担の公平を確保し、税制の経済に対する中立性を保持し、及び税制の簡素化を図ることを基本原則として行われるものとする。
（今次の税制改革の方針）
4条1項　今次の税制改革は、所得課税において税負担の公平の確保を図るための措置を講ずるとともに、税体系全体として税負担の公平に資するため、所得課税を軽減し、消費に広く薄く負担を求め、資産に対する負担を適正化すること等により、国民が公平感をもって納税し得る税体系の構築を目指して行われるものとする。

10条1項 現行の個別間接税制度が直面している諸問題を根本的に解決し、税体系全体を通ずる税負担の公平を図るとともに、<u>国民福祉の充実等に必要な歳入構造の安定化に資する</u>ため、消費に広く薄く負担を求める消費税を創設する。

　このように、税制改革法の基本理念は、「中立・簡素」とされ、創設される消費税は「広く薄く」負担を求めるとされていました。しかし、現在では税率が10％（地方消費税を含む）になり、複数税率も導入されました。また、令和5(2023)年10月からは適格請求書等保存方式（インボイス方式）（☞ p.224）が始まって、零細事業者が取引から排除されることになれば、経済に対する中立性が損なわれるかもしれません。このような現状は、当初の理念や制度設計から離れて行なっているようにも思えます。

　しかしながら、税制改革法は、消費税新設の目的を「国民福祉の充実等に必要な歳入構造の安定化」としています。人々の消費活動全般に税金をかけられる消費税は、多くの税収を期待することができる、いってみれば「実入りの良い税」といえます。現在世界中で普及している消費税——名称は「付加価値税」「売上税」「物品・サービス税」とさまざまですが（☞消費税か、付加価値税か、物品・サービス税か・p.23）——は、第一次世界大戦の戦費調達のためにフランスやドイツで導入された税を嚆矢としています。所得税や法人税は、人や企業に「稼ぎ（所得）」がないことには税金をかけることはできません。これに対して、人はどのような状況でも何がしかのものは買わなければ生きていけませんから、消費税は、景気に左右されやすい所得税や法人税に比べて、安定的な財源といえます。

　このように、消費税の大きな目的の1つが財政目的であることは、しっかり押さえておきましょう。そして消費税が最も重要な基幹税である現在では、消費税にはこの目的遂行を担う責任があるわけです。このような任務を帯びた税であるからこそ、その課税と徴収は適正にコントロールされなくてはなりません。次に、消費税を適正にコントロールする基本原則を考えていきます。

消費税の主要な目的は、国の歳入構造の安定化（財政目的）

(2) 消費税の基本原則

(i) 租税法律主義

「古い租税は良い租税」といわれます。消費税が「良い租税」として日本の財政を安定して支え続けていくためには、課税目的が明確であること、そして制度がしっかりとした原則によって支えられていることが重要です。

古今東西、「悪い租税」は色々とありますが、14世紀英国の「人頭税」はその典型です。老いも若きも、富める者も貧しき者も1人あたり一律に課税するというもので、課税目的は「百年戦争の戦費調達」に尽きました。だらだらと断続的に続く戦争の最中でしたし、14世紀の中世社会ということもあり、民主的な立法手続きなどなく、国王の一存でこの悪税は導入されたのです。結果、多くの働き手を必要とする、いわゆる「貧乏子だくさん」の農民たちへの大打撃となり、ワットタイラーの乱（1381年）を惹き起こしてしまいました。戦争が悪税を生み、悪税が人々を苦しめ（当時、黒死病と呼ばれるペストも猛威をふるっていました）、社会を混乱させてしまったのです。

それでは、消費税を支える基本原則とは何でしょうか。所得や資産に対する税（所得税や相続税など）の基本原則との違いはあるのでしょうか。

まず、「租税法律主義」（憲84）は、消費税を含むあらゆる租税の存在を根底から支える大原則です。課税要件とその賦課徴収手続きが法律によって定められなければならないこと、そしてそのような法律またはその委任により定められた施行令や施行規則は、一義的かつ明確に定められなければならないことは当然のことです。

(ii) 租税公平主義

次に、「租税公平主義」を考えてみましょう。憲法14条1項の「法の下の平等」にもとづく租税公平主義の内容には、「人はその担税力（税金を支払う能力）に応じて税負担が配分されなければならない」という応能負担原則が含まれると解されています。所得税（所税89I）や相続税（相税16）の税率が累進税率であることは、このことから正当化されます。

しかしながら、消費課税の場合、収入の多い人は少ない人よりも多く消費して、多くの消費税を負担するかもしれませんが、それだけで消費税が公平な税だということにはなりません。どれほど生活に困窮しても、最低限の消費活動をしなければならない限りにおいて、そのような困窮者にも税負担が生じます。

さらに大きな問題は、収入が多い人はその全部を消費するのではなく、貯蓄や投資——これには消費税は課税されません——を行なうことができるのに、収入が少ない人は、その収入の全部を消費しなければ生活できない点から生じます。

消費税率を10%として、具体的に考えてみましょう。

収入が1100あるAは、そのうち880を消費にあてて、残りの220を貯金しました。このとき、800の消費に80の消費税が課税されていることになります。他方、収入が220しかないBは、220の収入全部を消費して生活しました。このうち、消費税は20です。

Aの収入はBの5倍（1100÷220）ですが、Aが負担する消費税はBの4倍（80÷20）にすぎません。しかも、消費税の収入に対する割合を考えると、Aは約7.3％（$\frac{80}{1100}$）ですが、Bは約9.1％（$\frac{20}{220}$）であり、収入に占める消費税負担額の割合の点では、収入の少ないBのほうが高い負担率となります。収入が5倍の人が、5倍高価なモノ、あるいは5倍の量を購入するわけではないので、仕方のないことではありますが、なんとなくしっくりきません。どうやら、消費課税における「公平」は、所得課税における「公平」とは、違ったとらえ方が必要になるようです。

それでは、消費課税においては、どのように「公平」をとらえればいいのでしょうか。

(iii)「簡素」と「中立」

税制改革法では、消費税導入を核とする税制改革の基本理念を「税制の経済に対する中立性を保持し、及び税制の簡素化を図る」としています（同法3）。税制のあり方として、しばしば「公平・簡素・中立」が言及されますが、まずは「簡素であること」、そして次に「中立的であること」もまた、消費課税の基本原則となりそうです。

まず「簡素」について、税制が簡素であることは制度設計も簡易であり、税を納める人にとって申告納税の方法がわかりやすくなります。また、簡易で透明な制度は、脱税の余地を狭めます。ただし、「公平と簡素はトレードオフ」といわれるように（☞「公平」と「簡素」のトレードオフ・p.11）、簡素にすると公平が、公平にすると簡素が損なわれがちです。

次に「中立」について、「中立であること」にはさまざまな意味があります

が、ここでは「経済活動に対して中立であること」をいいます。つまり、消費課税によって経済活動の意思決定が歪められてはならないということです。たとえば、ある事業者が「売上げが1000万円の小規模事業者（☞ p.183）であれば納税が免除される」ことに注目して、頑張れば売上げが1000万円を超えられる機会と能力があるのに、小規模事業者にとどまるためにビジネス拡大をしないという選択をするとします。こうした状況は、消費課税が経済活動の意思決定を歪めている例です。

> ■消費課税の重要な原則
> ・「簡素」であること
> ・「中立」であること（事業者の事業に対する意思決定が消費課税によって歪められないこと）

（iv）国境を越える取引に対する消費課税の原則

国境を越える取引（☞ p.143）についても、「簡素」および「中立」が妥当することはいうまでもありません。これに加えて、ある取引が国境を越えて行なわれるときに、どの国の消費税の課税対象になるのかという原則も明確にしておく必要があります。

まず、税関を通る外国貨物の取引について、「保税地域から引き取られる外国貨物には……消費税を課する」（4Ⅱ）とされていますから、輸入国での課税となります。これに対応して、輸出国では課税されません。その結果、たとえば、ハンガリーから日本向けに輸出される高級食器に対する消費税率は、ハンガリーの27%ではなく、日本の10%が適用されることになります。つまり、国境を越える貨物取引については消費地で課税するという、「消費地主義（仕向地主義）」（☞ p.146）が適当であると考えられているのです。

消費地主義の下では、輸入品も国産品も消費地で同じ税率が適用されることになり、「同じ市場での同じ競争条件」が確保されます。また、消費地主義は、消費される国での課税ということで、消費税にもなじみます。

次に、国境を越えるサービスの取引（たとえば、海外の弁護士から日本国内の企業に対する法律コンサルティング、海外のアーティストの日本国内での公演など）は、その性質上、税関を通りませんから、輸入取引とはいえません。これは、「そのサービスが日本国内で行なわれたかどうか」によって課税国が決まります。つまり「役務の提供地の国内外判定」（4Ⅲ②）の問題となります。

「役務の提供地」というときに、サービスの送り手側の国、あるいはサービスの受け手側の国のどちらも該当するように思われますが、いずれの国で課税できるかを決めておかないとサービスの送り手側の国とサービスの受け手側の両方で課税されるという、二重課税状態が発生することになってしまいます。日本では、この内外判定を施行令で定めています。たとえば、建設に関するサービスについては「必要な資材の大部分が調達される場所」であり、海外の弁護士等からの助言等は「役務の提供を行う者のその役務提供に係る事務所等の所在地」となります（令6Ⅱ⑤⑥）。

　ただし、このルールの下では、たとえば、日本国内の企業がシンガポールの弁護士から助言を受ける場合、サービスの消費地である日本の消費税の対象になりませんから、国境を越えるサービス提供については消費地主義が貫徹されないことになります。

　さらに、「サービスは提供者の事務所のある国で消費税を課税する」というルールでは、消費地での事業者間の競争条件に歪みを生じさせます。たとえば、税関を通らない、オンライン上で売買されるデジタルコンテンツ（電子書籍や音楽オンライン配信など）はサービス（役務）とされますが、日本国内で配信される電子書籍には消費税がかかるのに、海外から配信される電子書籍には消費税がかからないことになり、国内事業者と国外事業者間の競争条件に歪みが生じます。この問題は、日本の事業者が国外事業者を買収して国外から配信するという選択をしたり、国内事業者が窮状を国会で訴えたりする事態にもなりました。その後、国境を越えるデジタル役務の提供については、「消費地主義」をふまえ、配信先が日本であれば日本の消費税を課す制度に変更されました（☞ p.164）。

(3) 消費税の意義と制度の姿

　(1) と (2) では、消費課税の目的や基本原則を考えてきましたが、ここで改めて **Examples 1-1** の A の疑問を通して消費税の意義を考えてみましょう。

　たしかに、A にとっては唯一の収入源である給料について、入口（給与支払い）で所得税が課され、出口（消費活動）でも消費税を負担しています。ただし、A は給与所得については納税義務者ではありますが、消費税の納税義務

者は事業者ですから（☞ p.51）、消費税に関して A は納税義務者ではなく担税者（☞ p.51）です。ですから、A の疑問は、より正確には、「自分の給料に対して二重『負担』をしているのではないか」というものです。

　消費税導入の基本法である税制改革法 2 条をおさらいすれば、消費税の導入趣旨は、「所得・消費・資産に対する均衡のとれた税体系の構築」です。消費税導入前の税体系は、担税力を測る基準として「稼ぐ力」と「資産保有の力」に拠っていたところ、「消費する力」にも担税力ありとしたわけです。しかし、この個人（消費者）の消費能力を正確に調べて、納税に結び付けることは技術的に困難であることから、消費者が事業者からモノやサービスを購入するとき（取引時）の事業者の売上金額を使って、課税を実現する手法がとられたのです。ですから、消費税は本来、消費能力に対する課税をめざしているものの、徴税技術的には事業者の取引に対する課税の形式をとっています。「取引税の衣裳をまとった消費税」ということです。

　法形式の上では事業者を納税義務者とし、売上金額を課税のベース（課税標準）とする限りにおいて、消費税制度が円滑に機能するかどうかは、事業者の制度に対する理解と協力にかかってきます。そのため、事業者の経済活動の意思決定を消費税が歪めてはならないという意味での「中立」は、きわめて重要な原則といえます。その前提として、事業者にとって申告納税などにかかるコスト（これは、「コンプライアンスコスト」と呼ばれます）ができるだけ少なくてすむ税であるために、「簡素」であることが必要です。

Next Step

▶消費税の目的は財政目的しかない？

　かつて、ドイツの裁判所が判決中で「消費税には財政目的以外の目的はない」、すなわち、消費税の目的は税収を得ることだけだと述べたこと（ドイツ連邦財政裁判所 1972 年 11 月 8 日判決）に対して、「このような考え方は、そのためになぜ消費税が必要なのかに対する説明になっていない」と厳しく批判がなされた。たしかに、「財政目的」が消費税の重要な課税目的の 1 つだとしても、その目的のために消費税が選択されることを正当化するためには、これだけでは足りない。「消費能力に担税力を認めて課税する」とか、「消費によって生じる外部費用を消費者が負担する」とかいった説明により、消費税の選択が正当化されるかもしれない。

しかし、「消費能力に担税力あり」という点については、**Examples 1-1** の A の「1つの収入に対して入口と出口で二度負担するのか」という疑問がもたれるであろう。また、消費活動による外部費用（インフラの消耗、騒音、エネルギーの過剰消費など）に対して、なぜ消費者だけが責任を負わなくてはならないのか（事業者にも負担させるべきではないか）、という疑問も生じるであろう。

▶消費税導入成功の秘訣とは

日本では、平成元(1989)年4月に消費税が実施されるまでの道のりは大変なものであった。とくに消費税導入のための税制改革関連法案の国会審議は、採決時にいわゆる「牛歩戦術」がとられるなど与野党の対立が激しく、導入前年（昭和63(1988)年）の12月24日に成立、同月30日に公布された。

これとは対照的に、導入に先立って消費課税に対する国民の理解を得るための調査と説明にかなりの時間をかけたものの、導入自体は、比較的円滑に行われた国として挙げられるのがニュージーランドである。ニュージーランドは、1986年に税率10%の単一税率で消費税（「物品・サービス税」）を導入した。導入当時財務大臣だったロジャー・ダグラス氏は、のちに、ニュージーランドにおける消費税の円滑な導入の秘訣について、「税を徴収する事業者に『この新しい税になんとか対応できる』と納得させなければならなかった。単一税率であること、非課税項目は設けないことなどの簡素さこそ、法案が受け入れられた大きな理由だと思う」と語っている。このように、ニュージーランドでは、「簡素」を重視して、新税である消費税を導入した。

ニュージーランドの現在の税率は15%で、単一税率を維持している。医療サービスや教育サービスといった、通常は非課税とされる項目についても課税対象となっている。なぜこのような仕組みをとったのかについては後述する（☞ p.40）。

▶「公平」と「簡素」のトレードオフ

税制において、「公平と簡素は、トレードオフの関係にある」といわれる。それは、税制が簡素だと抜け道をみつけて課税を逃れようとする納税者が出現するので公平でなくなるし、抜け道をふさいで課税逃れのできない税制を作ろうとすると、税制が複雑になるからである。

たとえば、わが国の消費税における小規模事業者制度（☞ p.186）は、法人の場合、ある事業年度の前々年度の売上高だけで適用の有無を決める、きわめて簡素な制度として出発した。しかしそれでは、大法人でも設立後2年間は消費税の納税義務を負わないことが不公平だとされるし、法人を2年ごとに設立して事業を次々と別の法人に移していくことで消費税を負担しないスキームなどが考えられたことから、現在の制度は、これらの「抜け道」をふさぐために、かなり複雑な制度となっている（☞ p.189）。

所得税法や法人税法が「公平」を実現するために「簡素」を犠牲にせざるを得なかったのと同様、消費税法においても同じような傾向にある。

▶消費税課税における PE（恒久的施設）

　所得課税では「PE（恒久的施設）なくして課税なし」とされ、国家間の課税権の配分について、国外事業者に対して国内源泉所得を課税するためには国内に「PE（恒久的施設）」がなければならない（所税161Ⅰ①、法税138Ⅰ①）。「PE」とは、非居住者や外国法人が日本国内に置いている支店や工場などを指す（所税2Ⅰ⑧の4参照）。ザックリいえば、ある国は、その国に住んでいない人（非居住者）やその国の法人ではない法人（外国法人）の何らかの目に見える「拠点」のようなものがその国にあって初めて、その非居住者や外国法人の所得に課税ができるのである。

　しかしながら、税関を通してモノが国内に輸入されるときに PE の存在は問題にならない。また、デジタル役務提供その他の例外を除く役務が国境を越えて国内に提供されるときには、提供を行なう事業者の所在地国の消費課税に服することになるから、これもまた国内に PE があるかどうかは問題にならない。むしろ、サービス提供側の事業者としては、できるだけ消費税率の低い国に事業拠点を置くインセンティブになる。

　EU（欧州連合）を市場とする多国籍企業の多くが事業拠点をルクセンブルクに置くのは、このような事情による。つまり、デジタルコンテンツの売上げから莫大な利益を得ている多国籍企業は、EU 域内で最も消費税率の低いルクセンブルクに事業拠点を置くことで、消費課税の負担を最小限にすることができるからである。

　ただし、EU 域内では2010（平成22）年以降、事業者と個人間のサービス越境取引については、なおもサービス提供者の所在地国で課税をする原産地国主義をとっているものの、事業者間のサービス越境取引については、サービスを受領する事業者の所在地国で課税をする仕向地主義（消費地主義）に移行している。

▶支出税構想

　ある人の収入を入口で所得税、出口で消費税を負担する構造を撤廃し、出口だけで課税をしようという発想が「支出税」である。所得税と消費税が統合され、複雑な所得税がなくなるため、非常に簡素な税体系となる。

　この支出税構想は、とくに経済学的観点からの支持も少なくないが、たとえば家族のためにモノを買ったときにそれを買った人に課税してよいのか、モノは買わずにひたすら貯蓄に励む場合に課税なしとするのかなど、現時点では実現のハードルは相当高い。

法律用語のコラム

【ドイツ消費税の父・ポーピッツ】
　「戦争は税を生む」といわれるが、現在の消費税（付加価値税）の前身である売上税（全段階一般消費税であるが仕入税額控除が組み込まれていないもの）は、第一次

世界大戦の戦費調達目的でドイツやフランスで導入された。

　ドイツで「売上税」として 1918 年に税率 0.5% で導入されたとき、売上税法法案起草に中心的にかかわったのが、当時プロイセン内務官僚であったヨハネス・ポーピッツ（Johannes Popitz、1884～1945 年）である。1918 年 11 月にドイツは降伏したこともあり、売上税の制度設計の主眼は、戦費調達ではなく、戦後の財政立て直しであった。この売上税は、物品のみならずサービスにも課税する初めての税であったこと、また、法の立法作業が戦時の混乱の中で十分な審議が尽くされなかったことに対する戸惑いや批判はあったものの、戦後の巨額な賠償金を調達できる他の財源は皆無であったことから、世論も「新税の導入はやむを得ない」となった。

　ポーピッツは官僚として実務に携わる一方、売上税法に関する膨大な解説書も執筆した。その本の中では、この税に内在する逆進性（高所得者より低所得者のほうが税負担が重くなること）の問題や脱税の可能性に言及している。また、一時期、ベルリン大学（当時）で教鞭をとっていたこともある。

　このように官僚として、研究者として、教育者として、ドイツ売上税の発展に大きな貢献のあったポーピッツであるが、第二次世界大戦末期のナチス政策に疑問をもつに至った。そして、ヒトラー暗殺計画（トム・クルーズ主演の米国映画「ワルキューレ」で有名）に加担したかどで、悪名高いフライスラー判事を裁判長とする国民裁判所で死刑判決を受け、ドイツ降伏の 3 か月前にベルリンのプレッツェンゼー刑務所で絞首刑に処された。

　このようにポーピッツの生涯は、2 つの世界大戦に翻弄されたものではあったが、ドイツの消費税（ドイツの法律上の正式名称は現在でも「売上税」）は、ドイツの安定的な財政を支え続けている。また、ポーピッツのベルリン大学時代の教え子は、第二次世界大戦で再び敗戦となったドイツの戦後の財政・税制を立て直す人材として活躍した。ドイツ売上税導入 100 年を記念する論文集（2018（平成 30）年）の最初の章では、ポーピッツの業績が詳細に記され、その貢献が称えられている。

（Y.N.）

2. 消費税の仕組み

Examples 1-2

　大学の授業で消費税法を学び始めた B は、消費税法の条文を読みながら、次のように考えた。

　「消費税法の中に、『消費』や『消費者』という文言は 1 つもない。ヨーロッパなどでは『付加価値税』というらしいし、オセアニアなどでは『物品・サービス税』

Lecture

(1) 現行消費税の仕組み

　ここでは国内取引に対する消費税を考えていきましょう。

　消費税の類型としては、今の消費税導入前の物品税のように、特定の物品（贅沢品など）だけに課税する型もありますし、米国の州税である小売税のように、事業者から最終消費者の小売段階だけに課税をする型もあります。しかしながら、現行消費税法は、「全段階一般消費税（仕入税額控除付き）」の型を採用しています。すなわち、原則としてすべての事業者を納税義務者とし（5 I、☞ p.51）、モノの販売のみならずそれを有料で貸す場合（消費税法では「資産の譲渡及び貸付け」）、そしてサービスの提供（消費税法では「役務の提供」）を課税の対象として（4 I、☞ p.56）、製造・生産から販売に至るまでのすべての取引段階で次の取引相手に税負担をさせる「税額転嫁」を行ないます。このように、すべての段階で課税がなされる弊害として不可避的に生じる税の累積を排除するために、「仕入税額控除」（☞ p.97）を組み入れています。

　国内での消費課税の仕組みは、次のとおりです（わかりやすいように税率を10% とします）。

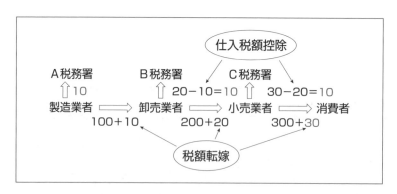

　ある商品が製造業者から卸売業者に 100 円で販売されるときに 10 円の消費税が転嫁されます（税額転嫁）。次に卸売業者から小売業者に 200 円で販売さ

れるときに20円の消費税が転嫁されますが、卸売業者はこの20円から仕入段階で負担した10円を差し引くことができます（仕入税額控除）。さらに小売業者が消費者に300円で販売するときに30円の消費税が転嫁されますが、小売業者はこの30円から仕入段階で負担した20円を差し引くことができます。結果、A税務署、B税務署およびC税務署に納付された30円を最終的に負担するのは消費者となります。

このように、消費税は、「税額転嫁と仕入税額控除の両輪によって駆動する仕組みの税」です。そして、納税義務者は事業者（製造業者・卸売業者・小売業者）であるけれど、最終的に税を負担するのは消費者となることから、最終消費者に対する税、すなわち「消費税」というわけです。

この「全段階一般消費税（仕入税額控除付き）」の仕組みをさらにみていきましょう。

（ⅰ）「全段階一般消費税」であること

消費税が導入される前に存在していた税が「物品税」です。物品税は、消費税の導入によって廃止されました。

物品税は、文字どおり、モノの販売のみが課税対象となります。物品税は、次第に戦時体制に移行しつつある昭和12(1937)年──日中戦争の端緒となった盧溝橋事件が起こった年ですが──に貴金属やカメラ等の贅沢品を課税対象とした税として導入されました。そして戦後も、毛皮や自動車などを課税対象として存続していました。

ただ、導入から半世紀も経つと、「贅沢品」の認識も変わってきます。たとえば、今の私たちの生活にとって冷蔵庫やテレビは贅沢品でしょうか。また、今の私たちの消費生活は、モノを買うだけでなく、モノをレンタルしたり、サービスを利用（テーマパークで遊ぶ、家事代行サービスを利用するなど）したりしています。人々の消費一般に負担を求める消費税の導入は、税制改革法2条（☞p.4）にも規定されているように、「現行の税制が……消費の多様化及び消費におけるサービスの比重の増加……を反映して著しく変化してきた現在の経済社会との間に不整合を生じている」という問題意識によるものです。

もちろん、消費一般に負担を求めるといっても、政策的配慮から非課税取引とされるものもありますが（☞p.75、80）、基本的に「事業として対価を得て行われる資産の譲渡・資産の貸付け・役務の提供」は課税対象とされます（4Ⅰ、

2I⑧)。このほか、個人輸入も含めた輸入取引も消費税の課税対象となりますが（4II）、それは後ほどみることにします（☞ p.143）。

　消費税は、製造から小売りに至るまでのすべての取引に対して課税がなされる全段階課税です。小売段階だけに課税をするというシンプルな方法もありますが、同じ事業者でも小売業者は納税義務者になるのに卸売業者は納税義務がないというような問題が生じます。消費税が経済構造にできるだけ歪みを生じないようにすること、つまり「経済活動に対する中立」の確保が重要であることを考えて、製造事業者も卸売業者も小売業者も納税義務者に組み入れる全段階課税が選択されたわけです。

（ii）「仕入税額控除付き」であること

　「仕入税額控除」の仕組みは **Chapter 2** で述べますが（☞ p.97）、仕入税額控除は、取引段階がどれだけあっても税額累積が生じないことと、納税義務者である事業者にとって消費税がコストにならないことを担保する仕組みであって、「税額転嫁」とともに消費課税の支柱を形成するものです。

　現行消費税法は、「事業者……が、国内において行う課税仕入れ……については、……課税期間の第45条第1項第2号に掲げる課税標準額に対する消費税額……から、当該課税期間中に国内において行つた課税仕入れに係る消費税額……の合計額を控除する」（30I）と規定しています。この規定は、消費税の導入時から存在していたこともあり、「あって当たり前の制度」と思うかもしれません。しかし、これは1960年代に欧州で考案された仕組みで、これが考案されるまでは税額累積が問題となっていたのです。当時は、取引数が多いと税額累積も増えることから、これを回避するために生産から小売りまでを一本化する企業の垂直的統合が盛んに行われていました。経営戦略としてではなく、節税戦略としてです（☞仕入税額控除制度の誕生・p.20）。

　仕入税額控除は、消費課税の「主役」です。それゆえ、「消費税をめぐるさまざまな問題の多くは仕入税額控除に関連している」とも指摘されます（☞仕入税額控除──消費税のアキレス腱・p.21）。

> ■現行消費税は、
> ・全段階一般消費税である
> ・仕入税額控除付きである

(2) 現行消費税法

（ⅰ）税収使途の明確化

　(1)で確認した現行消費税の仕組みをふまえて、改めて消費税法の条文をみていきます。

　まず、法の趣旨等を定める1条2項を確認します。

> 1条2項　消費税の収入については、……毎年度、制度として確立された<u>年金、医療及び介護の社会保障給付並びに少子化に対処するための施策に要する経費に充てるものとする</u>。

　この規定を受けて、地方税法は次のように定めています。

> 地方税法
> 72条の116
> 　　1項　道府県は、……当該道府県内の市町村に交付した額を控除した額に相当する額を、消費税法第1条第2項に規定する経費その他社会保障施策（社会福祉、社会保険及び保健衛生に関する施策　をいう。次項において同じ。）に要する経費に充てるものとする。
> 　　2項　市町村は、……道府県から交付を受けた額に相当する額を、消費税法第1条第2項に規定する経費その他社会保障施策に要する経費に充てるものとする。

　なお、地方税法の規定では「道府県」とするのみで、「都」がないことに驚くかもしれませんが、地方税法1条2項は「この法律中道府県に関する規定は都に、市町村に関する規定は特別区に準用する」としているので、東京都にも特別区にも適用されます。

　この税収使途の明確化は、令和元(2019)年10月に税率が標準税率10%（軽減税率8%）になったときに行なわれたものです。消費税という基幹税を、事実上、目的税とする仕組みは、消費税を有する諸外国でも例をみないものです。

　消費税と地方消費税の使途は、次頁の図のとおりです。

　税収使途の明確化は、「自分が負担した税が社会保障に使われている」ということを意識できるというメリットもありますが、一方で、社会保障目的が税率引き上げの口実になるというデメリットも指摘されるところです。

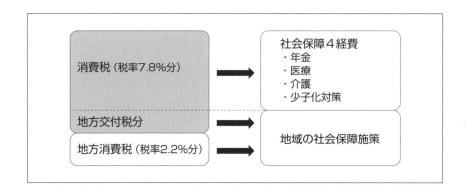

（ⅱ）税額転嫁と仕入税額控除

　消費税法4条は「課税対象」、5条は「納税義務者」、13条は「資産の譲渡等を行った者の実質判定」、28条は「課税標準」、そして29条は「税率」と、消費税の課税要件が定められています（☞ p.51、54、56、86）。そして、30条が「仕入税額控除」の規定です（☞ p.97）。

　先に、「消費課税は税額転嫁と仕入税額控除の両輪によって駆動する」（☞ p.15）と説明しましたが、「仕入税額控除」の規定はあっても、「税額転嫁」の規定はどこにもありません。課税標準を「課税資産の譲渡等の対価の額」（28 Ⅰ）とし、税率を「100分の7.8」（29Ⅰ）とすることで、支払対価の7.8%（地方消費税を合わせて10%）の税を転嫁することが予定されているのであって、税額転嫁が義務とも権利とも定められていないのです。消費税の転嫁を法律に書き込まないというのは、日本だけのことではなく、消費税を有する諸外国の法律はみな同じです。

　消費税における税額転嫁は、消費税導入の基本法である税制改革法11条1項に「事業者は、消費に広く薄く負担を求めるという消費税の性格にかんがみ、消費税を円滑かつ適正に転嫁するものとする」と規定されているだけです。ですから、事業者間の力関係によって税額転嫁がしにくい、つまり立場的に弱い売主側事業者が税額転嫁をできずに自己負担してしまうということも起こり得ます。

　事業者間で税抜価格と税額を区別して表示したインボイス（適格請求書）（☞ p.224）を用いて税額転嫁と仕入税額控除を行なう仕組みでは、税額転嫁ができないということは生じにくいのですが、これまでそのような仕組みになって

いなかった日本では、税額転嫁ができないということがしばしば問題となりました。そこで、税率10%の引き上げを想定して、「消費税転嫁対策特別措置法」が平成25(2013)年に施行されました。これは、特定の事業者間における消費税額相当分の割引要求や買いたたきを禁ずる内容ですが、違反に対する罰則はありません。ただし、この特別措置法による事業者間の円滑な税額転嫁に対する意識向上、そして令和5(2023)年10月からのインボイス方式の導入により、税額転嫁ができないという状況の改善が期待されるところです。

Next Step

▶物品税から消費税への転換

（ⅰ）　**Lecture** で説明したとおり、現在の消費税が導入される前のわが国において消費への主要な課税は物品税によって担われていた。物品税の基本的な考え方は、「贅沢品」をピックアップして、その贅沢さに見合った税率で税金をかける、というものである。贅沢品を買う人は、それだけ担税力があると考えられるからである。この基本的な考え方には、あまり異論はないと思われる。

　　このように、個別の物品などをターゲットにした消費税は、個別消費税と呼ばれる。これに対して、原則としてあらゆる消費を課税の対象とする、現在の消費税は、一般消費税と呼ばれる。

　　個別消費税、たとえばかつての物品税だと、製造業者を納税義務者とすることで、執行が容易な制度を作ることができた。これに対して、一般消費税は、多くの小売業者なども納税義務者となることから、執行は容易とはいえない（自動車の製造業者と販売業者の数を思い浮かべてもらいたい）。

（ⅱ）　わが国において、物品税を廃止して消費税を導入した理由としては、次の3点が重要である。

　　第1に、個別消費税である物品税だと、「贅沢品」にしか税金がかからないため、大きな税収をあげることが難しい。これに対して、一般消費税である消費税は、すべての消費を課税の対象とするため、大きな税収をあげることが可能である。1970年代以降の日本の財政を考えると、消費に対する税収は、もっと大きなものである必要があったことが、物品税から消費税への変更の理由の1つである。

　　第2に、消費の多様化、複線化への対応があげられる。物品税が「良い税」であるためには、1つの条件をクリアしなければならない。それは、「贅沢品」をピックアップできる明確な基準の設定である。

　　社会の複雑化がまだあまり進んでいない状態だと、この条件が満たされやすい。か

つてのわが国では、自家用車を例にとると、新入社員が乗る車、その上司が乗る車、さらに幹部役員が乗る車はおのずと違っていて、立場や収入が上がれば、より高級な（高価な）自動車を所有することが一般的であった。この場合は、自動車を普通車（3ナンバー車）、小型車（5ナンバー車）、軽自動車、などと区別して税金（物品税）をかけ、軽自動車よりも小型車に重く課税し、小型車よりも普通車に重く課税することには、合理性があった。

ところが、現在では、サラリーパーソンが一般に自家用車を所有するとは限らないし、自動車好きの人なら、他の消費を我慢して、若いころから高級自動車を所有することも可能になっている。こうなると、どの自動車が「贅沢品」なのかを決めることが難しい。

この状況で無理矢理「この自動車が贅沢品」と決めて課税すれば、課税された分だけ値段が上がるので、消費者はその自動車を敬遠するようになり、結果的に税が市場を歪めてしまう。

これに対して、すべての消費を課税の対象とする消費税は、贅沢品とそうでないものを区別しないから、市場を歪めるおそれがない。

第3に、財のサービス化への対応が求められた。かつては、自動車は所有して乗り回すものであったが、現在ではカーシェアリングやカーリースなども広く行なわれている。このように、「財（モノ）」の消費ではない「サービス」の消費の重要性が高まっても、一般に個別消費税ではこれらのサービスの消費に課税することは困難である（「物品税」は、文字どおり、モノに対する課税であった）。

これに対応するには、「モノの消費」と「サービスの消費」を区別しない、一般消費税が必要とされたのである。

▶仕入税額控除制度の誕生

（i）　消費税は、所得税同様に戦争税である。所得税がナポレオン戦争の戦費調達のために英国で導入されたように、消費税の前身である売上税は、第一次世界大戦の戦費調達のためにフランスとドイツで導入された。当初は仕入税額控除がなかったため、取引数が多ければ多いほど税額が累積する問題があった。

このことはまた、**Lecture** で説明したとおり、製造販売の上流から下流まで、すなわち、製造から卸し、小売りまでの取引課程を1つにまとめた企業が税負担や価格競争の点で有利であるという、市場の歪みをもたらした。このことを次の **Case** で具体的にみておこう。

Case 1-1

製品Xの原料の税込価格は、88（80＋税8）である。製造業者Aは、この原料を使って製品Xを作り、30の利益を載せて、卸売業者Bに販売する。Bはこれに

10 の利益を載せて小売業者 C に販売する。製品 X を仕入れた C はこれに 20 の利益を載せて消費者 D に販売する。なお、仕入税額控除のない制度の下で課税が行なわれることとする。

（ア）これらの取引のすべてに、10%の税率で課税される場合、C は D にいくらで X を販売することになるか。

（イ）製品 X について、製造、卸し、小売りのすべてを行なう P 社がある。P が A、B、C と同じだけの利益を得る場合、10%の税率として、P は消費者 E にいくらで X を販売することになるか。

Analysis 1-1

（ア）

A → B の取引：

B への販売価格＝（88〔仕入価格〕＋30〔A の利益〕）×1.1＝129.8

B → C の取引：

C への販売価格＝（129.8〔仕入価格〕＋10〔B の利益〕）×1.1＝153.78

C → 消費者 D の取引：

D への販売価格＝（153.78〔仕入価格〕＋20〔C の利益〕）×1.1＝191.158

（イ）

P 社は A と同様に、製品 X の原料を税込価格 88（80 ＋税 8）で仕入れ、A、B、C と同じ利益 60 を載せて消費者 E に販売した場合、

E への販売価格＝（88〔仕入価格〕＋60〔P の利益〕）×1.1＝162.8

Analysis 1-1 の（ア）でわかるとおり、取引の段階（回数）が増えるほど、税額が累積していく。そのため、事業者は、（イ）で示されるように、取引段階を一本化（垂直的統合）をしたほうが有利となる。そして、同じ製品 X をより安く販売するために垂直的統合が選択されると、中間事業者（卸売業者）は市場から排斥されかねない。

（ⅱ）この税額累積問題に終止符を打つきっかけとなったのが、こうした税額累積状態を違憲としたドイツ憲法裁判所判決（同裁判所 1966（昭和 41）年 12 月 20 日判決）である。これを機に、仕入税額控除の仕組みが確立し、事業者は仕入段階で負担した税額を控除することにより、仕入税額がコストとならないことになった。

なお、税額累積排除の他の方法として、仕入額控除方式、つまり売上額から仕入額を控除したのち税率を乗じることも検討されたが、税率を異にする国の間の取引を考慮して、仕入税額控除のほうが採用された。

▶仕入税額控除──消費税のアキレス腱

仕入税額控除は、とくに事業者にとって、消費税が自らのコストにならないための仕組みであり、消費課税には不可欠な制度である。しかしながら、消費税をめぐる税務訴訟の多くは、この仕入税額控除の可否をめぐるものであり、「消費税の問題の大半は仕

入税額控除の問題である」といわれるゆえんである。

　事業者としては、控除対象仕入税額を多く計上すれば、納付税額を減額することができる。さらには、売上税額より仕入税額を多く計上すれば、税金の還付すら受けられる。

　一連の取引において、取引数の多寡にかかわらず、最終消費者に至るまで税額累積が生じないために考案された仕入税額控除が、脱税や節税スキームに利用されることがしばしば生じる（☞ p.240）。

▶地方消費税

　人々の消費活動は、地域の経済活動と密接にかかわっているため、消費課税を地域レベルで行なうという考え方も成り立ちうる。その例は、米国の地方税（州税）としての小売税である。しかしながら、地域間移動が容易かつ頻繁な中で、都道府県あるいは市区町村がばらばらに消費課税ルールを定めると、事業者が自己に有利な地域に移動するなどして、消費課税の中立性を損なうことになる。また、地方自治体の税務を担当する職員は、税務以外を担当する部署との間の異動があり、税務を専門とする国税庁職員と比較すると、徴税能力に限界がある。そこで、わが国においては、国税分の税率と地方税分の税率を設定して、一括して徴税する仕組みがとられている。ドイツのように、いったん国税として徴収したのちに、税収の一定割合（おおむね税収の半分）を州や市町村に配分するという方法もあるが、日本では税率設定による配分とした。

　地方消費税は、消費税率が3％から5％に引き上げられた平成9（1997）年に導入された。国税分と地方税分の配分の変遷は、総務省の資料によると、下の表のとおりである。

【消費税の税率と地方消費税の税率分（まとめ）】

	~H.26.3.31	H.26.4.1~	R.元 ~9.30	R.元 10.1~	R.2.4.1~
消費税（A）＋地方消費税（B）	5％	8％			10％（軽減税率8％）
消費税（A）	4％	6.30％			7.8％（軽減税率6.24％）
うち地方交付税の財源となる部分（a）	1.18％	1.40％	1.47％		1.52％
地方消費税（b）	1％	1.7％			2.2％（軽減税率1.76％）
地方分合計（a）＋（b）	2.18％	3.10％			3.72％標準税率の場合

少子高齢化に伴う地方自治体の財政のひっ迫に対して、地方消費税は安定的な財源であることから、地方財政の支柱になることに疑いはない。しかし、その使途が社会保障施策に限定されることになると、地方財政全般を支える地方消費税の機能が十分に果たせなくなるかもしれない。

▶消費税か、付加価値税か、物品・サービス税か

　消費税法を通読すればわかるが、タイトルの「消費税法」以下、「消費」や「消費者」という文言はどこにも見当たらない。

　消費税の母国とされる EU 域内の消費税は、「付加価値税」とか「売上税」という名称を用いている。この地域ではすでに中世の時代、食料品などに対して地域ごとに異なる消費課税があり、30 年戦争（1618〜1648 年）後は、内国関税として徴収される主要な税収であったとされる。20 世紀になって第一次世界大戦時には戦費調達のためにフランスとドイツが現在の付加価値税の前身である税を導入したが、これには仕入税額控除が組み込まれていなかったため、取引ごとに税額が累積するという問題があった。そのため、1960 年代になり、仕入税額控除を組み入れた「付加価値税（VAT）」（ドイツやオーストラリアなどのドイツ語圏では、「売上税」と呼ばれる）が導入され、現在に至っている（☞仕入税額控除制度の誕生・p.20）。ただし、消費課税の仕組みからいって、付加価値が生じていなくても（すなわち原価割れで販売されても）課税がなされることから、付加価値税という名称は必ずしも正確なものではない。

　比較的最近に消費税制度を導入した国（カナダ、オーストラリア、ニュージーランド、シンガポールなど）は、「物品・サービス税（GST）」の名称を用いることが多い。「消費税」の名称は、OECD（経済開発協力機構）加盟国の中で日本だけが用いている。

　消費税が「取引税の衣裳をまとった消費税」であるとすると、「物品・サービス税」は取引に対する税という面が強調され、「消費税」は消費に対する税という面が強調されているといえる。

Key Points 1 − I

❶消費税の導入から 30 年以上を経た現在、消費税収（徴収決定済額）は、主要な国税の中で最も多く、最も重要な基幹税となっている。

❷平成元（1989）年に導入された消費税の基本法である「税制改革法」によれば、税制改革の基本理念は「経済に対する中立性の保持・税制の簡素化」であり、これにより導入される消費税の目的は、「国民福祉の充実等に必要な歳入構造の安定化」であった。

❸国内取引における消費税の基本原則としては、「簡素」と「中立」が重要である。消費課税における「中立」とは、消費課税によって事業活動の意思決定が歪められてはならないというものである。

❹国境を越える取引における消費税の基本原則は、物品（外国貨物）の取引においても役務（サービス）の提供においても、その消費地における事業者の競争中立を確保するために、仕向地主義（消費地主義）が重要である。

❺消費税は、消費者の消費能力を正確に把握して課税することの困難さから、事業者が行なう取引に着目し、これに対して課税をするという手法をとっている。それゆえ、事業者の消費税に対する理解と協力が不可欠であり、それに対応した制度構築が重要である。

❻現行消費税法は、事業者によるモノ・サービスすべての取引に対して課税をし、事業者が仕入段階で負担した消費税を取り戻すことができるという意味で、「全段階一般消費税（仕入税額控除付き）」である。

❼現行消費税法は、税収の使途を社会保障4経費（年金・医療・介護・少子化対策）に限定している。

❽消費税の仕組みは、「税額転嫁」と「仕入税額控除」の両輪で駆動する。仕入税額控除については、消費税法で規定されているが、税額転嫁に関する消費税法上の規定はない。

Ⅱ 消費税法ステップアップ

1. 日本の消費税の沿革と特色

Examples 1-3

次の記述のうち、日本の消費税の特色として、誤った記述はどれか。
①消費税収の使途は社会保障関連費に限定されている。
②日本の消費税率は、OECD（経済協力開発機構）加盟国の中で最も低い。
③日本の消費税は、納税されるべき税と実際に納税された税の差が比較的小さい、効率の良い税といわれている。
④事業者である建物賃貸人が賃借人に立退料を払った場合、判例によれば、当該事業者は立退料について仕入税額控除ができない。
⑤消費税の滞納税額は、例年、全体納税額の半分以上を占める。

Lecture

(1) 消費税の導入から現在まで

　現行の消費税は、昭和63(1988)年12月30日の「税制改革法」と「消費税法」の成立、翌平成元(1989)年4月1日からの実施により始動しました。これらの法律案が国会で成立するまでには、戦後最大の大型新税導入ということから、政治的にも紆余曲折がありました。

　さかのぼること昭和59(1984)年に政府税制調査会から税制改正に関する答申がなされて以降、昭和62(1987)年2月に「売上税法」案が国会に提出されたものの、同年5月に廃案となりました。翌昭和63(1988)年7月に改めて税制改革法案など税制改革関連法案が国会に提出されました。折からの戦後最大といわれた汚職事件で与野党の対立が激化する混乱の中で、同年年末に税制改革法と消費税法が国会で可決成立しました。

　平成元(1989)年4月の消費税実施から令和5(2023)年10月のインボイス方式（☞ p.224）開始までの消費税制度の変遷を確認しましょう。

年月	消費税をめぐる出来事
昭和 63(1988)年 12 月	税制改革法、消費税法が国会で可決成立
平成元(1989)年 4 月	消費税制度開始 ①税率：3％ ②小規模事業者：基準期間課税売上げ 3000 万円以下 ③簡易課税選択事業者：基準期間課税売上げ 5 億円以下 ④限界控除制度を採用 ※「限界控除制度」とは、小規模事業者が基準期間の課税売上げが 3000 万円を超えたとたんに納税義務者となる負担を軽減するために、導入当初に取り入れられた制度
平成 3(1991)年 4 月	簡易課税選択事業者：基準期間課税売上げ 4 億円以下に変更
平成 9(1997)年 4 月	①税率 4％に引き上げるとともに、地方消費税（1％）導入 ②小規模事業者：基準期間課税売上げ 1000 万円以下に変更 ③簡易課税選択事業者：基準期間課税売上げ 2 億円以下に変更するとともに、事業区分に第五種事業を追加 ④限界控除制度を廃止 ⑤仕入税額控除の要件を「帳簿又は請求書等の保存」から「帳簿及び請求書等」に変更
平成 16(2004)年 4 月	簡易課税選択事業者：基準期間課税売上げ 5000 万円以下に変更
平成 26(2014)年 4 月	税率 8％（国税・地方税）に引き上げ
平成 27(2015)年 10 月	国境を越えるデジタル役務の事業者間取引にリバースチャージ方式を導入
令和元(2019)年 10 月	税率 10%（国税・地方税）に引き上げるとともに、軽減税率（8％）を導入
令和 3(2021)年 10 月	適格請求書発行事業者登録申請開始
令和 5(2023)年 10 月	インボイス方式（適格請求書等保存方式）に移行

　消費税導入から 35 年の経緯を概観してみると、3％からスタートした消費税率は、その後 3 回にわたって引き上げられ、現在は 10%（地方消費税を含む）であることが顕著な変化ですが、簡易課税選択事業者（37Ⅰ、☞ p.199）の基準期間（前々年または前々事業年、2Ⅰ⑭）の課税売上高が、5 億円以下から 5000 万円以下に下がっている点も注目です。

　簡易課税制度については **Chapter 4** Ⅰでみていきますが、これは中小事業者

の事務負担に配慮した特例です。令和5(2023)年10月以降、適格請求書発行事業者からの課税仕入れのみが仕入税額控除の対象となると、これまで納税が免除されていた**小規模事業者**（91）の多くが適格請求書発行事業者（課税事業者）に転換することが予想されるものの、事務負担に不安のある事業者は、まずは簡易課税事業者への転換をはかることになるでしょう。簡易課税事業者も適格請求書発行事業者登録は必要ですが、仕入税額控除のための適格請求書等保存は不要です。ただし、帳簿の備付け義務はあります（58）。

　以下の表は、国税庁『統計年報』の平成28年度版から令和2年度版までの一般申告と簡易申告の件数のデータをもとに作成したものです。簡易課税選択事業者が割合として大きいことがわかります。

【簡易課税選択事業者割合の推移】

(2) 税率構造

　次頁の図は、OECD加盟国で消費税を有する国の2020(令和2)年3月時点の標準税率です。OECD加盟国で米国が唯一、国税としての消費税をもっていません。

　2022(令和4)年現在、消費税を有するOECD加盟国のうち、税率が1種類しかない単一税率（ただし、輸出免税におけるゼロ税率を含まない）であるのは、8か国（オーストラリア、カナダ、デンマーク、イスラエル、韓国、メキシコ、ニュージーランド、チリ）です。

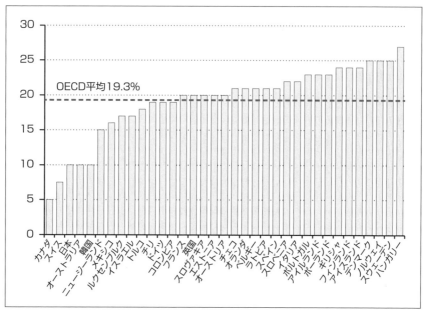

【OECD加盟国の標準税率(2020年)】

OECD平均19.3%

出所：OECD, Consumption Tax Trends 2020, p.42を加工

　かつての日本の消費税の特色は、「税率が低い、単一税率、税収が多い」でしたが、令和元(2019)年の軽減税率導入による複数税率構造への転換以降の特色は、「税率が低い、税収が多い、使途目的が社会保障費等」といえるでしょう。

　軽減税率導入の理由と功罪については、**Chapter 4** Ⅱでみていきますが、消費課税に必然的に内在する逆進性の問題にどのように対応するかが、重要な課題となります。なんといっても、消費税法には「消費者」の文言がないのですから、最終消費者の経済的負担への配慮を消費税法の中で考慮するか、税制全体で考慮するか、あるいは社会保障制度と連携して考慮するかを考えていかなければなりません。

　消費税の税収使途が社会保障関係に充てられるというのはわかりやすく、かつ、少子高齢化にあって社会的合意が得られやすくはあります。しかし、逆に「社会保障制度の充実に必要だ」という理由で税率が引き上げられることもあり得ますから、消費税制度を考えるにあたっては、社会保障制度のあり方にも目を向ける必要がありそうです。

■消費税率変遷
・標準税率は、3％からスタートし、現在は 10％ である。税率が 10％ となったとき、軽減税率（8％）が導入された
・OECD 加盟国のうち、米国以外は国税としての消費税を有する。その税率の平均（2020 年 3 月時点）は、19.3％ である
・軽減税率の導入は、消費課税に内在する逆進性への配慮として説明されるが、逆進性の緩和については、社会保障制度のあり方も考えながら、その他の手法も検討されなければならない

(3) 日本の消費税の特色

　これまでいわれてきた日本の消費税の特色は、「税率が低いのに税収が多い」「国に納められるべき税額と実際に納められる税額の差額、つまり税収ロスが小さい」「インボイス方式をとっていない」というものでしたが、税率は 10％ になりましたし、令和 5 (2023)年 10 月からはインボイス方式（適格請求書等保存方式）が導入されますし、制度が複雑になれば税収ロスが増えるとされるため、「税収ロスが少ない税」であり続けられるかは不透明です。

　しかし、OECD 加盟国の中でもきわめて低い税率で、国税収入に占める税収が最も多い税であることは、大きな特徴といえるでしょう。

　消費税が、日本の国税収入において最も重要な基幹税であるということ以外の特色について、まとめてみます。以下で述べることについては、本書の**Chapter 2** 以降を読んだあとで確認すると、さらに理解が深まると思います。

（ⅰ）税収の使途が社会保障費等とされていること

　消費税の税収の使途は、社会保障費と少子化対策費に限定されています（1 Ⅱ）。基幹税の使途が決まっている（☞ p.17）というのは、OECD 加盟国の中でも日本だけです。税を負担する者にとっては税の存在理由がわかりやすい一方で、基幹税の使途が限定されてしまうことによる財政の硬直化という課題もあります。

（ⅱ）「税額転嫁ができない」ということがしばしば生じること

　本体価格と税額が別々に表示されたインボイスを交付する消費課税の仕組みの下では、「税額分をまけてくれ」という圧力はかけにくいといわれます（☞ p.18）。税込取引総額から税額分を割り引くとなると、本体価格の調整もしなければならないからです。ところが、現行消費税法では、仕入税額控除（☞

p.97）のために保存が求められる請求書等について、その必須記載事項に本体価格と区分された税額の表示が入っていないため、転嫁されるべき税額への認識が希薄で、税額がきちんと転嫁できないという状況がしばしば生じます。

　ただし、令和5（2023）年10月から、インボイスへの消費税額の表示が課税事業者の義務となり（新消税57の4）、税額表示が変われば本体価格も変わるということで、税額転嫁ができない状況が改善されることが期待されます。

（iii）仕入税額控除の性質が玉虫色

　仕入税額控除（☞ p.97）を「請求権」という権利と位置づける諸外国とは異なり、日本の消費税法の規定（30条1項の「課税仕入れに係る消費税額……を控除する」）からは、請求権（権利）なのか、納税額を算出するための単なる計算要素にすぎないのか、はっきりわかりません。これが、事業者の権利であれば、仕入税額控除を認めないという判断は、慎重に行なわれるべきだと考えられます。これに対して、単なる計算要素にすぎないならば、仕入税額控除を認めるかどうかは、個別事案ごとにある程度柔軟に判断されることになります。

　このように、消費課税の駆動輪の1つである仕入税額控除について、条文からはその性質が読み取れないのです。

（iv）納税義務者である「事業者」が明確でないこと

　消費課税では「対価を得て取引を行なう」ことが重要なので、継続性や営利性に着目する所得課税の事業者概念よりも広くとらえるということも考えられます。実際、EU域内の消費税の共通ルール（付加価値税指令〔EU指令〕）では、そのような考え方に基づいて、法律で「事業者」を広めに定義しています。

　これは、「消費課税における事業とは何か」の問題です（☞ p.60）。消費税における事業者の概念は、所得税のそれより広いとする判例がある一方で（名古屋高金沢支判 H.15・11・26、☞ p.65）、所得税における給与所得と事業所得の区別基準をもっぱら使って、いわゆる一人親方が受け取った対価が給与であって、支払事業者はこれを仕入税額控除することができないとする最近の判例（東京地判 R.3・2・26）もあります。

　これからは、インターネットを利用してサイドビジネスとしてモノやサービスを売ったり買ったりすることも増えるので（☞ p.41）、独立して（つまり他者に従属しないで）、自己の計算と危険において取引を行なう場合には、その活動は「事業」であり、それを行なっているのが「事業者」であると考えられるかど

うかの検討が必要になりそうです。

（ⅴ）課税対象の「資産の譲渡」は、一般に、「資産につき同一性を保持しつつ、他人に移転させること」と解されていること

「資産」には、有形資産だけでなく、取引の対象となりうる権利や無体資産が含まれますが、その「譲渡」については、その取引前後で「同一性を保持」していることが必要とされます（☞ p.69）。これは法律で定められているのではなく、消費税法の解釈により、このように考えられています。

「資産の譲渡」をこのように定義すると、たとえば、賃貸物件からの立退きに際して賃貸人が賃借人に払う立退料は、「賃借人から賃貸人に対して同一性が保持された資産の譲渡の対価ではない」ということで、賃貸人は立退料について仕入税額控除ができないことになります（☞ p.69）。

これについては、賃借人が有する借家権という権利を賃貸人に譲渡したという考え方もあり得ますし、ある行為の継続を断念したり、ある状態を受忍したりすることを広く「役務の提供」とする立法例もあります（ドイツ売上税法 3 条 9 項）。つまり、その賃貸物件に住み続けることを諦めたり、しぶしぶ退去したりすることを「サービスの提供」ととらえるわけです。

資産の譲渡等をどのように定義するかは、課税の対象となるかどうかという以上に、それが対価の支払者にとって「課税仕入れ」にあたるかどうか、つまり、仕入税額控除ができるかどうかの局面でより重要となります。

（ⅵ）滞納税額が多いこと

「日本の消費税は税収ロスが少なく、税収効率性（☞ p.213）が高い」という評価と矛盾するようですが、消費税は基幹税の中でも滞納税額が多いのです。この状況を国税庁の統計による次頁の表で確認します。

もっとも、滞納税額は翌年度以降、堅調に徴収されているので、深刻な税収ロスにはなっていないのですが、問題は、決められた期限内に納税されない税額が非常に多いということです。その理由は何なのでしょうか。

日本の消費税の滞納額の多さは、海外から、とくに EU 諸国から驚かれるところですが、事業者の順法意識が低いとか、課税当局の徴収努力が足りないとか、そうしたことではなさそうです。考えられる原因としては、EU 域内では消費税（付加価値税）の毎月申告納付、少なくとも四半期申告納付を原則としている（EU 指令 252 条 2 項）のに対して、日本では 1 年に 1 度の申告と納付

	新規滞納額	滞納税額に占める割合 ※小数点以下四捨五入
所得税（申告・源泉徴収）	1366 億 1400 万円	23%
法人税	805 億 300 万円	14%
相続税	236 億 1500 万円	4％
消費税	3456 億 500 万円	58%
その他	52 億 5900 万円	1％
新規滞納税額合計	5915 億 9600 万円	100%

が通常であること（☞ p.136）が関係しているかもしれません。事業者にとっては、取引相手から受け取る消費税相当額を手もとに置いておき、それを容易に運転資金にまわせる状況にあるわけです。そこで、EU 諸国のように、毎月や３か月ごとに、こまめに税金を納めるほうが、滞納が避けられそうです。

　ただし、滞納を避けるために、日本でも EU 諸国のように１年のうちの申告回数を増やすとすると、とくに零細な事業者にとっては申告納税事務は負担になりますから、簡易な申告納税方法の構築が重要です。

(vii) 脱税は少ないが、増加傾向にあること

　EU 域内の付加価値税に代表される、税率が高くて制度が複雑な消費税において、必然的に生じる深刻な問題は脱税です。これに比べて、税率が相対的に低く、島国の利点で空港や港にある税関を通さなければモノを適法に持ち込めない日本では、消費税の脱税は起こりにくいと考えられてきました。

　しかし、税率が高くなれば脱税のメリットも大きく、とくに輸出に際して消費税はかからないのに、その輸出品にかかる仕入れについては仕入税額控除ができる仕組みゆえに（☞ p.158）、最近では輸出業者による脱税事件が増えています（☞ p.240）。

　消費税法の脱税に対する罰則規定（64〜67）は、導入当初に比べて厳罰化されていますが、「消費税は脱税の少ない税」という考え方は通用しなくなりつつあります。それが通用したのは、日本の消費税の税率が単一で低かったからなのです。

■日本の消費税の特色
- ・税率は低いが、税収が多い（税収効率が高い）
- ・税収使途が決まっている（社会保障費と少子化対策）
- ・税額転嫁ができない状況が生じやすい
- ・「仕入税額控除」の性質があいまいである
- ・「事業／事業者」概念が明確でない
- ・「資産の譲渡」概念に検討の余地がある
- ・滞納税額が多い
- ・脱税が少ない税と考えられていたが、増加傾向にある

Next Step

▶他国からみた日本の消費税

　上記の日本の消費税の特色は、日本の側から海外との比較でみてきたが、逆に海外からみた日本の消費税はどのようなものであろうか。OECD が 2 年ごとに公表している OECD 加盟国の消費税（付加価値税）に関する報告書（"Consumption Tax Trends"、直近のものは 2020(令和 2)年版）をみてみよう。

　2020 年版では、日本の消費税率が 2019 年に引き上げられて複数税率構造になることは記載されているが、登載されたデータ自体は 8 ％の単一税率のものである。この前提をふまえた上で、日本の消費税は、「相対的に低い税率の単一税率で、税収効率性が高い」と評価されている。同報告書のデータでは、国税としての消費税をもたない米国以外の加盟 35 か国（2020 年 3 月当時。2022 年時点の OECD 加盟国は 38 か国）中、日本の税率は 3 番目に低く、税収効率性は 4 番目に高い。

　このように日本の消費税は、高い評価を受ける一方で、制度のユニークさについては、次のように記述されている。

　「OECD 加盟国の中で、唯一日本は、[インボイスにもとづく仕入税額計算方式でなく]課税売上総額に税率を乗じて計算される売上げにかかる税額から、帳簿に記載された課税仕入額にかかる税額の総額を差し引くという計算方式をとっている。課税事業者登録をしていない小規模事業者といった非課税事業者からの仕入れも仕入税額控除の対象となるため、課税事業者から仕入れるというインセンティブは働かない。しかしながら、金融サービスのような非課税取引については、その課税仕入れは税額控除の対象とならない。四半期ごとに納税額計算を行なう事業者（たとえば還付申告を行なう輸出業者）以外は、原則として 1 年単位で納税額の計算が行われる。事業者にインボイスの発行は義務付けられていないが、消費税納税義務に関する記述のある、インボイスに相当する書類の発行義務がある。」

日本では令和5 (2023)年10月からインボイス方式に移行するため、「事業者にインボイスの発行は義務付けられていない」という記述は変更されるし、小規模事業者からの仕入れについては税額控除ができなくなることから、上記の記述は、以後変更されるはずである。これまでの日本の消費税はかなり特異なものとみられていたことに疑いはない。加えて、小規模事業者制度（☞ p.186）を非課税事業者制度としていること、年に1回の申告納税を特異としていることも興味深い。

2.「益税」と「損税」

Examples 1-4

　私立大学の経理担当部署に配属された新人職員のAは、課長ら上司が「入学金や授業料の消費課税非課税扱いは本当に困る。税率が上がってなおさらだ」と話しているのを聞いて、どうしても納得がいかない。
　「非課税は、消費税がかからないということ。学生の入学金や授業料に消費税がかかれば、それだけ学生の負担が重くなる。大学での学びはサービスの購入ではないはず」というのがAの考えである。
　課長らはなぜ「大学授業料の非課税は撤廃してほしい」というのか。

Lecture

　皆さんは、「消費税の益税・損税」という言葉を聞いたことがあるでしょうか。これは、法律用語ではありませんが、消費税制度の不具合により、納税義務者である事業者が得をしたり損をしたりする現象をいいます。つまり、納税義務者である事業者が、取引相手から受領した消費税相当額を納税することなく自分自身の利益とすることを益税といい、逆に、本来なら取引相手から受領できる消費税相当額を自分で負担したり、仕入税額控除ができないために仕入税額相当分を自分で負担したりすることを損税といいます。

(1)「益税」の発生

　益税は、小規模事業者制度や簡易課税制度（☞ p.186、199）でしばしばみられます。次の **Case** でこれをみていきます。

Case 1-2

(1) 個人で書店を営む事業者 A は、小規模事業者（9I）であるため、本来なら納税が免除される。しかし、書店で販売されている本などの商品は、「1000 円＋税」と記されていることもあり、A は、税込価格で商品を販売している。A が顧客から本体価格とともに消費税を受け取ると、どのような利益が A に生じるか。

(2) 個人で建築業を営む事業者 B は、令和 4 (2022) 年現在、令和 5 (2023) 年について簡易課税の選択をしようかどうか迷っている。基準期間にあたる令和 3 (2021) 年の課税売上高は 5000 万円以下だったので、簡易課税の選択は可能である。令和 5 年については、課税売上高を 4500 万円、課税仕入高を 2500 万円と見込んでいる。消費税率は 10% であり、簡易課税を選択した場合のみなし仕入率 (☞ p.199、202) は 70% である。

①当初見込みどおりであれば、簡易課税を選択するべきか。

②コロナ禍での原材料費高騰が深刻になってきたため、売上額は見込みどおりだとしても、仕入額が 3000 万円になるかもしれない。その場合でも、簡易課税を選択したほうがよいか。

Analysis 1-2

(1) A は「1000 円＋税」と表示されている本を 1100 円で顧客に販売しているが、小規模事業者であるため、本体価格 1000 円に加えて受け取った 100 円を納税する必要はない。そのため、納税しないまま A の手もとに残る 100 円は、A の利益になる。もっとも、A は本の仕入れに際して消費税を負担している。たとえば、「800 円＋税」で仕入れた場合には、80 円の消費税相当額を負担しているが、小規模事業者である A は、仕入税額控除をすることができない。しかし、小規模事業者が仕入税額控除をすることができないのは、法の定めるところなので、A が消費税の仕組みから得た利益（益税）は、100 円と考えてよいであろう。

(2)

①当初見込みの場合

　　B が簡易課税を選択しない場合、つまり本則課税による控除対象仕入税額：

　　　2500 万円×10%＝250 万円

　　簡易課税を選択する場合の控除対象仕入税額：

　　　4500 万円×10%×70%＝315 万円

　　この計算から、控除対象仕入税額が多く、有利なのは、簡易課税制度を選択した場合であることがわかる。

②原材料高騰で当初見込みどおりにならない場合

　　B が簡易課税を選択しない場合、つまり本則課税による控除対象仕入税額：

　　　3000 万円×10%＝300 万円

　　簡易課税を選択する場合の控除対象仕入税額：

4500万円×10%×70%＝315万円
　この計算から、原材料費高騰を想定したとしても、本則課税による仕入税額より、簡易課税による仕入額のほうが有利になる。簡易課税を選択した結果、本則課税による控除対象仕入税額を上回る分が、本来の納税額より少なく済んでいるという意味で、Bにとっての益税となる。

　上記の **Case 1-2**（1）からもわかるように、最終消費者としては、たとえば「1000円＋100円（税）」と表示された商品を購入するときに、その商品の売り手が小規模事業者かどうか知るすべもありません。それは、宿泊施設が防火設備の基準を満たしていることを示す「適マーク」のような、「小規模事業者マーク」が店舗に掲示されていないからです。むしろ「当店では消費税はとりません」と掲示されていると、「なんて奇特なお店なんだ」と思うかもしれません。しかし、消費税相当額を対価に含めている小規模事業者には、益税が発生しているのです。

　上記の **Case 1-2**（2）の簡易課税の選択についても、本則課税が得か、簡易課税が得かをシミュレーションして、後者が得である場合に簡易課税を選択することになります。令和5（2023）年10月からのインボイス方式への移行に際し、これまでの小規模事業者がいきなり課税事業者になるのではなく、いったん簡易課税選択事業者になることも想定されることから、簡易課税選択による益税はますます増えるものと予想されます。

　なお、令和5（2023）年10月に導入されるインボイス方式によれば、事業者の適格請求書発行資格のない小規模事業者からの仕入れは、税額控除ができなくなりますが、現行法の下では小規模事業者の税額転嫁を禁じる法的根拠がないため、引き続き小規模事業者が消費税額相当額を事実上受け取ってそれを納税しないことにより、益税が発生するという状況は継続するものと思われます。消費税を含めた対価をいくらで設定するかは、市場で決まるため、事実上授受される消費税相当額の転嫁を封ずることは難しいのです。

(2)「損税」の発生
　損税についても、次の **Case** でみていきます。

Case 1-3

(1)　建設業を営む C 社は、請け負った工事を下請け会社 D 社に行なわせている。D 社にとって C 社は大切な取引先であり、日頃より、多少無理強いされても、できるだけその要望には応えようと努めている。D 社は、C 社から 1000 万円（税抜き）の工事を受注したが、C 社から「消費税分をまけてほしい。これまでの付き合いからすれば、そのくらいなんともないだろう」といわれた。

　　このような C 社の要望に応じると、D 社にはどのような不利益を生じるか。

(2)　衣料品販売の個人商店を営む E は、令和 3（2021）年につき、簡易課税制度の適用を選択していた。令和 3 年は、折からのコロナ禍のために、安価な海外からの仕入れができず、割高な国産品の仕入れをせざるを得なかったが、顧客離れをおそれた E は、仕入価格の上昇にもかかわらず商品価格を据え置いた。そのため、令和 3 年の課税売上高 2000 万円に対して課税仕入高は 1700 万円となる見込みである。消費税率を 10%、簡易課税選択時のみなし仕入率を 80% とすると、E は簡易課税制度を選択したことにより、どのような不利益を被るか。

(3)　総合病院を営む医療法人 F は、その売上げのほとんどが非課税（☞ p.106）となる医療行為に対する売上げ（別表第一⑥、新消税別表第二⑥）である。他方、医療法人は、診療代（社会保険診療報酬）が法律で定められる公定価格であるため、控除できない仕入税額分を診療代に勝手に上乗せすることもできない。

　　このことから、F は、どのような不利益を被るか。

Analysis 1-3

(1)　D 社は売上げにあたる 1000 万円について、本来は 1100 万円を受け取り、そのうち 100 万円から仕入税額控除をした残額を納税すべきである。ところが、C 社が消費税額に相当する 100 万円を支払ってくれないため、100 万円から仕入税額控除をした残額を、自分が負担して納税するという不利益を被る。

(2)　もし本則課税であれば、E の納付税額は、以下のように計算される

　　　　課税売上高に関する消費税額：2000 万円×10%＝200 万円

　　　　仕入税額控除額：1700 万円×10%＝170 万円

　　　　納付すべき税額：200 万円－170 万円＝30 万円

　　しかし、E は簡易課税制度を選択しているから、以下のように計算される。

　　　　仕入税額控除額：2000 万円×10%×80%＝160 万円

　　　　納付すべき税額＝200 万円－160 万円＝40 万円

　　したがって、E は、簡易課税制度を選択したことにより、本則課税によって税額計算した場合の 30 万円よりも 10 万円多い 40 万円の消費税を納付することとなり、10 万円の不利益を被る。

(3)　F は、医療行為に必要な機器の購入や病院内の清掃サービスなどで支払った費用について、消費税額相当額を負担している。通常は、これらの消費税額相当額は、

仕入税額控除により控除されるので、事業者がその額を負担することはない。

　ところが、非課税取引における仕入税額控除は、原則、課税取引に対応する部分のみ仕入税額控除が認められるため（30Ⅱ①、☞p.106）、その売上げのほとんどが非課税取引であるＦは、自分の消費税額の計算上、それらの仕入れに伴う消費税を控除できない。

　このような場合、事業者は提供するサービス等の対価を引き上げて仕入税額控除ができない不利益を取引の相手方に転嫁することが考えられるが、病院の場合には、診療代が公定価格であるため、この方法も採用できない。

　結局、Ｆは、仕入税額控除に相当する金額を負担しなければならない。病院の規模が大きくなれば仕入税額控除ができない金額は多額となり、病院の経営が圧迫されることが考えられる。

　現在の日本の制度では、事業者間の力関係により、消費税が転嫁できず、結果的に立場の弱い下請け会社が消費税を負担する状況がしばしば生じます。消費税法は、正しく税額転嫁を行なうことを義務付ける規定を置いておらず、対価は市場——取引当事者間の合意——で決まるため、*Case 1-3* (1) のＤ社は、大切な取引先であるＣ社の消費税分の値下げ圧力を除去するのは難しいのです。

　このＤ社のように、「税額転嫁ができない」という事態は、日本独特のものといえます（☞p.29）。このようなことは、痛税感がより強くなる税率引き上げ時にしばしばみられるものです。したがって、円滑な税額転嫁を促進する法律が必要であり、税率５％から８％への引き上げが決まったときには、「消費税転嫁対策特別措置法」（平成25(2013)年）が制定されました。

　なお、令和5(2023)年10月以降、インボイス方式に移行することに伴い、本体価格と税額の区分表示が義務付けられます。そのため、割引を要求されれば、その分、本体価格が下がることになり、要求割引分の価額訂正が必要になることから、強引な価格転嫁拒否は是正に向かうことが期待されます。

　Case 1-3 (2) は、税額計算の特例を利用したが、見込み違いだった場合や、いったん制度の適用を選択したら一定期間は選択を取りやめられない場合などに、生じうる損税の事例です。

　Case 1-3 (3) については、裁判例があります。これは、病院を経営する医療法人が仕入れにかかる消費税額を控除できないにもかかわらず、公定価格

である診療報酬を独自の判断で引き上げることができず、価格転嫁ができる事業者に比べて合理的理由のない差別を受けているとして、国に国家賠償を求めた事件です。裁判所は、以下のように述べて、医療法人の請求を認めない判断をしました。

■神戸地判 H.24・11・27

　判決は、消費税法が仕入税額相当分を事業者が取り戻す方法として、「仕入税額控除」または「価格の引上げ」を想定しており、一方で、原告医療法人は、非課税売上げに対して仕入税額控除もできないし、社会保険診療報酬が公定価格であることから価格の引き上げもできないという状況について、次のような判断を示した。

　「消費税法は仕入税額相当額の転嫁をする権利又は義務に係る規定を置いていないし、事業者が仕入税額相当額の負担が生じた場合にこれを解消する権利を有していることをうかがわせる規定も見当たらないから、原告らが仕入税額相当額の負担の転嫁（解消）に関する権利を有しているとは認め難く、したがって、転嫁方法の区別によって、原告らが上記権利を制限されているとはいえない。

　また、転嫁方法の区別は、本件仕組みによって、仕入税額相当額の負担を転嫁する方法として消費税法が想定する仕入税額控除又は価格の引上げという方法を、医療法人等だけが採ることができないという点において、医療法人等につき異なる取扱いをするものであるが、……消費税法の制定当初から、消費税の導入による医療法人等の仕入れ価格の上昇に対する手当としては、健康保険法等における診療報酬の適切な改定によって対応することとされていたことが認められるのであるから、消費税法が想定する仕入税額相当額の負担を転嫁する方法に代替する手段は、法制度上、確保されているものと評価できる。

　……以上によれば、転嫁方法の区別は医療法人等に対する仕入税額相当額の負担の転嫁等に関する権利の制限を伴うものではなく、法制度上、当該区別を解消するための代替手段も確保されていることが認められるのであるから、これが立法裁量として許容することができないほどの不合理な差別的取扱いに当たるとは解せないというべきである。」

　裁判所の判断は、医療サービスを非課税とするのは社会政策として必要であることを前提に、仕入税額控除ができない状況では価格に転嫁する方法が一

般的であるが、医療法人の場合は仕入税額分を診療報酬の改定によってカバーできる、というものです。

　しかしながら、仕入税額分を価格に転嫁できる場合、取り戻せない仕入税額を超える金額を転嫁するとしたら、結局、消費者の負担は大きくなります。また、医療法人にとって取り戻せない仕入税額控除分を社会保険診療報酬の引き上げによって回収する場合には、患者の医療費負担増になります。このように考えると、仕入税額控除を遮断する消費課税における非課税措置は、消費税制度のもう1つのアキレス腱といえるでしょう（☞仕入税額控除——消費税のアキレス腱・p.21）。

　社会保険診療報酬の引き上げもそうですが、損税が発生するときには、事業者がこれを販売価格に上乗せするのが一般的です。たとえば、**Examples 1-4** のような学校法人は、*Case 1-3* (3) の医療法人Fと同様、非課税売上げが大半であるために、控除できない仕入税額が多額に発生するものの、控除できない仕入税額分を授業料値上げによってカバーすることができます。

　しかし、このような「仕入税額相当分」の価格への上乗せが行なわれる場合には、多めに上乗せされるなど、本体価格に法定の税率を乗じて税込価格が算出される場合と異なって、不透明な転嫁が行なわれる可能性があります。このように、不正確あるいは不透明に消費税分が転嫁されることを「隠れた消費税」と呼ぶこともあります。

Next Step

▶諸外国における非課税措置

　消費課税における非課税措置については、消費税を有する諸外国でも頭の痛い問題である。当初、消費者に負担がかからないということで導入された非課税措置であるが、税率が高くなるにつれて仕入税額控除ができないという問題が顕在化したのである。

　この問題への対応として、たとえばEU域内の共通ルール（付加価値税指令137条1項）では、金融サービスや土地の譲渡などについて、非課税措置を放棄する権限を事業者に認めている（いわゆる「オプション制度」）。

　ニュージーランドでは消費税（物品・サービス税）導入当初から、参考とすべきEU域内付加価値税が直面している非課税措置の弊害を認識し、医療サービスや教育サービスを課税対象とするなど、非課税措置をほとんど置いていない（ニュージーランド物

品・サービス税法 14 条 1 項）。ただし、医療サービス等も消費税の対象となることに伴う消費者の負担、とくに経済的弱者の負担については、**Chapter 4** Ⅱで検討する。

　日本では、導入時の税率が低かったこともあり、非課税措置の弊害よりも最終消費者の負担減が優先されたのである。

3. ビジネスの多様化と消費税

Examples 1-5

　観光地で小規模なホテルを経営するＡは、大手オンラインマーケットプレイスを運営するＢ社の仲介で近隣の古民家が民泊施設に利用され始めたことにより、宿泊客が激減してしまった。これが続けば、廃業すら考えなくてはならない。民泊施設は宿泊客から消費税もとらないし、法定の消防設備も不要だし、従業員の雇用も要らない分、宿泊費はＡのホテルより低く設定されている。

　Ａとしては、観光客に宿泊場所を提供するということでは同じビジネスなのに、自分のホテルは消費税を払い、民泊施設は消費税を払わないというのは不公平だと思えてやりきれない。

　このＡの抱える不満について、どのように考えるべきか。

Lecture

（1）ビジネスのデジタル化・グローバル化
（ⅰ）新しいビジネスとグローバル化

　伝統的ビジネスは、事業者の実店舗からモノが事業者向けまたは個人向けに販売されるというのが基本形です。しかし今では、インターネットを通して、モノだけでなく、音楽や情報といったデジタルコンテンツが売買されるビジネス（現代的ビジネス）が、日常的なものとなっています。

　このデジタルコンテンツの売買に関する現代的ビジネスは、インターネットさえあれば実店舗を要さず、税関の通過もないので国境を越えて自由に行なわれ、事業者間取引（Business-to-Business 取引、一般に「B2B 取引」と呼ばれます）や事業者個人間取引（Business-to Consumer 取引、一般に「B2C 取引」と呼ばれます）だけでなく、個人間取引（C2C 取引）もあれば、事業者が介在して個人間で

行なわれる取引（ここでは便宜上、「B+C2C取引」と呼びます）もあります。そもそも相手が事業者なのか、実在しているのかも明らかでない場合すらあります。

　そのような画期的に新しいビジネスに対して、伝統的ビジネスを前提とした消費課税ルールをあてはめる場合、さまざまな問題が出てきます。たとえば、電子書籍などのデジタルコンテンツの取引は「資産の譲渡」なのでしょうか、「役務の提供」なのでしょうか。また、バーチャル空間で取引を行なう当事者の実在や身元は、どのように把握することができるのでしょうか。

　デジタルコンテンツの取引については、EU域内やOECDでの議論を経て、その性質は「役務の提供」ということで落ち着きました。日本でもデジタルコンテンツの取引を「電気通信利用役務の提供」として、平成27(2015)年10月から新たな課税ルールが構築されています（☞ p.167）。

　他方、このデジタル役務提供における取引当事者の身元確認の方法は、いまだ確立されていません。デジタル役務提供では、クレジットカードや電子決済サービスによって支払いがなされるので、クレジットカード情報や電子決済サービスのIDを手がかりに確認をするということも考えられます。しかし、そのような支払手段は民間企業によって運営管理されていることもあり、その情報を課税のために利用することについては課題も多いのです。EU域内では、電子インボイスによって収集された付加価値税番号（課税事業者番号）に紐づけされた事業者情報を域内で一括管理をしています。それを加盟国政府が利用するほか、事業者自身も取引相手の付加価値税番号によってその相手の実在を確認できる制度（付加価値税情報交換システム、通称「VIES」）が構築されています。ただし、加盟国によって情報の精度がまちまちであるなど、完成された仕組みとはいえないようです。

　「新しいビジネスには新しい課税を」という考え方もあるかもしれません。しかし、新たなビジネスが登場するたびに新税が作られるとなると、税制は限りなく複雑になりそうです。また、新たなビジネスモデル立ち上げの阻害要因にもなりかねません。

（ⅱ）シェアリングエコノミーと消費課税の課題

　次に、現代的ビジネスの1つであるシェアリングエコノミーに対する消費課税について考えていきます。このビジネスモデルは、上記の「B+C2C取引」の典型ともいえますが、国境の存在は問題にならず、モノだけでなく、自己の

余剰時間やスキルも取引の対象とするなど、モノとサービスの区別も問題としません。信頼できる仲介事業者（プラットフォーム事業者）さえいれば、個人間でも継続的かつ多額の取引が可能です。

　シェアリングエコノミーに対する消費課税については、日本はもとより、諸外国でも課税手法が確立していません。取引の当事者や取引内容を把握しているのは、プラットフォーム事業者ですから、課税徴収にプラットフォーム事業者を関与させるというところまでは議論は進んでいますが、プラットフォーム事業者を連帯納税義務者とするのか、徴収義務者とするのかについて、OECDにおいても検討途上です。また、海外のプラットフォーム事業者が日本国内の顧客にプラットフォームを提供する場合、国内での事業者登録の条件をどのようなものにするか、取引金額の課税最低額を設定したほうがよいかなど、解決すべき課題は山積しています。

> ■シェアリングエコノミーへの消費課税の課題
> ①消費課税の対象、すなわち「国内において事業者が行なった資産の譲渡等」が存在しているのか（とくに、個人が頻繁にプラットフォームを利用して取引をしている場合）
> ②取引当事者と取引内容をどのように把握するのか
> ③上記②を把握するために、プラットフォーム事業者や代金決済をする機関（クレジットカード会社など）に情報提供を求めることは可能か
> ④対価が現金でない場合、つまり物々交換やサービス交換（たとえば、語学を教えてもらうかわりにベビーシッターをするなど）の場合、対価をどのように評価するのか

　新しいビジネスモデルができると、すぐに税が追いかけてくるということに、うんざりしている読者もいるかもしれません。でも **Examples 1-5** のホテル経営者Aの苦境を考えると、防火設備を整えて、雇用も維持している伝統的ビジネスには消費税が課され、現代的ビジネスには課税が及ばないというのは、消費課税の大原則である中立原則に反する由々しき状況です。「伝統的ビジネスに対する消費課税もやめよう」という選択肢は、国の財政からいってあり得ない以上、シェアリングエコノミーに対する課税のあり方を真剣に考える時期にきています。

(2) シェアリングエコノミーとは何か

　現代的ビジネスを消費税が追いかける典型例として、シェアリングエコノミーに対する課税をさらに考えます。

　総務省の『情報通信白書』によれば、シェアリングエコノミーとは、「典型的には個人が所有する遊休資産（スキルのような無形のものも含む）の貸出しを仲介するサービス」と説明されます。「共有型経済（collaborative economy）」とか、「ギグエコノミー（gig economy）」と呼ばれるものです。ギグとは、顔なじみではないジャズミュージシャンのステージでの即興セッションのことをいいますが、まさにこの新しいビジネスは、お互い知らない者同士がプラットフォーム上で、モノやサービスの売り買いをするわけです。

　日本でも、シェアリングエコノミーの市場規模は急成長しています。次の図は、総務省の『情報通信白書（平成30(2018)年版）』によるものです。

【日本国内のシェアリングエコノミーの成長】

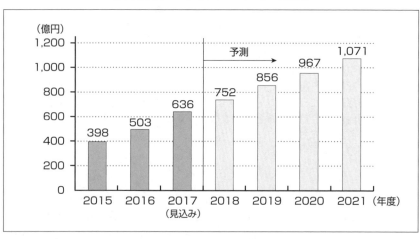

　シェアリングエコノミーの代表的なものは、民泊、カーシェア、フードデリバリー、オンラインレッスンなどさまざまなものがありますが、OECD の 2021（令和3）年の報告書によれば、民泊とカーシェアが全体の約90% を占めています。

　これまで消費税の課税対象となる取引は、事業者間取引（B2B 取引）や事業者個人間取引（B2C 取引）を想定して課税の仕組みを構築してきました。他方

で、自分が使っていない部屋や家を貸して、あるいは自分の余剰時間やスキルを利用してお金を稼ぎたいというときに、プラットフォーム事業者と呼ばれる仲介者によって準備されたマーケットプレイスを利用して行なわれるこの新たなビジネスモデルは、ここ数年で急速に伸びてきました。

　このシェアリングエコノミーは、個人が余剰資産、余剰時間、余剰能力などを個人に有料で使わせるというものですから、事業者を納税義務者とする消費課税（5I）になじみません。反復継続して自分の資産や能力を使わせる人が、その費用にかかる消費税額を控除しようとして課税事業者になるということもあり得ます。しかし、多くの場合は、たまに貸し出すだけだから申告納税も面倒だとして、課税事業者にはならないことが多いでしょう。しかも、貸す人と借りる人の身元確認をお互いすることはなく、両者の身元を知っているのはプラットフォーム事業者だけです。

(3) シェアリングエコノミーと消費税

　シェアリングエコノミーとひと口にいっても、さまざまなビジネスモデルがあります。ここでは、「ブランド品をマーケットプレイスに出品する」という典型的なものを考えてみます。

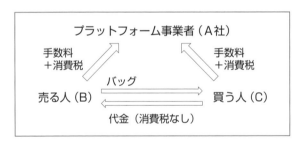

　B（売る人）は、A社（プラットフォーム事業者）が運営するフリーマーケットにブランドのバッグを出品します。A社が見栄えのよい写真の撮り方とか、すぐに売れるコツをアドバイスしてくれたおかげで、C（買う人）が購入を申し込んできました。BとCは、A社が管理をしているチャット上で品物の状態などについて情報交換をしますが、お互いの身元（氏名、住所、メールアドレスなど）はわかりません。CがA社の指定した振込先へ送金すると、入金を確認したA社はBに代金を支払い、バッグはBからCに送付されます。

A社は、通常、BとCの両方から手数料をとりますが、これは事業者が行なう「役務の提供」(4I) ですから、消費税の課税対象となります。しかし、本来の売買であるBとCの取引は、個人間取引、あるいはそもそもお互いのステータス（事業者か、個人か）がわからない取引ですから、不課税または事実上課税不能です。

　BとA社間の取引、CとA社間の取引は「役務の提供」として消費課税の対象となり、BとC間の取引は個人間取引として課税対象とならないことを原則としつつも、色々な問題が生じそうです。

　第1に、これはあたり前のことですが、中古ブランド品販売店が同じブランド品を売れば課税対象になります。ところが、同じ市場で同じモノを売るのに、プラットフォーム事業者という事業者が関与している取引だというのに、個人間取引として課税対象にならないとなれば、これは消費課税の中立原則を損なうことになります。

　第2に、Bが実は事業者である可能性があります。この種の取引は、匿名性の高い取引なので、Bが個人なのか事業者なのかはわからないのです。Bが事業者である場合、本来なら、Bは申告納税するかわりに仕入税額控除をすることを選択するはずですが、仕入先を隠したいなどの理由で、個人になりすますことを選択する可能性があります。

　第3に、CがBから買い取ったものをさらに転売する事業者である場合、Bの身元が確認できないために仕入税額控除の要件である請求書（令和5 (2023) 年からはインボイス）を入手することができません。

　第4に、将来的にプラットフォーム事業者に納税義務あるいは徴収義務を課すことになる場合、必ずしもすべてのプラットフォーム事業者の納税意識が高いとはいえません。とくに、小規模だったり、スタートアップ直後だったりすると、税の知識が不足していたり、納税意識が希薄だったりすることも少なくないでしょう。

　以上に挙げた問題点のうち、第4の課題をさらに考えてみましょう。

　「断捨離」意識が高まっている現在、このようなシェアリングエコノミーは環境に優しくて合理的なビジネスです。実店舗が要らない、パソコン1台で起業できるビジネスですから、これまで自ら申告納税をすることのなかった個人がプラットフォーム事業者になる場合、税の知識が足りない、あるいは納税意

識が希薄といった人もいるかもしれません。また、国境を越える取引も容易で、演奏の即興セッションのようにその場限りの取引ということも多いため、自主的に申告納税をしてもらわなければ、課税庁が取引内容を確認することは簡単ではありません。

皆さんは、「やはり『税金は事業活動の空気抵抗』だ。新しいアイデアの新しいビジネスの邪魔ばかりする」と不満に思うかもしれません。それでも、同じ市場で同じモノを売るということに対して同じ課税を行なうこと、つまり消費課税における中立原則が損なわれれば、消費税そのものに対する信頼は崩れてしまいます。

シェアリングエコノミーに対する消費課税ルールをどのように確立していくかは、日本だけでなく、このビジネスにかかわるすべての国の政府にとって大きな課題です。やはり、各取引の詳細（取引内容、取引価格、取引当事者の身元）を把握しているプラットフォーム事業者から税務情報を入手する制度を構築することが有力な方向性となるでしょう。

Next Step

▶ BEPS プロジェクトと消費税

国際課税の領域では、現在、巨大多国籍企業の行きすぎた課税逃れが喫緊の課題になっている。これに対処すべく、2015 年に OECD（経済協力開発機構）は、「BEPS プロジェクト——税源浸食と利益移転への取り組み」の最終報告書を発表した。

この「BEPS プロジェクト」は、巨大多国籍企業に対する所得課税の問題について 15 項目の「行動計画」を定めている。この中で、「行動計画 1 電子経済の課税上の課題への対処」は、所得課税だけでなく消費課税への対応に直接言及しており、デジタルエコノミーに対する課税上の課題と対応を検討している。この「行動計画 1」に関する最終報告書では、インターネットを利用したシェアリングエコノミーなどの少額取引の課題と対応について次のように言及している。

> ■ BEPS プロジェクト「行動計画 1」最終報告書附則 C
> 「デジタル経済に対する課税対応に関する行動計画 1 は、『デジタルコンテンツやデジタルサービスの越境取引に対する消費課税の効果的な徴収をいかに確保するか』に関するものである。……消費課税に関する主要課題のひとつは、少額取引がオンラインで行なわれ、それが免税の範囲である

ことにより、各国で税収ロスや、競争の歪みを増大させていることである。……［昨今のインターネットショッピングの急激な増加に伴い］多くの国で消費税がかからないまま少額商品の輸入が行なわれている。その結果、消費税収が確保できず、国内の顧客に対する売上げに消費税が課される国内事業者にとって、アンフェアな競争上の不利が増しているのである。……この報告書の結論として、もし各国の課税当局が少額商品の輸入に対する消費税の課税手続や徴収手続の効率化をはかることができれば、各国政府もこのような商品に対する免税点の廃止ないし引き下げができるであろうというものである。」

　このように、ビジネスのデジタル化、とくに個人が参入するデジタルビジネスに対する消費課税は、所得課税と連携して取り組みが行なわれる傾向にある。

Key Points 1 - Ⅱ

❶平成元（1989）年に税率３％で導入された消費税は、平成９（1997）年に地方消費税が導入されて５％となり、その後８％、10％と税率が引き上げられ、税率10％となった令和元（2019）年に軽減税率（８％）が導入された。

❷令和５（2023）年10月には、インボイス方式への変更により、小規模事業者や個人からの仕入れについては税額控除ができないため、多くの小規模事業者が課税事業者や簡易課税選択事業者へ転換することが予想される。

❸日本の消費税の国際的評価は、「相対的に低い税率で多くの税収を得ている、効率の良い税」というものである。一方で、事業者間の力関係で円滑に税額転嫁ができなかったり、滞納税額が多かったりするという問題もある。

❹消費課税をめぐる課題は、「益税」や「損税」の発生である。前者は、主に簡易課税制度や輸出免税制度から、後者は、主に非課税制度から生じる。とくに非課税取引において仕入税額控除ができないという状況は、消費課税のアキレス腱（弱点）といえる。

❺事業者間で、あるいは事業者と個人間で、モノやサービスが売買される取引（伝統的ビジネス）を前提としている現在の消費課税の仕組みは、デジタルコンテンツがインターネットを通して国境を越えて自由に売買される取引（現代的ビジネス）にはうまく適合しない。

❻新たなビジネスモデルとして急拡大傾向にあるシェアリングエコノミーについては、伝統的ビジネスには消費課税がなされるのに対して、シェアリングエコノミービジネスには消費課税がなされないという中立原則の問題が生じているが、課税ルールの設計はいまだ途上である。

Chapter

2

消費税法の基本構造

この **Chapter 2** では、日本の消費税法を読みながら、消費税の計算方法を概観します。

　消費税は、現在の日本で暮らす私たち消費者にとって、もっとも身近な税金であり、そして、おそらくもっとも誤解されている税金でもあります。

　「消費者は買物をするときに消費税を納税している。」

　「消費税はあらゆる取引に課税される。」

　「消費税は全部消費者に転嫁される。」

　消費税のことを、こんな風に考えていませんか？　でもこれらは、いずれも誤りです。どこが間違っているのか、この **Chapter 2** を読みながら考えてください。

　消費税が問題となる場面としては、日本国内で行なわれる取引に関わる場面と、国境を越えて外国とやりとりをする取引に関わる場面の両方がありますが、この **Chapter 2** では、基本となる、日本国内で行なわれる取引に関わる場面だけを取り上げます。

　法律や政令の重要な条文は、できるだけ引用しますが、引用されていない条文は、自分で参照できるように用意してください。スマートフォンで「消費税法」「消費税法施行令」を検索して、表示された「消費税法／e-Gov 法令検索」「消費税法施行令／e-Gov 法令検索」をクリックすると、法律や施行令を参照できますから、この本の横に置いて、ときどき参照してください。

Ⅰ 消費税額の算出方法

1. 消費税の納税義務者

Examples 2-1

　ＡはＢの経営する洋品店で、配偶者Ｃのために1万1000円（税込み）の手袋を買った。購入後にこの手袋を使っているのはＣである。この手袋の売買にかかる消費税の納税義務者は誰か。

Lecture

　まず、消費税の納税義務者について説明します。「納税義務者」とは、「租税法律関係において納税する義務を負う人」のことです。何だか難しいですね。「納税する義務を負う人」の意味は、すぐにわかると思います。問題は「租税法律関係において」です。

　「租税法律関係」とは、税金を課する主体（消費税の場合は、日本国。以下では、簡単に「国」と呼びます）と納税義務を負う人との間に成立する法律関係のことです。税務署に申告書を出したり、税金を納付したりすることを誰かに義務付けるときの、基礎となる法律関係ということです。

　この意味における、国内取引に関する消費税の納税義務者について、消費税法は次のように規定しています。

> 5条1項　事業者は、国内において行つた課税資産の譲渡等……につき、この法律により、消費税を納める義務がある。

　ここから明らかなように、消費税の納税義務者は「事業者」です。消費税法における「事業者」は、次のように定義されています。

> 2条1項3号　個人事業者　事業を行う個人をいう。
> 　　　　4号　事業者　個人事業者及び法人をいう。

「事業」の定義は法律にはありませんから、この用語を解釈する必要があり
ますが、それは後回しにします（☞ p.60）。ここではとりあえず、お店で商品を
売っている店主や、工場で物を作っている会社をイメージしてもらえれば十分
です。そして、法人であればすべて事業者に該当するが、個人は「事業を行う」
人だけが事業者に該当して、消費税の納税義務者になるというわけです。

　以上の説明からわかったことは、消費税の納税義務者は、お店の経営者な
どであって、お店で商品を買っている消費者ではないということです。意外で
すか？　いつも買物のときには「消費税を含めまして1100円です」などと言
われて代金を支払っていますよね。ここで、最初に説明した「租税法律関係に
おいて」という点が関わってきます。

　お店で買物をするお客さんは、お店の人とは向き合っていますが、国はそこ
には関係しません。消費税を払うのが嫌だからと、1000円だけ払って品物を
持って逃げたら、追っかけてくるのはお店の人であって、税務署員ではないわ
けです。

　では、誰が「国と向き合って」消費税の申告や納付をしているかというと、
それは、お店を経営する人や会社です。そしてもし、提出すべき申告書を提出
しなかったり、納付すべき税額を納付しなかったりしたら、国はお店の経営者
や会社に対して、「納付すべき消費税額を○○万円と決定する」処分をしたり、
早く納付するように催促したりしますが、そのときに、そのお店で買物をした
お客さんたちには、まったく何の「処分」もありません。このように、直接に
「国と向き合って」消費税の申告や納付をしている個人事業者や法人が、国内
取引における消費税の納税義務者なのです。

　でも、1000円の品物を買って1100円払っているのは事実なのだからと、ま
だ不満に思う人もいるでしょう。1000円の品物の価値は1000円分ですから、
余分に払った100円は、たしかに商品の値段ではないように思われます。しか
し法律的にみると、100円分はお店の人が消費税の納税にあてるために余分に
請求している「商品の値段」の一部にあたります。このように、納税義務者で
はないが、経済的にみると実質的に税金を負担している人のことを「担税者」
と呼びます。お店のお客さんたちは、消費税の納税義務者ではありませんが
「担税者」なのです。

> ┌─ 消費税の納税義務者は、お店の人
> └─ お店のお客は、消費税の担税者

　このように消費税の納税義務者が担税者である消費者ではなく、商品を売る事業者とされているのは、消費税の仕組みを実際に動かすこと（このことを、「消費税の執行」ということがあります）を、比較的容易にするためです。もしも、担税者と納税義務者を一致させたなら、人は何も消費せずに生きていくことができませんから、極端にいえば日本の全国民に消費税の申告や納税を求めることになりますが、それが現実的ではないことは、すぐにわかると思います。事業者であれば、消費者よりもずっと数が少なくなるだけでなく、売上げなどについて帳簿や記録を付けてもらうことも、一般の消費者にそれを求めるよりは、容易だといえます。このように、消費税の執行を可能にするために、納税義務者は事業者とされているのです（なお、事業者であっても、法の要件を満たす小規模な事業者である場合は、消費税の納税義務を負いません。この点については、☞ p.186）。

　以下では、納税義務者とされた「事業者」が、どのように消費税の税額を計算するのかを説明していきます。

Next Step

▶**事業者の属性**

　事業者の定義は、**Lecture** で述べた「個人事業者と法人」のすべてである。個人であれば、日本に住んでいるかいないか、また、法人であれば本店が日本国内にあるかないかで、所得税や法人税の課税関係は異なるが、消費税については、そのような区別は一切ない。法人税法上は特別扱いされる公共法人（国や地方自治体）、公益法人などについても、消費税の納税義務を負うという点では特別扱いはない（税額計算方法等の特則については、60 参照）。

　また、「人格のない社団等」は、一部の例外を除き、法人とみなして消費税法が適用される（3）。「人格のない社団等」の定義は、以下のとおりである。

> **2条1項7号　人格のない社団等**
> 　法人でない社団又は財団で代表者又は管理人の定めがあるものをいう。

▶実質行為者課税の原則

（ⅰ）　消費税の勉強を始めたばかりの時期にはあまり気にする必要はないが、消費税法には、「資産の譲渡等又は特定仕入れを行つた者の実質判定」との見出しの下に、以下の規定が置かれており、その内容は、「実質行為者課税の原則」と呼ばれている。

> 13条1項　法律上資産の譲渡等を行つたとみられる者が<u>単なる名義人</u>であつて、その資産の譲渡等に係る対価を享受せず、その者以外の者がその資産の譲渡等に係る対価を享受する場合には、当該資産の譲渡等は、当該対価を享受する者が行つたものとして、この法律の規定を適用する。

　　　上に示した規定をどのように理解するかについては、複数の立場がありうるが、一般的には、ある者が「単なる名義人」か、また、誰が「対価を享受する者」かは、法律的な観点から決定されるべきであり、「経済的な実質」にまで踏み込んで判断すべきではないと考えられている。

（ⅱ）　裁判例としては、旅館の和食調理長などを務める個人Ａが、食材の納入業者からリベートを受け取っていた事案で、裁判所は、リベートを受け取ったＡの「法律上の地位、権限」に着目し、①Ａには食材の発注権限がなかったこと、②この旅館を経営する法人Ｘでは従業員が納入業者等からリベートを受け取ることが禁止されていたこと、③リベートの授受が人目につかない場所で行なわれていたこと、④Ａが受け取ったリベートをＸの指示なく使っていたことなどの事実から、Ａは単なる名義人ではなく、ＸがＡを通じてリベートを受け取ったことにはならない（Ｘが「当該対価を享受」したのではない）とし、このリベート分についてＸに消費税の納税義務はないと判断した、仙台地判 H.24・2・29 がある。

　　　また、大阪地判 H.25・6・18 では、委託を受けて市場で牛肉の販売をするＸが商法上の問屋（商551）に該当し、委託者との間では委託を受けて売上げに応じた手数料を受け取るだけ（牛肉の仕入価格と販売価格との差がＸの儲けになるのではない）だとしても、牛肉の譲渡先との関係では、Ｘが法律上の売主であり、代金の回収リスクや瑕疵担保責任を負うことなどから、Ｘは13条にいう「単なる名義人」にはあたらず、この規定の適用上、牛肉の譲渡を行なったのはＸであると判断された。この判決は、13条の適用について「資産の譲渡等を行った者の実質判定は、その法的実質によるべきものと解される」と判示している。

▶信託に関する規定

（ⅰ）　ある人（G）が自分の財産を別の人（T）に移転させ、この財産をＢのために管理、処分、運用などをしてもらう契約を結ぶ、信託という法律関係がある（契約でない場合もあるが、ここでは省略する）。このとき、Ｇを委託者、Ｔを受託者、Ｂを受益者と呼び、委託者（G）から受託者（T）に移転された財産を信託財産と呼ぶ（信託

2Ⅲ参照）。委託者（G）と受益者（B）とは同一人物であってもよい（この場合は、委託者（G）が自分自身のために受託者（T）に財産を運用してもらうことになる）が、委託者（G）と受託者（T）は、原則として別人である。受託者（T）は自分の利益のために信託財産の運用などを行なうことはできず、信託契約に示された信託の目的に従い、受益者（B）のために信託財産を運用するなどしなければならない（受託者（T）が信託の受託に関する報酬を、委託者（G）や信託財産からもらうことは認められる）。

この信託に関する消費税の課税関係は相当に複雑であるが、以下では、その骨子だけを簡潔に説明する。

（ⅱ）　所得税法や法人税法では、信託の課税関係は次の4種類に整理されている。第1は、信託財産を受益者のものであると考え、信託財産に帰属する収益や費用を、すべて受益者に帰属するものと扱う、受益者等課税信託である（所税13Ⅰ本文、法税12Ⅰ本文）。

第2は、信託を1つの法人のように考えて「信託の所得」を計算し、それに法人税を課税する、法人課税信託である（法税2⑳の2、所税6の3③、法税4の3③参照）。

第3は、信託に収益や費用が発生してもその時点では課税せず、信託から受益者に収益などが分配された時に、受益者に課税する集合的信託である。集団投資信託（法税2㉙）、退職年金等信託（法税12Ⅳ①）がこれに含まれる。

第4に、信託に帰属する収益などが非課税となる、特定公益信託等（法税12Ⅳ②）がある。

（ⅲ）　信託に関する消費税法の適用は、（ⅱ）に述べた所得税法などにおける分類に従い、受益者等課税信託（上記第1）とそれ以外（上記第2～第4）とで異なる。

まず、受益者等課税信託については、信託財産にかかる取引は、受益者の取引とみなして、消費税法の規定が適用される（14Ⅰ本文）。したがって、受託者から受益者への資産の移転は形式的なものにすぎないとされ、消費税法上は取引とは扱われず、課税の対象とならない。これは、信託財産を受益者のものと考える、受益者等課税信託についての、所得税や法人税の扱いと整合的である。また、同様に、委託者から受託者への信託財産の移転も、消費税の課税対象とはならないとされている。

次に、受益者等課税信託以外の信託では、何らかの意味で受益者とは異なる「信託」の存在をイメージするので、信託財産を受益者のものとは考えない。このため、信託財産に関する取引は、受益者の取引とはみなされない。また、一定の場合に、委託者が金銭以外の資産を受託者に移転させた場合は、資産の譲渡等（☞ p.68）に該当し、消費税の課税対象となりうる（令2Ⅰ③）。

さらに、信託を法人のようにとらえる法人課税信託（上記第2）の受託者は、信託財産に関する取引について、消費税の納税義務を負う。この場合、信託の受託者は、自分自身の財産と信託財産を分けて消費税の計算などを行なうことになるし、複数の信託を受託している受託者は、信託ごとに消費税の計算などを行なうこととされてい

る（15Ⅰ～Ⅲ）。

　なお、法人課税信託の受託者が信託財産の取引について消費税の納税義務を負う場合の、小規模事業者（☞ p.186）の規定の適用と、簡易課税制度（☞ p.199）の規定の適用については、原則とは異なる定めがあるが（15Ⅳ以下参照）、詳細は割愛する。

2. 消費税の課税対象（その1）──共通の要件

Examples 2-2

　次の①～④のうち、資産の譲渡や役務の提供が、消費税の課税対象となりうるものはどれか。
①日本に住んでいる美術商Aが、外国の美術館に管理を委託してそこで展示されている絵画を、その国に住んでいる美術商Bに有償で譲渡した場合
②①のBが、Aの依頼で来日し、Aが日本の美術館に管理を委託してそこで展示されている絵画を、有償で鑑定した場合
③サラリーパーソンであるCが、親からの相続で取得した土地を、3台分の駐車位置を明示した月極駐車場として使い、1年を通じて3人の契約者の自動車を駐車させた場合
④薬局を営んでいる個人Dが、1回に5000円以上買物をしたお客に、1回の買物につき1箱ずつマスクを無償でプレゼントした場合

Lecture

(1) 概観

　それでは、消費税の課税対象について説明しましょう。国内取引に関する消費税の課税対象は、4条1項に定められています。

> 4条1項　国内において事業者が行つた<u>資産の譲渡等</u>……には、この法律により、消費税を課する。

　この規定にある「資産の譲渡等」については、次の定義規定が置かれています。

> 2条1項8号　資産の譲渡等
> 　事業として対価を得て行われる資産の譲渡及び貸付け並びに役務の提供（……）をいう。

この2つの条文を読み合わせて、4条1項の「資産の譲渡等」に2条1項8号の規定を「代入」すると、消費税の課税対象は、次のように表現できます。

■消費税の課税対象
　　国内において、事業者が行なった、事業として、対価を得て行なわれる資産の譲渡、資産の貸付け、役務の提供

　この内容は、下のようなイメージ図で表すことができます。

【消費税の課税対象のイメージ図】

①国内において ②事業者が行なった ③事業として ④対価を得て行なわれる	＋	(ア)資産の譲渡 　　または (イ)資産の貸付け 　　または (ウ)役務の提供

　つまり、①②③④のすべての要件を満たした（ア）か（イ）か（ウ）だけに、消費税が課税されるのです。ここから重要なことが2つわかります。
　第1に、消費税の課税対象は、（ア）（イ）（ウ）のような「行為」です。これらは通常、「取引」と呼ばれますので、本書でもこれから「取引」と呼びます。日頃の生活の中では、消費税は商品などの「代金」にかかるように感じますから、「納税義務者」がお店の人だとすると、消費税は「お店の売上げ」にかかるイメージとなります。しかし、法律の仕組みはそうではなく、消費税の課税対象は、あくまでも「取引」そのものです。その取引について、いくらの消費税がかかるかを計算する場面で、初めて商品の値段が問題となるのです（☞ p.87）。

消費税の課税対象は「取引」

　第2に、消費税は「すべての取引」にかかるのではありません。①〜④の4つの条件を満たさなければ（ア）か（イ）か（ウ）に該当しても課税対象ではありませんし、（ア）〜（ウ）のどれにもあたらない「行為」には、消費税がかかりません（☞資産の譲渡にあたらない事例・p.72）。このように、そもそも消費

税の課税対象とならない取引は、「不課税取引」と呼ばれています。逆に、実際に消費税が課税される取引を、「課税取引」と呼びます。これらは法律上の用語ではありませんが、消費税の世界ではすでに定着している用語なので、本書でもこれらの用語を使います（☞不課税取引の具体例・p.64）。

消費税法には、非課税取引（☞ p.75）や免税取引（☞ p.156）の規定がありますが、それらはすべて、まずは「課税対象となる取引」に該当すると判断された上で、それぞれの特別規定によって非課税や免税とされるのです。これに対して、不課税取引に該当する場合は、消費税の世界にはまったく入ってこない取引となります（下の図参照）。

【消費税からみた取引の分類】

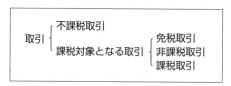

したがって、単に「消費税がかからない」といっても、それはもともと課税対象ではない取引（不課税取引）である場合と、本来は課税取引であるが、特別な規定の対象となって消費税がかからない場合の2パターンがあるのです。このような、不課税取引というカテゴリーの存在には、十分な注意が必要です。不課税と非課税の違いがどのような効果をもたらすかについては、後に説明します（☞ p.109）。

(2)～(4) では、①～④の共通する要件について説明します。**(ア)～(ウ)** の取引の内容については、**3.** で、また、非課税取引については、その次の **4.** で扱います（免税取引については、☞ p.156）。

(2)「国内」の要件

ある取引が消費税の課税対象となるための最初の要件は、その取引が「国内において」行なわれることです。ある取引が、国内において行なわれたのか、それとも国外において行なわれたのかの判定を内外判定と呼びます。内外判定の基本的なルールは、4条3項に定められており、重要な細則が施行令に定められています。

4条3項によると、まず、資産の譲渡と資産の貸付けの内外判定は、譲渡や貸付けの対象となった資産が所在していた場所により行ないます（4Ⅲ①）。その資産が国内にあれば、国内で行なわれた取引であり、その資産が国内になければ、国内で行なわれた取引ではないと判定されます。

　ただし、登録された船舶や航空機はその登録地、特許権をはじめとする無体財産権などはその権利を登録した機関の所在地によって判定されるほか（令6Ⅰ①③⑤）、著作権は著作権の譲渡・貸付けを行なう者の住所地（令6Ⅰ⑦）、営業権などはその権利にかかる事業を行なう者の所在地（令6Ⅰ⑧）によって判定されるなどと定められており、このような細かな規定に掲げられた資産のどれにもあたらず、その所在していた場所が明らかでないものについては、「その資産の譲渡又は貸付けを行う者の当該譲渡又は貸付けに係る事務所等の所在地」（令6Ⅰ⑩）によって判定されると定められています。資産の所在地がそのものズバリわからないときには、取引が行なわれた場所（事務所等の所在地）で判断するということです。

　次に、取引が役務の提供であった場合の内外判定は、その役務の提供が行なわれた場所により判断するのが原則です（4Ⅲ②）。

　このルールにも細かな規定がくっついています。とくに重要なのは、国内外にわたって行なわれる輸送、通信、郵便などについて、その発着地や発信・受信地のどちらかが国内であれば、その役務の提供が国内において行なわれたとされることです（令6Ⅱ①②③）。つまり、日本から外国への輸送や通信など、または、外国から日本への輸送や通信などは、すべて日本の国内において行なわれたことになるわけです。このことは、国境を越える取引の扱いについて説明する際に非常に重要なポイントとなります（☞国内取引の範囲と輸出免税・p.161）。

　なお、施行令に列挙された以外の役務で「役務の提供が行われた場所が明らかでないもの」についても、役務提供者の「役務提供に係る事務所等の所在地」が国内にあるかどうかで内外判定がなされます（令6Ⅱ⑥。☞役務の提供の内外判定に関する裁判例・p.64）。

■内外判定ルールのまとめ
　資産の譲渡・貸付け
　・原則として、その資産の所在地が国内かどうかで判断する
　・資産の性質に応じて登録地等で判断することもある

・資産の所在地が不明なら取引がされた事務所等の場所で判断する
　　役務の提供
　　・原則として、役務の提供場所が国内かどうかで判断する
　　・日本と外国との間の運輸・通信などは国内で行なわれたものとする
　　・役務提供地が不明なら役務提供者の事務所等の場所で判断する

(3)「事業」の要件
(ⅰ) 問題となる場面

　「事業」の要件は2か所出てきます。「事業者が行つた」(4Ⅰ) と規定されている点に関して、事業者は、前述したように (☞ p.52) 法人と個人事業者と定義されていますから、ある個人が「個人事業者」にあたるか否かの判断について「事業」の意義を解釈する必要があります。

　また、要件として「事業として」(2Ⅰ⑧) とも規定されているので、ある取引が事業としてされたかどうかを判断する必要もあります。これらの2つの「事業」の内容は、とくに異なると解釈すべき理由もありませんから、常識的に考えて、同じ内容の用語だと考えられます。

(ⅱ) 独立した経済活動の場合

　ここで「事業」をどのような内容のものと理解すべきかについては、問題となる場面を2つに分けて考える必要があります。

　1つは、自分で（独立して）何らかの「取引」をしている人のその「取引」が事業にあたるか、という場面です。これと共通する場面において、所得税の世界でしばしば議論されたのは、その「取引」（経済活動）から得られた所得が事業所得か、雑所得かという問題です。そして所得税の世界で「事業所得が生じる事業」というのは、単に継続的な経済活動というだけではなく、その活動で生活を立てていけるような経済活動のことだと理解されてきました。同じ「原稿料」でも、それで生計を立てている作家が受け取る原稿料は事業所得だが、大学からもらう給料で生計を立てている大学教授が受け取る原稿料は雑所得だ、というような判断基準です。ここでの「事業」というのは、私たちの生活感覚と近い意味で使われているといってよいでしょう。

　これに対して、消費税については、「事業」の範囲はもっとずっと広く、「反復継続的な経済的行為」であればその規模や内容を問わない、と考えられていま

す。つまり、所得税法だと「雑所得」が生じるとされるような規模・内容の経済活動でも、消費税法上は「事業」に該当すると考えられているわけです。前述した大学教授が雑誌に寄稿して原稿料を受け取る取引も、反復継続的なものであれば、消費税法上は「事業」であるとされます。

　このように、「事業」の範囲が消費税に関して広く考えられているのは、「事業」の要件による制限が、消費税にとっては本質的なものではなく、消費税の執行を容易にするための、いわば便宜的な要件だからだと説明されます。このことは、消費税の納税義務者を「事業者」としている理由を説明した所で、すでに述べました（☞ p.53）。ここで、「事業」と定められているのも同じ理由です。そこで、便宜的な要件を狭く解して消費税の課税対象を狭めるのは適切ではない、とされるわけです（☞「事業」の範囲を広くとらえた裁判例・p.65）。

　これまで、サラリーパーソンの副業程度の不動産の貸付け（所得税法上は事業ではないもの）であっても、消費税法上は「事業」に該当するものとして、制度が運用されてきました。小規模事業者に関する制度（☞ p.186）があるため、「事業」にあたるとしても、一定以上の規模がなければ直ちに消費税の納税義務者となるわけではありませんが、「働き方改革」の一環として副業を有するサラリーパーソンが増えると、この点を検討する重要性は高まるものと思われます。

(iii) 従属的な経済活動の場合

　消費税の課税対象について、「事業」の意義が問題となるもう1つの場面は、人がある取引を「従属的・非独立的」に行なっているのか、それとも、自分で（独立して）行なっているのかが問題となる場面です。このことは、とくに、役務の提供について問題となります。

　お店の経営者に雇われて商品を売っている従業員は、自分が「事業」を営んでいるわけではありませんから、「事業者」ではありません。「事業者」にあたるのは、あくまでもお店の経営者です。このように、雇用契約などがあれば、働いている人が事業者でないことは明らかですが、当事者間では「請負」などの法形式をとっている場合に、その実質が、従業員のような「従属的・非独立的」な労務提供なのか、外注先のような独立的な労務提供なのかが問題となる場面があります。

　同じような問題は所得税についても生じます。所得税法においては、「従属

的・非独立的」な役務提供の対価は給与所得、「独立的」な役務提供の対価は事業所得とされているので、「給与所得か事業所得か」の区別の問題となります。

この場面で、消費税に関する裁判例は、所得税における「給与所得か事業所得か」の区別の基準を、ほぼそのまま消費税においても用い、所得税において対価が給与所得にあたる場合は、それを受け取った人は事業者ではない（「事業」を営んでいない）と判断してきました（☞従属的な経済活動の判断基準・p.66）。そこでこの区別の基準について、所得税に関する事案ですが、有名な判例なので、読んでみてください。

■最判 S.56・4・24
「事業所得とは、自己の計算と危険において独立して営まれ、営利性、有償性を有し、かつ反覆継続して遂行する意思と社会的地位とが客観的に認められる業務から生ずる所得をいい、これに対し、給与所得とは雇傭契約又はこれに類する原因に基づき使用者の指揮命令に服して提供した労務の対価として使用者から受ける給付をいう。」

この判例が示した「給与か事業か」の基準はかなり抽象的ですが、その後の判例・裁判例の中では、より具体的には、働き方が従属的で、誰かの指揮命令に服して労務を提供しているかどうか、また、稼ぎ方が非独立的で、決められた時間働けば成果の大小にかかわらず一定の対価を得られる契約かどうか、などの事情に着目して判断されています。

(iv)「事業として」と定める意義

消費税の課税対象となる取引は、「事業者が」「事業として」行なう必要があります。課税対象を「事業として」行なわれる取引に限定しているのは、事業としてではない取引は規模や金額が少なくてわざわざ課税対象とするほどのものでもないし、また、個人間の生活用品の譲渡などは、実際問題として税務署がみつけるのが難しいからだとされています（この事情を「把握が困難」といいます）。

この要件があることから、具体的にどのように課税対象が変わるのかを、次の *Case* で考えてみましょう。

　「事業として」との要件があることで、**Case 2-1**のAとBの消費税に関する立場が同じになることがわかりますね。そしてこの結果は、あるコミックの読者という立場（消費者としての立場）に着目するとAとBに違いがあるとはいえないため、結果としても合理的であると考えられます。このように事業者であっても「事業として」行なうのではない、生活用品の譲渡などは、消費税の課税対象とはならないのです。

(4)「対価」の要件

　消費税の課税対象となる取引の最後の要件は、「対価を得て」行なわれることです。この要件を加えることについては、場面を分けた2つの説明がされています。

　1つは、事業者どうしの間で取引が行なわれる場面です。この場面では、事業

者Aが事業者Bに「無償で（対価を得ずに）」商品αをあげた場合に、Bがもらったαを消費者Cに売ると、そのαの譲渡は課税対象になりますが、BはαについてAが仕入税額控除をすることができないから（課税仕入れの支払対価が0円だから。☞ p.101）、その分だけBが納付する消費税額が増えるので、AとBとを合わせて考えると、差し引きで問題が生じないとされます。

　もう1つは、事業者Dが消費者Eに「無償で（対価を得ずに）」商品βをあげた場合です。この場合については、消費税が本当のところで、何をターゲットとして課税されているかを考える必要があります。

　一般には、消費税は「消費」をターゲットとする税だと説明されます。しかし、より正確にいうと、消費税は「消費のための支出」をターゲットとし、そのような支出をする人には税金を負担する能力（これを「担税力」といいます）があると考えて課税するのだと説明されてきました。そこで、上記のEについてみると、Eはβを消費するために対価を支出していないため、ターゲットとされる「消費のための支出」がないから、課税する必要はないのだとされるわけです（何だか、「後出しジャンケン」のような理由づけにもみえますが……）。

Next Step

▶不課税取引の具体例

　消費税の課税対象となる取引は、**Lecture** で述べたとおり（☞【消費税の課税対象のイメージ図】〔p.57〕）①〜④の要件をすべて満たす、（ア）〜（ウ）のいずれかの取引に限られる。

　したがって、国外にある資産を国外で譲渡する取引（「①**国内において**」の要件を満たさない）、事業者ではない個人が資産の譲渡等を行なう取引（「②**事業者が行なった**」の要件を満たさない。**Case 2-1**〔p.63〕のAがその例）、事業者が行なう事業ではない取引（「③**事業として**」の要件を満たさない。**Case 2-1** のBがその例）、事業者が事業として行なうが対価を得ない取引（「④**対価を得て行なわれる**」の要件を満たさない。**Examples 2-2** ④〔p.56〕参照）などは、すべて不課税取引に該当し、消費税の課税対象とはならない。

　（ア）〜（ウ）のどれにもあたらない取引の例としては、☞「資産の譲渡」にあたらない事例・p.72 参照。

▶役務の提供の内外判定に関する裁判例

　資産の譲渡や貸付けの内外判定についても判定が困難な場合はありうるが、とくに役

務の提供に関する内外判定は困難な事例が多く、以下の規定（令6Ⅱ⑥）の出番となる。

> **令6条2項6号** 前各号に掲げる役務の提供以外のもので国内及び国内以外の
> 地域にわたつて行われる役務の提供その他の役務の提供が行わ
> れた場所が明らかでないもの　役務の提供を行う者の役務の提供
> に係る事務所等の所在地〔で内外判定を行なう。〕

　この規定の解釈について、現在の下級審裁判例は、以下のように判示している（なお、東京地判 H.22・10・13 も参照）。

> **■東京地判 R.3・6・2**
> ・令6条2項6号は、役務提供が国内と国外にわたる場合は役務提供地の
> 　決定が事実上きわめて難しいから、国内に事務所などの物理的な存在の
> 　ある事業者についてのみ課税を行なうことで、課税上の便宜と明確化を
> 　図る趣旨である。
> ・役務の提供が国内と国外の両方で行なわれるもののうち、その対価の額
> 　が国内における役務提供と国外における役務提供に合理的に区分されて
> 　いない場合は、同号の「役務の提供が行われた場所が明らかでないもの」
> 　に該当し、役務提供者の役務提供にかかる事務所等の所在地によって、
> 　役務提供地が判断される。

▶「事業」の範囲を広くとらえた裁判例

　独立した経済活動について、所得税法における「事業」よりも消費税法における「事業」のほうが範囲が広いことを明言した判決として、次の判決をあげておこう（なお、判示の中の「免税点制度」については、☞ p.186）。

> **■名古屋高金沢支判 H.15・11・26**
> 　「消費税法は、<u>徴税技術上</u>、納税義務者を物品の製造者や販売者、役務
> の提供者等としているものの、その性質は、その<u>相手方である消費者の消</u>
> <u>費支出に着目したもので、これを提供する事業者の規模そのものは、消費</u>
> <u>税法が課税を意図する担税力と直ちに結びつくということはできない。</u>」
> 　消費税法が免税点制度等を設けているのは、「<u>同法が個人事業者を含む</u>
> <u>事業者をその規模を問うことなく納税義務者として定めていることを前提</u>
> <u>とするもの</u>であるということができる。」
> 　「消費税の趣旨・目的に照らすと、消費税法の『事業』の意義内容は、所
> 得税法上の『事業』概念と異なり、<u>その規模を問わず、『反復・継続・独立</u>

して行われる』ものであるというべきである。」

第1段落において、「納税義務者」を「物品の製造者や販売者、役務の提供者等」、すなわち事業者としている理由を「徴税技術上」としている点については、納税義務者について説明した（☞ p.53）、消費税の執行上の問題への言及と理解することができる。また、消費税の性質を、「消費者の消費支出に着目したもの」と判示している点は、**Lecture** (4) で触れた、「対価性」を要件とする理由の第2の場面についての説明（☞ p.64）と同じであることにも、着目してほしい。

▶従属的な経済活動の判断基準

　従属的な経済活動であって消費税の課税対象とならない場合を、所得税法上の「給与所得」に該当する場合ととらえた裁判例は数件あるが、そのほぼ全部において、消費税法への言及は、まったくないか非常に少なく、所得税法に関する議論に終始している。

　その理由は、この問題が裁判で争われる場面と、関連する条文の規定ぶりにある。

　すなわち、独立的な労務提供か従属的な労務提供かが争われる事例においては、実は、**Lecture** で議論した労務を提供した人の消費税の納税義務の有無ではなく、労務の提供を受けて対価を支払った事業者が、その支払について仕入税額控除を受けられるかが問題となっている。そして、仕入税額控除の対象となる「課税仕入れ」の定義規定において、「事業者が……役務の提供（<u>所得税法28条1項（給与所得）に規定する給与等を対価とする役務の提供を除く。</u>）を受けること」として、直接に所得税法の規定を引用しているために（☞ p.100）、裁判所の関心が、「給与所得か否か」に向けられることになるのである。

▶みなし譲渡

（ⅰ）　**Lecture** (4) で説明したとおり、消費税の課税対象は、原則として「事業として」かつ「対価を得て」行なわれた取引に限られるが、法律上、次の2つの取引については、「事業として対価を得て行われた」ものとみなされている。

> 4条5項　次に掲げる行為は、事業として対価を得て行われた資産の譲渡とみなす。
> 　1号　個人事業者が棚卸資産又は棚卸資産以外の資産で事業の用に供していたものを家事のために消費し、又は使用した場合における当該消費又は使用
> 　2号　法人が資産をその役員（……）に対して贈与した場合における当該贈与

（ⅱ）　「事業として対価を得て行われた」とみなされる特例の1つは、個人事業者が事業用資産を、家事のために消費したり、使用したりした場合である（4Ⅴ①）。この規定の合理性について、次の **Case** で検討しておこう。

Case 2-2

　食品小売業を営む個人Ａは、ある日、店先から商品であるカップ麺を持ってきて、昼食として食べてしまった。この消費行為が「事業として対価を得て行われた」とみなされることの合理性を検討しなさい。

Analysis 2-2

　Ａがこのカップ麺を顧客Ｂに売れば、それはまさに「事業として対価を得て」行なわれたことになり、消費税の課税対象となる。他方で、とくにみなし規定がなければ、Ａがカップ麺を自分で食べたことは、「事業として」行なわれたものでなく（Ａの昼食は事業ではない）、対価も得ていないから、消費税の課税対象とはならない。

　しかし、商品であるカップ麺は、もともと「事業として対価を得て」売るために仕入れたものであるから、本来は、それを売って得たお金で同じカップ麺を買って食べるべきものである（この場合、お客へのカップ麺の譲渡は消費税の課税対象となる）。それを店先から持ってきて食べたら課税されないというのは合理的とはいえない。そのため、このＡの昼食を課税対象とするために、それが「事業として対価を得て行われた」ものとみなされていると考えられる。

　Analysis 2-2 の考え方からすれば、「家事」とは、個人事業者本人の消費だけではなく、一緒に暮らす家族などが消費する場合も含まれると解すべきであろう。

　なお、この規定は、商品（棚卸資産）に限定されず、ほかの事業用資産にも適用される。たとえば、事業に用いていた自動車を（事業用の自動車は別に取得するなどして）、新たに免許を取得した娘（息子）の自家用車とした場合なども、この規定の対象となる。これは、「事業」の範囲が、本来の「事業」に限定されず、事業に付随するものまで拡大されていること（令2Ⅲ。☞ p.70）に対応するものといえよう。

(ⅲ)　もう1つの「事業として対価を得て行われた」とみなされる特例は、法人が、所有する資産を役員に贈与した場合である（4Ⅴ②）。「役員」については法人税法の規定を使って定義されているが（法税2⑮）、会社の代表取締役社長や取締役、監査役をイメージできれば十分である。

　これは、少人数で支配されている零細・中小企業の多いわが国において、法人が役員のために何かの資産を取得し、それを役員に贈与することはしばしばありうるところ、「法人＝役員」のような会社（個人ＡがＰ社の発行済株式の全部を所有して代表取締役を務めている例など）においてはこのような贈与が自由にできることや、一般の消費者が事業者から商品の贈与を受ける場合とは状況が異なる（役員は、いわば給与の一部として贈与を受けている）ことに着目し、消費税の課税対象をきちんと確保するための措置と考えられる。

3. 消費税の課税対象（その2）——資産の譲渡等の意義

Examples 2-3

　次の①～④が、事業者により事業として行なわれた場合に、消費税の課税対象となりうる「資産の譲渡等」にあたるかどうかを検討しなさい。

①国内にある機械甲と国内にある機械乙とを交換する取引

②国内にある名画丙（時価 1000 万円）を債権者に渡して、1000 万円の債務を帳消しにしてもらう取引

③国内で登録された船舶を他人に使わせて対価を得る取引（船員や荷主など船舶の運用・管理は、すべて借り手が行なうこととされている）

④国内で、他人の求めに応じ、対価を得て、インターネット上の情報を収集・整理し、その結果をその人に送信する行為

Lecture

　消費税の課税対象となる「資産の譲渡等」の具体的な内容は、資産の譲渡、資産の貸付け、および、役務の提供、の3つでした（2Ⅰ⑧）。これらについて、少し具体的に内容をみてみましょう。

(1) 資産の譲渡

(i)「資産」の意義

　最初に検討するのは「資産の譲渡」です。「資産」の「譲渡」ですから、この2つの要素に分けて、それぞれ検討してみましょう。

　「ある権利が『資産』に該当するためには、特許権などのように一般に権利と認知されている必要がある」という趣旨の国側の主張を退けた比較的最近の裁判例は、「資産」とは取引の対象となるあらゆるものを指すと判断しているように思われます（福岡高判 H.24・3・22）。この考え方に従えば、契約の当事者間での合意内容や取引慣行の内容次第で、通常は「資産」と考えられていないような「何か」であっても、消費税法上は「資産」にあたると考える余地があります。

　ただし、消費税の対象を考える場面ですから、「譲渡」や「貸付け」が可能なものに限られる、という制限は付けるべきでしょう。

(ii)「譲渡」の意義

　「資産」が非常に広くとらえられているのに対して、「譲渡」の意義は制限的に理解されています。下級審裁判例に現れた判示を紹介しましょう（（i）で引用した福岡高判も、以下の引用と同じ判断を示しています）。

> ■東京地判 H.9・8・8
> 　『『資産の譲渡等』（消費税法2条1項8号）とは、資産につきその同一性を保持しつつ他人に移転することをい〔う〕」。

　何だか、難しい言い方ですね。「同一性を保持しつつ他人に移転する」というのは、Aさんの手もとにあった資産αが、そのままBさんの手に渡る（Bさんの手もとでもαのままである）、という意味です。通常の商品の売買であれば、この要件をそのまま満たすことは、すぐにわかるでしょう（資産が移転した直後の状態で考えてください。コンビニエンスストアで買ったアイスクリームが自宅に帰るまでに溶けたら「同一性が保持されていない」からこれは「譲渡」ではない、という例は適切ではありません。店員さんからアイスクリームを手渡された瞬間は、手渡す前でも後でも、アイスクリーム自体はまったく同じものです）。

　課税実務も、上記の裁判例と同様の立場に立ち、取引の実態に応じて、資産の譲渡かそうでないかを検討することとしています。たとえば、商品に損害

を受けて加害者から損害賠償金をもらった場合に、①その商品を加害者に渡して、加害者が軽微な修理などでそれを使うことができるなら、その実態は譲渡にあたる（同一性を保持して移転したといえる）が、②商品が潰れてしまって、加害者が引き取っても廃棄するほかはない場合には、それは譲渡ではない、というような判断の仕方です。

(iii)「譲渡」の範囲の拡大

2条1項8号には、「代物弁済による資産の譲渡その他対価を得て行われる資産の譲渡……として政令で定めるものを含む」という括弧書が付いています。ここから、代物弁済（民482）が、法の規定によって「資産の譲渡」にあたることがわかります。それ以外に付け加えるものが政令で定められることになっており、これに対応する規定が、施行令2条です。同条1項で規定されている重要な項目としては、負担付き贈与（令2I①）と現物出資（令2I②）があります。

前者は、親Aが所有する資産αを子Bに贈与するときにAの銀行への借金をBが肩代わりすることを条件とする場合には、この「贈与（借金の肩代わりという負担をつけた贈与）」が、Aにとって「（αという）資産の譲渡」として課税対象となるということです。

また、後者は、Cが所有するβ資産を出資して株式会社Pを設立し、そのP社の発行する株式を取得する場合には、このP社の設立に関わる行為が、Cにとって「資産の譲渡」として課税対象となるということです。これによって、βの現物出資の場合と、Cが現金を出資してQ社を設立し、その後、Cが出資した現金を使ってQ社が、Cの所有するγ資産を譲り受けた場合とで、Cについて同じ課税の結果が得られることになります（Cにとっては、βもαも、P社またはQ社への譲渡にあたります）。

もう1つ、施行令2条3項の、次の規定にも注意しましょう。

> **令2条3項** 資産の譲渡等には、その性質上事業に付随して対価を得て行われる資産の譲渡……を含むものとする。

この規定の意味を、食料品小売業を営むAが、配達用トラックを譲渡した例で考えてみると、Aの事業は食料品小売業ですから、商品である食料品を売ることが事業の内容です。配達用トラックを売ることは事業の内容ではありません。

とはいえ、配達用トラックの購入や譲渡は、休日に乗るスポーツカーの購入や譲渡とは違って、やはりＡの事業に密接に関係します。Ａが商品を仕入れたり配達したりするためにトラックを購入することは、最終的にＡの店で売る商品の価格に影響を与えているはずです。そうであれば、それを売ったときも、Ａの事業に関係するものとして扱うのが適切と考えられます（このような扱いは、配達用トラックの購入時に負担した消費税額相当額を、仕入税額控除の対象とすること（☞p.99、102）と整合的です）。

　さらにいえば、もともと「事業」に着目して課税対象を制限していることは、消費税の執行の便宜によるもので、消費税の本質とは関係ありません（☞p.61）。

　そこで、「事業」に着目する消費税法は、その課税対象を少し拡げ、事業そのものではなく、事業に付随する資産の譲渡も課税対象としているものと考えられます（☞みなし譲渡（ⅱ）・p.66）。

(2) 資産の貸付け

　「資産の譲渡等」の２番目の内容は、「資産の貸付け」です。「資産」の意義は、資産の譲渡の場合と同様で、広くとらえられることになります。

　「譲渡」とは異なり、「貸付け」の意義は、広く、他人に資産を利用させる行為を一般的に含むと解されます。消費税法は、次の規定を置いています。

> **２条２項**　この法律において「資産の貸付け」には、資産に係る権利の設定その他他の者に資産を使用させる一切の行為（……）を含むものとする。

　この規定の中で、「権利の設定」とは、たとえば土地の上に地上権（民265）を設定すること、特許権に実施権を設定すること（特許77参照）、著作物にかかる出版権の設定（著作79）をすることなどが含まれます。無体財産権になっていない「ノウハウ」の提供なども、「資産を利用させる一切の行為」に含まれると解されています。

　資産の貸付けについても、事業に付随する場合が含まれるのは、資産の譲渡の場合と同様です（令2Ⅲ）。

　施行令では、金銭債権の譲受け（令21Ⅰ④）が付け加えられています。金銭債権の譲受けが資産の貸付けにあたるのは、ＡのＢに対する貸付金債権をＣが

譲り受けると、その後はCがBに貸付けをしていることになる（金銭という資産の貸付けにあたる）からです。

（3）役務の提供

「役務の提供」は、非常に広い概念です。AのBに対する役務の提供とは、「AがBのために何かをしてあげること」の全部を含みます。念のために、課税実務が「役務の提供」をどのようにとらえているかがわかる通達を引用しておきます。

> **消費税法基本通達5-5-1**
> 　法第2条第1項第8号《資産の譲渡等の意義》に規定する「役務の提供」とは、例えば、土木工事、修繕、運送、保管、印刷、広告、仲介、興行、宿泊、飲食、技術援助、情報の提供、便益、出演、著述その他のサービスを提供することをいい、弁護士、公認会計士、税理士、作家、スポーツ選手、映画監督、棋士等によるその専門的知識、技能等に基づく役務の提供もこれに含まれる。

例示された役務の提供が複雑に絡み合って、「役務の提供」となる例もしばしばあります。裁判例では、外国からの訪日客ツアーのために、日本において具体的な旅程を決め、宿泊、食事などの予約や現地ガイドの手配などをすることが、役務の提供にあたるとされています（東京地判R.3・6・2、☞ p.65）。

役務の提供についても、事業に付随する場合が含められるのは、資産の譲渡や貸付けの場合と同じです（令2Ⅲ）。

なお、施行令では、NHKによる公共放送（令21Ⅰ⑤）が付け加えられています。

Next Step

▶資産の譲渡にあたらない事例

Lectureでは、譲渡を「資産につきその同一性を保持しつつ他人に移転すること」とする考え方を紹介した。それでは、この考え方の下で、どのような場合に、ある取引が「譲渡ではない」とされるのだろうか。

（1）で引用した判決（東京地判H.9・8・8〔p.69〕）は、**Lecture**で引用した箇所に続けて「単に資産が消滅したという場合はこれに含まれない」と判示している。それは、この判決の事案では、建物の所有者による建物の賃借人への立退料の支払いが問題となったからである。「立退料」の支払いが譲渡にあたるかどうかについて、次の**Case**

で検討しよう。

Case 2-3

　Aは甲建物の所有者で、甲をBに賃貸している。Aは甲を取り壊して敷地を有効活用しようと考え、賃貸契約の満了前の時期に、Bに立退料を支払って立ち退いてもらい、甲を取り壊した。

　Aによる立退料の支払いとそれに対応するBの立ち退きという取引は、消費税法上、どのように扱われる可能性があるか。

Analysis 2-3

　建物の賃借人は、賃貸借契約が終了するまでは建物を借り続ける権利をもっている。これをかりに「借家権」と呼ぶことにする。そこで、AとBとの間の契約で賃借人の変更が可能とされている場合に、CがBに「立退料」を支払い、CがBの代わりに甲に入居したなら、これは借家権という資産の譲渡である（Bのもっていた借家権をCがそのまましもち続けることになる）。

　同様に、**Case 2-3** においても、BがAに借家権を買い戻してもらったと考えるなら、AからBへの立退料の支払いは、それを対価としたBからAへの借家権の譲渡にあたる。〔第1説〕

　しかし、Cと異なり、Aは甲の所有者だから、Bの立ち退きにより借家権はただ消滅するだけで、Aの手もとには残らない。このように考えると、立退料は借家権を消滅させる対価にすぎず、資産の譲渡にはあたらない。〔第2説〕

　引用した東京地判は、**Analysis 2-3** の〔第2説〕を採用し、Aが支払う立退料は借家権を消滅させる対価であって、借家権がBからAに「同一性を保持して移転」するわけではないから、それは資産の譲渡にあたらないと判断したのである（〔第1説〕については、☞ p.31）。

　他方、この考え方の下でも、**Analysis 2-3** におけるBとCとの間の取引は、BからCへの借家権の譲渡にあたる。この点は、「立退料」という支払いの名目が問題なのではなく、あくまでも、それが何のために支払われ、どのような取引の実態があるかを検討することで判断されるべき問題なのである。

▶権利が消滅しても譲渡にあたる特例

　すでに述べたように、Aの有する権利が消滅して、その消滅させられた対価を得る取引は、「譲渡」にあたらない（☞資産の譲渡にあたらない事例・p.72）。このことを前提にすると、施行令2条2項は何を定めているのかわかりにくいように思われる。

　実は、これは土地収用法の仕組みで、土地等を収用した場合の取得者の所有権の取得は、その土地等の所有者から権利を取得する（これを「承継取得」という）のではな

く、まったく新しく自分で権利を取得する（これを「原始取得」という）とされている。このため、特例規定がなければ、土地等を収用された場合は資産の譲渡にはあたらない（元の土地等の所有者が取得者に所有権を渡す仕組みになっていないため）。しかし、法律的な議論はともかく、土地等を収用されて対価補償金を取得するという取引の「実態」は、補償金相当額を対価とする土地等の譲渡と変わりがない。そのため、とくにこの場合を課税対象とする規定を、わざわざ施行令に置いたのである（ただし、収用であっても、別表第一1号にあたる部分は非課税取引である。☞ p.76）。

▶「資産の譲渡等」にあたらない取引

　資産の譲渡、資産の貸付け、役務の提供のどれにもあたらなければ、消費税法に関しては不課税取引となる。しかし、具体的にどんな取引がこれら3つのどれにもあたらないかは、ややイメージしにくいかもしれない。

　たとえば、Aがデパートで1万円分の商品券を買うとする。これはいかにも、デパートからAに対する「商品券という資産」の「譲渡」のようにみえる。しかし、商品券を発行するデパートにしてみれば、もともと「商品券という資産」があってそれを売るのではなく、「その券で1万円分の商品と引き換えます」という「権利」を発生させて対価として1万円を受け取ったと考えるのが実態に合っている。したがって、これは資産の譲渡ではなく、もちろん、資産の貸付けでも役務の提供でもないから、「商品券を売る」のは、そのデパートにとって資産の譲渡等ではない。

　同じことは、プリペイドカードの発行などについてもあてはまる。わりあい身近な「不課税取引」の例である（商品券やプリペイドカードの譲渡については、☞ p.79）。

法律用語のコラム

【代物弁済】

　ある時にお金を借りて、一定期間経過後に利息を付けてお金を返す契約をした場合を考える。この契約では、お金を借りた人（借り手）はお金（金銭）を返さなければならない。しかし、期限が来ても返すお金が手もとにないため、お金を貸してくれた人（貸し手）と、新たに、借り手が持っている絵画を貸し手に渡すから、お金を返す義務を貸し手に免除してもらうという契約をして、実際にその絵画を貸し手に渡したら、借り手のお金を返す義務は消滅する（民482）。このように、相手方との合意により、本来の契約上の義務以外の内容の給付をして、本来の契約上の義務を免れる契約を、代物弁済契約と呼ぶ。

(H.S.)

4. 消費税の課税対象（その3）──非課税取引

Examples 2-4

次の①〜④が不課税取引ではない場合に、非課税取引にあたるかどうかを検討しなさい。

①Aが建設した一戸建ての家屋を、敷地と一緒にBに譲渡する取引
②Cが所有する仮想通貨をDに譲渡する取引
③酒屋がビール券を客に譲渡する取引
④郵便局で年賀葉書を客に譲渡する取引

Lecture

（1）序

消費税は、できるだけ課税する範囲を広く確保するために、原則として、課税対象となる取引（不課税取引以外の取引）のすべてに課税するものとされています。しかしそれでも、ごく狭い範囲に限って、消費税を課税しない取引が定められています。国内取引に関する非課税取引を定めているのは、次の規定です。なお、すでに説明したように（☞ p.58）、非課税取引となるのは、課税対象となる取引（不課税取引でない取引）であることに、注意してください。

> 6条1項　国内において行われる資産の譲渡等のうち、別表第一に掲げるものには、消費税を課さない。

別表第一には、大きくわけて13の項目が掲げられており、一般には、そのうち最初の5つは、「消費（のための支出）に課税する」という消費税の性格に照らして、非課税とすべきものであり、残りの8つは、社会政策的な配慮にもとづいて非課税とされていると説明されています。前者の、消費税の性格上非課税とされるものを（2）で、後者の、社会政策的な配慮にもとづく非課税を（3）で取り上げます。

> ■消費税の非課税取引は2種類ある
> ・消費税の性格に照らして非課税とすべきもの
> ・社会政策的配慮にもとづいて非課税とされるもの

個別の項目の説明に入る前に、説明しておくべき、重要なポイントが2つあります。その第1は、非課税となるのは何か、という問題です。

　消費税の課税の対象は、「取引」だと説明しました（☞ p.57）。したがって、非課税となるのも「取引」です。別表における非課税の定めが、「利子を対価とする貸付金その他の……資産の貸付け」（別表第一③）というような文言になっているのは、非課税となるのは、あくまでも、そこに規定された「資産の貸付け」という「取引」であることを示しています。非課税となるのは、その対価にあたる「利子」ではありません。この点は誤解しがちなので、注意が必要です。

　2つ目の重要なポイントは、非課税取引とされることの効果です。所得税や法人税で所得が非課税とされるのと異なり、ある取引が消費税の非課税取引とされると、納税義務者や消費者に不利益を与える場合がある点には、留意が必要です（☞非課税取引の効果・p.81）

> ■非課税取引の留意点
> ・非課税となるのは「取引」 → だから「非課税取引」と呼ばれる
> ・非課税取引にあたるのは、よいことばかりではない

（2）消費税の課税になじまないとされる非課税取引

（i）土地の譲渡と貸付け

　消費税の性格に照らして課税になじまないとされる非課税取引の第1は、土地の譲渡と貸付けです。別表第一1号は、この点を以下のように定めています。

> 別表第一1号　土地（土地の上に存する権利を含む。）の譲渡及び貸付け（一時的に使用させる場合その他の政令で定める場合を除く。）

　土地の譲渡や貸付けが非課税取引とされるのは、土地が使用によっても時間の経過によってもなくなることがないため、土地の譲渡に消費税を課税すると、土地が転々と譲渡されていくにつれて、消費税が無限に累積することとなり不合理だからだ、と説明されています。土地の貸付けについても同様です。

　最初の括弧内の「土地の上に存する権利」とは、土地の所有権と同様に、その土地を使用収益すること（建物を建てたり、田畑として使ったりすること）がで

きる権利を指します。具体的には、地上権（民265）、賃借権（借地借家2①）、永小作権（民270）、地役権（民280）などがこれに含まれます。反対に、その土地から金銀などの鉱物を取り出したり、そこから湧く温泉を利用したりする権利（鉱業権や温泉利用権）は、土地を使用収益する権利とは別の資産ですから、譲渡や貸付けが非課税取引となる「土地の上に存する権利」には該当しません。

前頁に引用した1号の2つ目の括弧書で触れられている政令は、以下の条文です。

> 令8条　法別表第一第1号に規定する政令で定める場合は、同号に規定する土地の貸付けに係る期間が1月に満たない場合及び駐車場その他の施設の利用に伴つて土地が使用される場合とする。

まず、土地の貸付期間が1か月未満である場合が非課税取引から除かれ、課税される取引となります。これは、借り手が所有権に準じる土地の使用収益権を取得するというよりも、土地の所有者が、その土地の使用から得られる便益を切り取って一時的に相手に与えている、いわば役務の提供に近い性質の取引だから、非課税とされないものと考えられます。

次に、駐車場その他の施設の利用に伴って土地が使用される場合が、非課税取引から除かれています。フェンスで囲った土地をアスファルト舗装して白線で区切った月極駐車場をイメージすると、いかにも自動車をとめるために土地を貸しているように思われますが、これも所有者による「駐車場」としての利用であって、契約相手に土地そのものの使用収益権を与えているのではない（土地の使用収益権はあくまでも所有者にあり、その使用収益の一形態として駐車場として利用しているのだ）と考えることになります。

少し注意が必要なのは、所有する土地の上に貸しビルを建設して、契約者に貸し付けている場合も、この規定により非課税取引とはならないと、課税実務で考えられている点です。ビルを貸せば、当然、その敷地である土地も借り主に使わせることになりますが、この実務は、この取引を上記の駐車場と同じく（所有者による）土地の使い方の1つだ、と理解していることになります。かりに契約上、敷地の賃借料と建物の賃借料とが区別されていても、その全額が「ビルの賃貸借」という取引の対価となる（建物賃借料部分に限られない）として、実務が運用されていることも、付け加えておきます。

（ii）有価証券や支払手段等の譲渡

別表第一2号は、有価証券や支払手段の譲渡を非課税取引としています。有価証券や支払手段にあたるかどうかは、基本的には、それぞれ別の法律で決められており、それに政令でいくつかの取引が追加されています。

まず、有価証券にあたるのは、金融商品取引法2条1項に該当するものです。国債証券（金商2I①）、地方債証券（金商2I②）、社債券（金商2I⑤）、株券（金商2I⑨）、貸付信託の受益証券（金商2I⑫）などが、その代表例です。政令は、これに合名会社、合資会社、合同会社の社員の持分（令9I②）や貸付金、預金、売掛金などの金銭債権（令9I④）を加えています。

次に、支払手段にあたるのは、外国為替及び外国貿易法6条1項7号に該当するものです。その代表例は、銀行券（外為6I⑦イ）、小切手・為替手形（外為6I⑦ロ）、約束手形（外為6I⑦ニ、外為令2I①）などです。

重要なのは、政令が暗号資産（資金決済2V）を支払手段の範囲に追加していることです（令9Ⅳ）。この結果、現在では、暗号資産（ビットコインなどの、いわゆる仮想通貨）を相手に渡して対価を受け取る取引は、非課税取引に該当します。

有価証券や支払手段の消費、というのは、ちょっと考えられませんから、これが消費税の性格に照らして非課税とされることは自然なように思われます。

他方で、「お金」であっても、それを趣味で集めるような場合は、消費の一種と考えてもよさそうです。第二次世界大戦後の日本で発行されたすべての紙幣を1枚ずつセットにしているコレクションの商品などがこれにあたります。そこで、収集と販売のための支払手段の譲渡は、非課税取引から除かれています（令9Ⅲ）。

（iii）利子を対価とする資産の貸付け等

非課税取引の第3のカテゴリーは、利子を対価とする資産の貸付け等です（別表第一③）。いわゆる「金融取引（保険を含む）」がこれにあたり、国債、地方債、社債、信用保証、合同運用信託、保険に関する取引がその代表例です（令10I）。法の委任を受けた政令では、預貯金、手形の割引、金銭債権の譲受けなどが追加されています（令10Ⅲ）。

別表第一の2号の適用がある有価証券や支払手段の範囲も同様ですが、非課税となる金融取引について、その範囲を確実に知っておくことは実務上、非常に重要です。しかし、消費税の勉強を始めたばかりの時期では、それぞれの

代表例が言えれば十分です。

　一般に、金融取引は、誰が誰にどのような役務を提供しているのかが明らかでないため、課税の対象から除かれると説明されています。

（iv）切手等の譲渡

　一定の郵便切手や地方公共団体への税の納付などに用いる証紙、物品切手（商品券・プリペイドカードなどを指します）などの譲渡は非課税取引です。これらのうち、郵便切手と商品券・プリペイドカードなどは、消費税分を含んだ価格で提供される役務や資産の譲渡の対価の支払いに用いられるため、この切手などの譲渡に課税すると「二重課税」になるため、非課税とされているのです。このことの意味を、次の *Case* で確認しましょう。

Case 2-4

　Aは、所有するゲーム機に有料のゲームをダウンロードして遊びたいと考え、ゲームをダウンロードするときの支払いに使うプリペイドカードを玩具店で購入した。欲しいゲームの価格は、3300円（税込み）である。玩具店がAにこのカードを売ることが課税取引にあたると、どのような不都合があるか検討しなさい。なお、消費税の税率は10％と考えてよい。

Analysis 2-4

　プリペイドカードの譲渡が課税取引であるとすると、3300円分のカードを買うのに3630円（3300円＋消費税額相当額330円）の対価を必要とする。Aは3630円払って3300円のゲームをダウンロードするが、このゲームの価格は3000円の本体価格と300円分の消費税額相当額の合計額だと考えられる。

　このように考えると、Aは、3630円を支払って3000円の価値のあるゲームをダウンロードしたことになる。その場合の消費税額相当額は630円である。これは明らかに消費税額相当額が多すぎて不合理である。

　Case 2-4 でAは3000円の価値のあるゲームをダウンロードするのですから、その消費に対する課税は3000円を基礎とすべきです。したがって、プリペイドカード自体の譲渡は課税対象から除き、ゲームのダウンロードについてだけ、消費税を課税する仕組みを作るわけです。

　なお、ゲームを配信する会社が最初にプリペイドカードを作って売るときは、不課税取引ですから（☞「資産の譲渡等」にあたらない取引・p.74）、この規定の適用はありません。ゲーム配信会社からプリペイドカードを買った事業者（お

店）が、他の事業者や消費者にこのカードを売るときに、この規定の適用により、不課税取引ではないが非課税取引とされるわけです。

　郵便切手についても同じで、郵便料金は消費税額分を含んだ値段で決定されているため、郵便切手の譲渡は非課税取引とされているわけです。

　また、地方団体の証紙などは、税の支払いなどに用いられるため、その譲渡は非課税取引とされていると考えられます。

　なお、別表第一4号イでは、切手の譲渡が非課税取引とされるのは、日本郵便株式会社が行なう場合や簡易郵便局において行なう場合に限定されていますし、同号ロで収入印紙などの譲渡が非課税取引とされるのは、「地方公共団体又は売りさばき人」（売りさばき人については、他の法律で定義がされています）が行なう場合に限定されています。したがって、ディスカウントショップで切手や証紙を譲渡する取引は、非課税取引ではありません。

（ⅴ）行政による役務提供と外国為替業務等

　国や地方公共団体などが、法令にもとづいて登記・登録や検査・検定を行ない、法令にもとづいてその手数料を徴収する場合は、その登記や検査などの役務の提供は非課税とされています（別表第一⑤イ・ロ・ハ）。これも、行政から受ける役務の提供を消費しているとは考えられない場面だから非課税とされていると考えてよいでしょう。

　非課税となる登記などの範囲は、法の別表と政令（令12）に詳細な定めがありますが、本書では説明を割愛します。

　また、外国為替業務なども非課税取引とされています（別表第一⑤ニ、令13）が、くわしい説明は省略します。

（3）社会政策的配慮にもとづく非課税取引

　この取引に消費税を課税して最終消費者の負担を増やすことは適切ではない、と考えられた結果、消費税を課税されない取引は、以下の取引です（括弧内の数字は別表第一の号数です）。

- ・公的な医療保障制度にもとづく療養・医療等（⑥）
- ・社会福祉事業・更生保護事業（⑦）
- ・助産（⑧）
- ・埋葬料、火葬料（⑨）

・身体障害者用物品の譲渡等（⑩）

・学校の授業料、入学金等を対価とする役務の提供（⑪）

・教科書用図書の譲渡（⑫）

・住宅の貸付け（⑬）

各号に定められた非課税取引の範囲については、法律や政令で細かく規定が置かれていますが、本書ではその説明を省きます。いずれにしても、政策的な決定の結果であって、理論的な説明を加えることは難しいものです。

Next Step

▶非課税取引の効果

（ⅰ）　ある取引が「非課税」とされることの納税者にとっての影響は、所得税、法人税、相続税、贈与税などと消費税とでは、まったく異なる。所得税においてある所得が非課税とされるということは、一般には、その所得に課税されないことを意味し、納税義務者にとって有利な事柄である。また、ある所得が非課税とされると、その所得には所得税はもうかかわることがない、という場合がほとんどであろう。

これに対して、消費税における非課税取引は、違う意味をもっている。それは、売上げが非課税だとその商品の仕入れの時に負担した消費税額相当額について仕入税額控除ができないというルール（☞ p.106）、および、非課税取引によって仕入れた場合には仕入税額控除ができないというルール（☞ p.100）との関係である。このことの意味を、次の **Case** で考えてみよう。

Case 2-5 (1)

卸売業者Aは、商品αを1個880円（税込み）で仕入れて、小売業者Bに1個1100円（税込み）で卸しており、Bはαを1個1430円（税込み）で販売して、α1個あたり300円の利益を確保している。Bによる客へのαの譲渡が非課税取引に該当する場合に、Bがα1個あたり300円の利益を確保するためには、販売価格をいくらにすることが適当か。なお、消費税率は10%と考えてよい。

Analysis 2-5 (1)

まず、Bによる客へのαの譲渡が課税取引に該当する場合に、α1個あたり300円の利益がどのように確保されているかを確認する。ここでは、αの譲渡が課税取引であれば、Bが納付すべき消費税額の計算上、Aから仕入れたときに支払った消費税額相当額の100円を控除できる（☞ p.97）ことが重要である。

お金の動き　1430円（販売価格）−1100円（仕入値）＝330円

1430円のうち本体価格は1300円なので、

消費税額　　130円（本体価格1300円×10%）

　　　　　　−100円（仕入時に負担した消費税額相当額）

　　　　　　＝30円

手もとに残った330円から30円を消費税として納付すると、300円の利益が残る。

次に、Bによるαの譲渡が非課税取引である場合を考える。この場合は、以下のとおり、消費税を考えないから、仕入価格に利益を上乗せした価格で販売することになる。

お金の動き　1400円−1100円＝300円

消費税額　　非課税取引なので計算しない。

この結果、300円の全額が利益となる。

Case 2-5 (1) では、2つのことがわかる。第1に、αを買う客にとっては、非課税取引となることで、αの販売価格が1430円から1400円に下がっている。したがって、Bによるαの販売を非課税取引とすることは、客にとってαの販売価格が下がるというメリットがある。これが、社会政策の観点から、一定の取引を非課税とすることの目的である。

第2に、この事例では、Bがαの仕入時に負担した消費税額相当額を全部αの価格に上乗せしているから、Bは消費税額相当額を負担していない。これは、αの譲渡が課税取引であった場合と同様である。しかし、この第2の点は、αについてBが自由に値段を決められない場合には、大きな問題となりうる。

Lecture で述べたように （☞ p.80）、一定の公的な医療保障制度にもとづく療養・医療等の役務の提供は非課税取引である（別表第一⑥）。他方で、公的な医療保障制度にもとづく医療等の対価は公的に定められていて、それぞれの医師や病院が勝手に決めることはできない。そこで、非常に高額な検査機器や施術のための機器を購入している大病院は、高額な機器の購入時に消費税額相当額を負担しているのに、患者から受け取る対価（医療費）に、それを十分に上乗せできず、実質的に消費税を自分で負担することとなるケースがありうる（裁判例について、☞ p.38）。

(ⅱ)　(ⅰ)では事業者の行なう非課税取引の相手が消費者である事例を検討したが、卸売業者が小売業者に対して行なう資産の譲渡が非課税となる場合もありうる。この場面で非課税取引により仕入れた場合には、その仕入れに関して、小売業者は仕入税額控除を行なうことができない（☞ p.100）。その結果がどうなるかを、次の *Case* で具体的に考えてみよう。

Case 2-5 (2)

Case 2-5 (1)で、AからBへのαの譲渡が非課税取引に該当し、Bから客への譲渡は課税取引に該当する場合に、α1個あたりAが200円、Bが300円の利益を確保するためには、AからBへの卸値、および、Bの販売価格はいくらとすべきかを検討せよ。

Analysis 2-5 (2)

まず、AからBへのαの譲渡（卸売）が課税取引に該当する場合に、Aにα1個あたり200円の利益が生じていることを、Analysis 2-5 (1)と同じように確認しよう。

お金の動き　1100円（販売価格）－880円（仕入価格）＝220円

消費税　　　1000円（本体価格）×10%－80円（仕入税額）＝20円

手もとに残った220円から20円を消費税として納付すると、200円の利益が残る。

次に、Aによるαの譲渡が非課税取引である場合を考える。この場合は、以下のとおり、消費税を考えないから、仕入価格（880円）に利益（200円）を上乗せした価格で販売することになる。

お金の動き　1080円（販売価格）－880円（仕入価格）＝200円

消費税額　　非課税取引なので計算しない。

この結果、200円の全額が利益となる。

最後に、Bの販売価格がどうなるかをみてみよう。

この場合、Bは消費税の納税義務を負うが（客への販売が課税取引だから）、非課税取引によって仕入れたものについては仕入税額控除ができないというルールがあるから、実は、αの販売価格を1518円（税込み）まで引き上げないと、1個あたり300円の利益を確保することができない。次の結果をみてほしい。

お金の動き　1518円（販売価格）－1080円（仕入価格）＝438円

消費税　　　1380円（本体価格）×10%＝138円

手もとに残った438円から138円を消費税として納付すると、300円の利益が残る。

Case 2-5 (2)の結果は、衝撃的である。AからBへの卸売を非課税取引とすると、Bの販売価格はすべての取引が課税取引である場合に比べて、88円も引き上げられてしまうのである。この88円は、事業者であるAが控除できずに取引過程に残ってしまった消費税額相当額80円と、それに対する消費税の8円（＝80円×10%）の合計額に等しい。消費税額が価格の一部に残ると、それに対してさらに消費税が課税される、「税の累積」の事態が発生することがよくわかる。

また、この事例ではAの利益を確保することとしたが、このBによる販売価格の引き上げを避けるために（価格が高いと客に買い控えられるかもしれない）、Aが自分が仕入時に負担した消費税額相当額の80円の全部または一部を負担してBに対する卸値を安くすることも考えられる。Bについても、同様のことが考えられる。この場合は、AやBの、α1個あたりの利益が課税取引である場合よりも少なくなる。

　このように、取引の過程に非課税取引が挟まると、消費税の累積を防ぐ仕組みに亀裂が入り、不合理な結果が生じうることには、十分な留意が必要である。

(iii)　なお、後に説明するが（☞ p.108）、ある事業者の売上額の中にどれだけ非課税取引の分が含まれているかは、実際の消費税額の計算に大きな影響を与える。そのため、所得税について「非課税所得のことは忘れてよい」というのとは大きく異なり、事業者は非課税取引についても記録などをきちんと残しておく必要がある。つまり、非課税取引は、非課税だからといって、消費税の世界から「消えてなくなる」わけではないのである。

▶非課税取引とする合理性

(i)　**Lecture** では、別表第一に掲げられた非課税取引のうち、最初の5つは、「消費（のための支出）に課税する」という消費税の性格に照らして、非課税とすべきものである、と一般になされているとおりの説明をした。もちろん、切手の譲渡などのように、明らかに消費税の課税になじまない取引がこの中に含まれていることは確かである。しかし、残りの4つの取引が、すべて消費税の課税になじまないものであるかについては、検討の余地がある。土地の譲渡等と利子を対価とする金融取引を取り上げて、少し考えてみよう。

　ここでは、最終消費者への課税という視点ではなく、非課税取引によって仕入れた資産や役務については仕入税額控除が受けられない、というルール（☞ p.100）の下で、取引過程の中にあって生産や流通を担っている企業に、どのように仕入税額控除を認めるか、という視点で考えることとする（流通過程に非課税取引が入り込むと不合理な結果が生じることは、☞ *Case 2-5 (2)*〔p.83〕）。

(ii)　土地の譲渡と貸付けが非課税取引とされており、その理由は、一般的には、土地はなくならないから、土地の譲渡等に課税すると、無限に消費税が累積すると説明されてきた（☞ p.76）。

　しかし、「消費」されてもなくならないのは、名画やダイヤモンドでも同様である。これらの譲渡等に課税することが認められているのは、なくならないけれども、名画は「鑑賞される」という形で、また、ダイヤモンドは「身をきれいに飾る」という形で、それぞれ「消費」されると考えられるからであろう。

　同じように考えると、所有する土地の利用からは便益が得られる（貸付けを受けた土地でも同じ）。企業が土地を所有し、その土地の上に工場を建設してそこで製品を生

産している場合、その企業は所有する土地の利用から便益を得て製品を生産していることになる。そうであれば、この企業が生産物を譲渡する際に課税される消費税額から、この土地の利用に関する消費税額を控除するのが適切である（この土地を利用できなければ、企業はその製品を生産できず、譲渡もできない）。土地そのものはなくならないが、土地の利用から得られる便益は、それが生じると直ちにこの企業に使われてなくなっていると考えることになる。

この分析からは、土地の譲渡等を課税取引とし、その仕入れ（土地の購入や借受け）に関する消費税額を仕入税額控除の対象とすべきである、との主張も成り立ちうる。

（ⅲ）　利子を対価とする取引などの、いわゆる金融取引も非課税取引であり、それは、誰が誰に、どのような役務を提供しているかが明らかではないからだと説明した。しかし、この点についても、別の角度からの分析が可能である。

銀行が行なう金融取引の中核的な性質の１つは、「金融仲介」である。同じ仲介業でも、わかりやすい不動産仲介業と比較して考えてみよう（以下では、問題をかなり単純化して説明する）。

大学生が賃貸アパートを借りる場面を考えてほしい。賃貸用アパートの所有者（大家）は、合格発表の日に大学に出向いて、自分のアパートの賃借人を募集するわけではないし、アパートを借りたい新入生は、電柱にビラを貼って賃貸用アパートを探すわけでもない。大家は不動産仲介業者に賃借人の募集を依頼し、学生も仲介業者の店舗を訪れて（またはホームページを閲覧して）、条件に合う物件の紹介を依頼する。そして、両者の条件が一致すれば、大家と学生が賃貸借契約を締結し、それぞれ不動産仲介業者に、あらかじめ定められた仲介手数料を払う（それぞれ、月額賃料１か月分など）。この業者が行なう仲介は役務の提供であって、当然、課税取引である。

銀行の行なう金融仲介も、本質はこの不動産仲介と変わらない。お金の出し手（家計）とお金の借り手（企業）とを仲介するのである。お金を運用したい家計は、どこに借り手がいるかわからないし、どれだけの利率で貸すべきかもわからない。借り手の企業も同様である。そこで、家計は銀行に預金し、銀行がそれを企業に貸すのである。不動産仲介の場合と、まったく変わらない。問題は、この場面で、銀行から金を借りた企業にとって、支払う利子の全額が銀行に払う手数料でないことは明らかだが、銀行の得る「手数料」がいくらかが明らかではない点である。

空想の世界の話となるが、もし、家計が企業に直接お金を貸したときの「正しい利率」がわかるなら、銀行にとって、「正しい利率」よりも高い利率で企業にお金を貸している差額分が企業から受け取る手数料であり、逆に、預金の利子を「正しい利率」よりも低い利率で計算している差額が、家計から受け取る手数料である。

ここで、企業は、お金を借りて原料や商品を仕入れ、それを譲渡しているのだから、お金を「貸してもらう」のに要する消費税額は、やはり控除すべきだと考えれば、預

金や金銭の貸付けを非課税とするのではなく、何らかの合理的な方法で、企業が支払った「手数料」部分を計算し、それに対する消費税額相当額を算出する方法を考えるべきだとの主張も、不合理ではない。

（ⅳ）　ここで述べたのは、現行制度の説明ではない。ただし、現行制度の説明をいつも鵜呑みにしてはいけない、という注意喚起の役割を果たすエピソードとはいえよう。

5. 消費税の課税標準と税率

Examples 2-5

（1）　次の①～④について、事業者が受け取る対価はいくらと考えるべきか、また、その対価が属する課税期間をどのように決めるべきかを検討しなさい。

①Ａが、貧しい人たちを支援する NPO 法人に協力したいと考え、この法人に、店頭価格（税抜き）20 万円のパソコンを 10 万円で売った場合

②Ｂが、店頭価格 22 万円のパソコンを、22 万円で顧客に売った場合（この 22 万円には、消費税額と地方消費税額に相当する金額が含まれている）

③洋品店を営むＣが、店頭から販売価格 4000 円（税抜き）のセーターを持ってきて、自分で着ることとした場合

④法人Ｐが、代表取締役に、400 万円の代金（税抜き）を支払って購入したばかりの自動車を 20 万円で譲渡した場合

（2）　通常の生活の中では、消費税の税率は 10％と認識されがちだが、実際には 7.8％（標準税率）である。この違いはどのようにして生じるかを説明しなさい。

Lecture

（1）消費税の課税標準

（ⅰ）一般の場合の「対価」

　課税対象とは課税の対象となるモノや行為などで、それから直接に税額を計算することはできません。そこで、課税対象から税額を計算するためには、それを数字で表す必要があります。このように、課税対象を数字で表したものを課税標準と呼びます。所得税の課税対象は「所得」で、課税標準は「所得額」です。相続税の課税対象は「相続により取得した財産」で、課税標準は「その財産の価額」です。それでは、課税取引を課税対象とする消費税の課税

標準は、どのように定められているのでしょうか。

　国内取引にかかる消費税の課税標準は「課税資産の譲渡等の対価の額」です（28Ⅰ）。ここでやっと、「対価」にスポットライトがあたりました（☞p.57）。

> **28条1項**　課税資産の譲渡等に係る<u>消費税の課税標準</u>は、課税資産の譲渡等の<u>対価の額</u>（対価として収受し、又は<u>収受すべき</u>一切の金銭又は金銭以外の物若しくは権利その他経済的な利益の額……）<u>とする</u>。

　「対価」といえば、資産の譲渡、貸付けや役務提供と「引き換えに」払ってもらうものですね。これはわかりやすいのですが、ここでの「対価」の意味については、さらにいくつかの補足説明が必要です。

　第1に、くどいようですが、課税標準は資産の譲渡等の「対価」です。「対価」とは、実際の取引で支払われ、受け取られた金額を意味します。譲渡される資産の時価ではありません。

　たとえば、パソコン1台を20万円で譲渡すれば、20万円が譲渡の「対価」ですが、同じパソコンをセール中に1台17万円で譲渡すれば、17万円が「対価」です。また、新機種が発売されて型落ちになったので、このパソコンの在庫を1台10万円で譲渡すれば10万円が「対価」です。

　「対価」をこのように考えるのは、消費税が「消費のための支出」に着目して課税する税金だから、相手方が実際に「支出」した金額に着目するのが適当だという理由によります（何を消費したかに着目するのではない、ということですね）。

　また、金銭だけでなく、現物（金銭以外の物、権利、経済的な利益）などで支払われる場合も対価に含まれます（28Ⅰ本文括弧書前段）。

　第2に、実際に受け取った対価だけでなく、「収受すべき」、すなわち、受け取るべき対価も「対価」に含まれます。このことは、ある対価が「いつの対価か」を考えるとき（☞p.89）にとても重要になってきます。

> ■消費税の課税標準は「対価」
> ・「対価」とは、取引で実際に支払われた金額を指す
> ・金銭以外の現物による「対価」もありうる
> ・まだ受け取っていないが受け取るべき「対価」も含まれる

　第3に、「対価」の額には、消費税と地方消費税は含まれないと定められています（28Ⅰ本文括弧書後段）。

> 28条1項　課税資産の譲渡等に係る消費税の課税標準は、課税資産の譲渡等の対価の額（……課税資産の譲渡等につき課されるべき消費税額及び当該消費税額を課税標準として課されるべき地方消費税額に相当する額を含まないものとする。……）とする。

そのほかの、お酒にかかる酒税や、温泉に入るのにかかる入湯税などの、個別消費税（消費税法にもとづき一般的に課税される「消費税」以外の、個別の商品や行為にかかる消費税）についてはとくに法令の規定はありませんので、解釈の問題となります。一般には、誰がその税金を負担するのかに着目して考えることとし、資産の譲渡等を受ける人が負担すべき税は、代金の一部のようにして請求され、支払われていても、「対価」には含まれないと考えられています（☞個別消費税等と「対価」・p.91）。

（ⅱ）現物で支払われた場合の「対価」

消費税法は、「対価」について、現金だけではなく、金銭以外の物や権利、または経済的利益（現物）も含まれると定めています（28Ⅰ本文括弧書前段）。現物によって「対価」の支払いを受けた場合に「対価」とされる金額は、その物や権利を得た時、または、経済的利益を受けた時のそれらの現物の価格、すなわち、取得時の時価です（令45Ⅰ）。

このように、現物により「対価」を受けることが考えられているため、代物弁済、負担付贈与、現物出資、物々交換の場合の「対価」については、施行令に規定が置かれています。その内容を、次の **Case** で説明しましょう。

Case 2-6

次の（1）～（4）において、何が消費税の課税標準となる「対価」にあたるかを検討しなさい。

(1) Ａが所有する時価600万円の資産①をＢに渡すことにより、ＡのＢに対する600万円の債務を消滅させる場合

(2) Ｃが所有する時価800万円の資産②をＤに渡すことにより、ＣのＤに対する600万円の債務を消滅させる場合

(3) Ｅが所有する資産③を、Ｅの銀行に対する600万円の債務を肩代わりすることを条件として、Ｆに贈与した場合

(4) Ｇが所有する資産④を現物出資し、設立されたＰ社の株式（時価600万円）を取得した場合

(5) Ｈが所有する資産⑤と、Ｉが所有する資産⑥（時価600万円）とを交換した場合（Ｈの受け取る対価について検討すること）

Analysis 2-6

(1) これはＡが資産①によりＢに対する債務を代物弁済する取引である。代物弁済の場合の対価の額は、その代物弁済により消滅する債務の額である（令45Ⅱ①）。したがって、Ａは資産①の譲渡により、600万円の対価を得たとされる。

(2) これも、Ｃが資産②によりＤに対する債務を代物弁済する取引であるが、(1)との違いは、代物弁済に用いられる資産②の価額（時価800万円）と消滅する債務の額（600万円）とが釣り合っていない点にある。しかし、この場合も、Ｄがいくらを支出（負担）したかに着目し、消滅した債務の額である600万円がＣが受け取る対価とされる。

　　ただし、資産②の時価と消滅する債務の時価との差額の200万円をＤがＣに支払ったら、Ｃによる資産②の譲渡（代物弁済）の対価は、消滅する債務の金額と支払われた200万円の合計額である800万円とされる（令45Ⅱ①括弧書）。

(3) これはＥの銀行に対する債務を肩代わりする負担を付けたＦに対する負担付贈与である。負担付贈与の場合の対価の額は、その負担の価額とされる（令45Ⅱ②）。したがって、肩代わりしてもらった負担の金額である600万円が資産③につきＥが受け取る対価の額となる。資産③の時価がいくらかは、関係ない。

(4) これは、Ｇによる資産④の現物出資であるから、この場合のＧが受け取る対価は、出資による取得する株式の取得時の時価である（令45Ⅱ③）。Ｇは時価600万円のＰ社株式を取得しているから、600万円が資産④の譲渡の対価である。

(5) これは資産⑤と資産⑥の物々交換である。資産の交換の場合の対価の額は、交換により取得する資産の取得時の時価であるから、Ｈが受け取る資産⑥の交換時の時価である600万円が資産⑤を譲渡した対価となる。

　　もし、資産⑤の時価が600万円よりも高く、その差額をＩがＨに支払ったら、資産⑤の対価は、600万円（資産⑥の時価）にその差額を加えた合計額となる（令45Ⅱ④括弧書）。この考え方は、代物弁済の場合と同じである。

(2) 課税標準の期間帰属──いつの分の対価か

　後に説明するとおり、消費税は「課税期間」ごとに申告と納付をすることとされています（☞ p.124、130）。そのため、課税標準については、いつの期間の課税標準かを決める必要があります。これを、課税標準の期間帰属の問題といいます。

　一般には、対価の額が、「対価として収受し、又は収受すべき一切の金銭又は金銭以外の物若しくは権利その他経済的な利益の額」（28Ⅰ括弧書）と規定さ

れ、収受したものだけではなく、「収受すべき」金銭などを含むとされていることから、まだ受け取っていない金銭などであっても、「収受すべき」ものであれば、すでに受け取ったのと同じように、期間帰属を決定します。

　この「収受すべき」の基準としては、「収入すべき金額」(所税36I) という規定について判例が採用してきた「権利確定主義」という考え方を用いるべきだとするのが、有力な考え方です。この考え方をあてはめると、ある金銭などは、それを受け取る権利が確定すれば、まだ受け取っていなくても「収受すべき」ものとして、期間帰属が決定されます。

　どのような場合に、「受け取る権利が確定した」といえるかを一般的に説明することは難しいのですが、単純化していえば、資産の譲渡等をする側がするべきことを全部し終わって、「さあ、対価を支払ってください」といえる状況になったときに、「受け取る権利が確定する」と考えられることが多いと思われます。資産の譲渡であれば、その資産を相手方に引き渡した時、資産の貸付けであれば、貸付期間の終了時（次の課税期間にもまたがって貸し付けていれば、次の課税期間が始まる直前の、今の課税期間の終了時）、役務の提供であれば、役務を提供し終えた日が、これにあたります。

> ■ある対価がどの課税期間の課税標準とされるかの基準：権利確定主義
> 　収受すべき権利が確定した時の対価とされる（未収でも同じ）
> 　具体的には、
> 　　　資産の譲渡　　：資産を引き渡した時
> 　　　資産の貸付け：貸付期間終了時
> 　　　役務の提供　　：役務を提供し終えた時

　なお、事業者Aが事業者Bに資産αの譲渡をした場合を考えると、Aの課税標準（対価）が得られた時とBがαを仕入れた時は同じでなければ困ります。そこで、この問題は、仕入れの時の決定の基準の問題でもあるわけです。裁判例では、この問題は、主として、仕入れの時の決定の基準として争われているため、くわしくはそこで説明します（☞「課税仕入れを行つた日」をめぐる裁判例・p.104）。

(3) 消費税の税率

　消費税の税率は、7.8％です (29)。これは「標準税率」と呼ばれます（軽減税

率については、☞ p.210)。課税標準である「対価」に税率をかければ、その課税取引に関する消費税の額が計算できます（☞課税標準と課税標準額・p.95）。

　ただし、消費税が課税される場合には、消費税額を課税標準とする地方消費税が課税されます（地税72の82）。ここでかかる地方消費税は譲渡割と呼ばれ、その税率は、78分の22です（地税72の83）。消費税率が7.8％ですから、地方消費税の税率を消費税と同じように、消費税の課税標準（対価の額）に対する割合で示すと、2.2％となります（$7.8\% \times \frac{22}{78} = 2.2\%$）。そこで、この2つの税の税率を合計した10％（＝7.8％＋2.2％）が、通常、私たちが消費税の税率と考えている割合です。消費税だけではなく、地方消費税も含まれているため、正確には消費税等の税率と呼ぶべきでしょう（面倒だから、通常の生活の中では消費税率、と呼びますが……）。

Next Step

▶個別消費税等と「対価」

（ⅰ）　**Lecture** でも触れたが（☞ p.88）、譲渡が課税対象とされる資産や役務の提供に、消費税以外の税が課税されている場合で、その税の分まで含めて代金として支払われる場合に、どこまでが消費税法における「対価」にあたるかという問題がある。この点は、資産の譲渡等をする人（ここでは、「事業者」と呼んでおく）が負担すべきものは、その金額を含めて「対価」となるが、資産を譲り受けたりする人（ここでは、「客」と呼んでおく）が負担すべきものは、たとえその分を含めて事業者に支払ったとしても、それは「対価」には含まれないと考えられている。

　　ここで述べたことを、次の **Case** で確認しておこう。

Case 2-7

（1）酒類販売業を営むＡは、顧客にビールを1ケース販売した。このビールの代金には、酒税が含まれている。この、代金のうち酒税に相当する部分は、消費税法上、「対価」の額に含まれるか。

（2）温泉旅館を営むＢは、顧客から1泊2食付きの宿泊代金の支払いを受けた。この代金の中には、入湯税（1人1日150円）が含まれている。この入湯税に相当する部分は、消費税法上、「対価」の額に含まれるか。

Analysis 2-7

（1）酒税は、本来、酒類の製造業者が納税義務を負い（酒税6）、価格に含まれて転嫁

されていくことが予定されている税である。つまり、この税は、酒類の製造時から価格の一部となっている。したがって、ビールの代金の中の酒税相当部分もビールの代金であることは変わりはないため、酒税に相当する部分を含めて、消費税法上も「価格」とされる。たばこ税なども、同じ性格の税である。

(2) 入湯税は、本来、温泉の利用客が負担すべき税であり、ただ、徴税の便宜のために、温泉旅館にこの税を徴収させているものである（このようなやり方を特別徴収という。地税1Ⅰ⑨、701の3参照）。したがって、それは宿泊客に提供された役務などの代金にはあたらないので、消費税法上も「対価」には該当しない。ゴルフ場利用税（地税75以下）や軽油引取税（地税144以下）が、このタイプの税金である。

（ⅱ）　個別消費税ではないが、取引に際して授受される税としては、印紙税、登録免許税、自動車重量税などの流通税もある。これらも、基本的には、そもそもどちらが負担すべき税かという性格によって、対価に含まれるかどうかが決められている。

　　たとえば、領収書に貼る印紙の代金を客が負担した場合に、本来、領収書の作成にかかる印紙税は領収書を作成する者（事業者）が負担すべき税であるから、それを含めて、消費税法上の対価の額とされる。

　　反対に、登録免許税や自動車重量税を売り手（事業者）側が立替払いをして顧客にその金額を請求しても、これらの税はそもそも客の側で負担すべきものであるから、対価の額には含まれないとされている。

▶課税取引の対価と非課税取引の対価の一括払い

（ⅰ）　建物と土地とが一括して譲渡される場合など、譲渡が課税取引となる資産（課税資産）と非課税取引となる資産（非課税資産）とが同時に譲渡され、その対価が一括して同じ売り手に支払われる場合がある。この場合の課税資産の対価については、次の定めがある。

> **令45条3項**
> 　事業者が……（……「課税資産」……）と……（……「非課税資産」……）とを同一の者に対して同時に譲渡した場合において、これらの資産の譲渡の対価の額（法第28条第1項に規定する対価の額……）が課税資産の譲渡の対価の額と非課税資産の譲渡の対価の額とに合理的に区分されていないときは、当該課税資産の譲渡等に係る消費税の課税標準は、これらの資産の譲渡の対価の額に、これらの資産の譲渡の時における当該課税資産の価額と当該非課税資産の価額との合計額のうちに当該課税資産の価額の占める割合を乗じて計算した金額とする。

　　少し読みにくい規定なので、ポイントを下にまとめておこう。

┏ **■令45条3項の内容**
┃ ①課税資産と非課税資産を、1人の人に同時に譲渡したこと

②課税資産の対価と非課税資産の対価が合理的に区分されていないこと

→①②の両方を満たす場合の、課税資産の対価の額は、以下のように計算される

$$課税資産の対価の額 = 合計支払額 \times \frac{課税資産の時価}{課税資産の時価 + 非課税資産の時価}$$

　この規定は、①②を満たす場合の、28条1項における課税資産の対価の額をどのように計算するかを定めており、複数ありうる両者の合理的な区分の方法の中で、とくに、課税資産の対価の額を、合計支払額の両者の時価による按分額とするとしたものである。

(ⅱ)　「合理的に区分されていない」との要件は、両者の対価がまったく区分されていない場合（総額のみ決められている場合）のほか、当事者の合意において時価などの合理的な区分額と著しく異なる比率で区分されている場合なども、この規定の対象とすべきことを定めているといえる。

　逆に、身体障害者用物品を通信販売で購入し（非課税取引、別表第一⑩）、送料込みで対価を支払った場合は、通常、その物品の対価と、課税取引となる運送の対価（送料）は合理的に区分されているといえよう。そのような場合に、あえて本項を用いて対価の計算をし直すことは、認められていないわけである。

(ⅲ)　(ⅱ)のように理解すると、これは、総額が同じでも、課税資産の対価の額が多額であるほど、消費税額も多額となり、資産の譲渡等を受ける者の税負担が大きくなるから、当事者としては、非課税資産の対価の額を多くみせかけるインセンティブが働くため、そのような不合理な行動に対応するための規定だと考えられる。

　このことは、「総額2500万円（税別）」で一戸建ての家屋と土地とを買った場合、家屋が50万円であれば消費税と地方消費税の合計額は5万円だが、家屋が1500万円なら、同じく消費税等の合計額が150万円となる、という例で容易に理解することができる。この事例で、かりに家屋の時価が1500万円である場合に、当事者間の合意として、家屋の時価の30分の1でしかない50万円だけが家屋の対価で、残りの2450万円が土地の対価であるという区分が示されていたとしても、2500万円を土地の時価1000万円と家屋の時価1500万円の比率で分けて、家屋の対価を計算することとされたのである。

(ⅳ)　消費税は消費のための支出に着目して課税されるため、課税資産のみの譲渡等の場合には、その資産の時価とは無関係に、当事者間で合意され、実際に支払われる価格が対価とされること（☞ p.87）と比べると、一定の場合に、施行令45条3項を適用し、当事者が合意した課税資産の対価の額と異なる額を課税標準とすることは、一見、不自然にも思える。

　しかしこの点は、課税資産と非課税資産の一括譲渡の場合は、一定の消費支出は

すでになされているのであり（購入した非課税資産の対価も消費支出に含まれる）、その総額のうち、課税対象とされるべき部分の消費支出の金額を決定するのだと考えれば、施行令のこの定めが、法28条1項の一般的な理解と矛盾する内容と考える必要はない。

（ⅴ）　どのような場合に「合理的に区分されていない」とされるかは、難問である。（ⅳ）のような説明が可能であるとしても、消費税法における「対価」が原則として当事者間で合意され、支払われる価格であることを考えると、合理的な区分の方法が複数ある場合に、もっとも合理的な方法でなければならないとまで制限的に考えるべきではなかろう。一応合理的と考えられる区分によって当事者が合意しているのであれば、その合意内容が尊重されるべきである。ただし、その「合意」は仮装ではなく、真の意思が一致する合意でなければならないことは、当然である。

▶みなし譲渡等の場合の対価

課税取引の要件の1つは「対価を得て」行なわれることであるが、対価の支払いがなくても「事業者が対価を得て」行なわれたとみなされる場合が2つあった（☞みなし譲渡・p.66）。この場合の対価の額については、次のように定められている。

（ⅰ）　まず、資産を家事のために消費したり、使用したりした場合（4Ⅴ①）の対価は、消費または使用した資産の、その時の時価に相当する金額である。***Case 2-2***〔p.67〕のＡについていえば、そのカップ麺のお店における販売価格と考えてよかろう。また、事業に用いていた自動車を娘（息子）の自家用とする場合（☞ p.67）には、使用目的を変えた日の中古車としての価格を対価の額と考えるべきであろう。

（ⅱ）　次に、法人が役員に資産を贈与した場合（4Ⅴ②）は、贈与の時のその資産の時価が対価の額となる。この考え方は、（ⅰ）の場合と同様である。

　　ところで、法人が役員に資産を贈与すると、その資産の時価が対価として課税標準になるのであれば、ごく安く売れば消費税が安くて済むと、誰でもすぐに考えつく。法人が時価100万円の資産を1万円の対価で役員に譲渡すれば、原則どおりだと、1万円が課税標準になるからである。しかし、これを見逃したのでは、みなし譲渡の規定を作った目的が果たせないため、法は、法人が役員に資産を譲渡した場合に、その対価の額が資産の時価よりも著しく低い場合には、譲渡の時の時価を対価の額とみなすこととしている（28Ⅰ但書）。

> **28条1項但書**　ただし、法人が資産を第4条第5項第2号に規定する役員に譲渡した場合〔みなし譲渡の場合〕において、その対価の額が当該譲渡の時における当該資産の価額に比し著しく低いときは、その価額〔時価〕に相当する金額をその対価の額とみなす。

どのような対価による譲渡が、対価が時価に引き直される「著しく低い」価額によ

る譲渡にあたるかについては、法令に規定がなく、解釈の問題である。課税実務は、①棚卸資産の譲渡については、販売価額の50％未満の額または仕入価額以下の額である場合に、また、②棚卸資産以外の資産については、対価の額が資産の時価の50％未満である場合に、それぞれ「著しく低い」価額による譲渡と考えるのを基本としている。

（ⅲ）　みなし譲渡の場合の課税標準の期間帰属については、対価を収受しないので、対価を収受すべき日を基準とする権利確定主義は適用できない。この場合は、例外的に、「家事のために消費した日」、または、「役員に贈与した日」の属する課税期間の課税標準と考えるべきであろう。

▶工事進行基準による期間帰属の決定

権利確定主義を素直にあてはめると、物の引き渡しを必要とする請負契約の対価についてそれを受け取る権利が確定するのは、目的物を引き渡した日である。しかし、この原則をつらぬくと、大規模な建設工事やソフトウェアの開発など、いくつもの課税期間にまたがって作業がなされる場合には、作業中はまったく課税がなく、完成日の課税期間に一挙に巨額の課税が発生することになり、適切とは言い難い。そのため、一定の建設工事などについては、その工事の進み具合に応じて対価等の額を課税期間に帰属させる工事進行基準が所得税法（66条）、法人税法（64条）に定められている。

消費税法においても、同様の規定が存在する（17）。ただし、長期大規模工事の場合、所得税法や法人税法では工事進行基準が強制適用されるが、消費税法は工事進行基準を用いるかどうかは、納税者の選択に任されている。

もともとが所得税、法人税の制度であるため、説明は省略する。

▶課税標準と課税標準額

Lecture で説明したとおり、国内取引にかかる消費税の課税標準は資産の譲渡等の対価（28Ⅰ）であるが、実際に納付すべき消費税額を計算する際には、これとは別の「課税標準額」（45Ⅰ①）という概念を用いることとなる。くわしくは、後述する（☞ p.131）。

Key Points 2 － I

❶消費税の納税義務者は、事業者である。事業者にあたるのは、個人事業者とすべての法人である。事業者にあたれば、日本の居住者であるかどうか、内国法人であるかどうかなどとは関係なく、消費税の納税義務者となる。

❷消費税の課税対象となるのは、①国内において、②事業者が行なった、③事業として、④対価を得て行なわれる、（ア）資産の譲渡、（イ）資産の貸付け、（ウ）役務の提供である。この条件を満たさない取引は、不課税取引と呼ばれ、消費税の世界とはかかわらない取引である。

❸ある取引が国内において行なわれたかどうかの判定は、内外判定と呼ばれる。資産の譲渡または貸付けの場合の原則的な内外判定ルールは、資産の所在地が国内であるかどうかであり、役務の提供の場合の原則的な内外判定ルールは、役務の提供地が国内であるかどうかである。

❹反復継続して行なわれる独立した経済活動は、すべて消費税法における「事業」に該当する。この「事業」の範囲は、所得税法における「事業」の範囲よりも広い。

❺資産の譲渡における「資産」は、広く考えられている。「譲渡」とは、「資産につきその同一性を保持しつつ他人に移転すること」と、制限的に解釈されている。資産の貸付けにおける「貸付け」の範囲は広く、他人に資産を利用させる行為はすべて「貸付け」にあたる。

❻消費税の非課税取引には、消費税の性格に照らして課税すべきでない取引と、社会政策的に非課税とされている取引とがある。ある取引が非課税とされた結果、納税義務者や消費者が不利益をこうむる場合もある。

❼消費税の課税標準は、資産の譲渡等の対価である。対価には、金銭のほか現物も含まれる。対価とは資産の譲渡等をした者が受け取る価値であって、対象となった資産の時価とは異なる。

❽課税標準の期間帰属は、権利確定主義によって判断される。この考え方の下では、ある対価は、それを受け取る権利が確定した時の属する課税期間の課税標準とされる。

❾消費税の標準税率は 7.8%である。消費税と一緒に地方消費税が課税される。その税率を消費税の課税標準に対する割合に換算すると 2.2%に相当するため、通常、消費税の税率は 10%と考えられている。

Ⅱ 仕入税額控除

1. 基本的な考え方

Examples 2-6

　次の①〜④について、誤りを指摘しなさい。

①仕入税額控除は、仕入取引において事業者が負担した消費税額相当額と地方消費税額相当額の全額を控除の対象としている。

②仕入税額控除は、仕入取引において事業者が負担した消費税額相当額を控除するものだから、消費税分が価格に上乗せされない免税事業者や事業者以外の個人からの仕入れには適用されない。

③仕入税額控除は仕入れた商品について適用されるもので、建物や機械などを買った際に負担した消費税額相当額は控除の対象とはならない。

④仕入税額控除の金額の計算に用いられるのは「対価」の額である。

Lecture

(1) 仕入税額控除の必要性

　Ⅰで説明した課税標準に税率をかけた税額の納付を事業者に求めると、取引過程で課税された消費税がすべて消費者の負担となるほか、消費税部分にもさらに消費税が課税される「税の累積」が生じます。このことを、次の **Case** で確認しましょう。

Case 2-8

　事業者Ａは商品αを事業者Ｂから1100円（税込み）で仕入れ、これに1個あたり200円の利益を上乗せして顧客に販売している。消費税の税率が10%だとすると、Ａはαの販売価格をいくらとする必要があるか。また、その販売価格の内訳をどのように考えることができるかを検討しなさい。

Analysis 2-8

　1100円で仕入れたαに200円の利益を上乗せすれば、1300円となる。これに10%の税率で消費税がかかると130円の税額だから、1300円と130円を合計し

て販売価格は 1430 円となる。

　その内訳は、税込み 1100 円で仕入れた α の本体価格（価値）は 1000 円であり（100 円は消費税分）、それに 200 円の利益を乗せているから、A が α を売る時の α の本体価格は 1200 円である。販売価格である 1430 円との差額の 230 円は、以下のように考えられる。

　230 円＝120 円（A が売る時の α の価値×10％分の消費税）

　　　　　＋100 円（A が α を仕入れたときに負担した消費税額相当額

　　　　　　　　　＝B が納付した消費税額）

　　　　　＋10 円（上の消費税額 100 円×10％分の消費税）

　Analysis 2-8 の結果は明らかに不合理です。このやり方では、事業者間で取引がなされるたびに消費税が何度もかかってしまいます（現に、A の販売価格には、B が納付した消費税額に相当する金額が含まれています。なお、☞仕入税額控除制度の誕生・p.20）。これを防いで α の販売価格が 1200 円（本体価格）と 120 円（1200 円×10％）の消費税の合計でおさまるようにするためには、どうすればよいでしょう。

　Analysis 2-8 をもう一度見直すとすぐわかるように、A に、負担した消費税額相当額の 100 円を払ってあげれば、1200 円の本体価格に 120 円の消費税分を上乗せした 1320 円を販売価格にして 1 個 200 円の利益を確保することができます。

　ここで、A に 100 円を支払う代わりに、A の消費税の計算において、仕入れにかかる消費税額相当額を控除する（差し引く）こととすれば、以下のように、同じ結果を得ることができます。

　　お金の動き　　1320 円－1100 円＝220 円
　　消費税額　　　1200 円×10％－100 円＝20 円
　　手もとの 220 円から 20 円の消費税を納付して、200 円が利益として残る

　このように、A の納付すべき消費税額（120 円）から、すでに負担した仕入れにかかる消費税額相当額（100 円）を控除することを、消費税法では、仕入税額控除と呼んでいます。仕入税額控除は取引過程において消費税を累積させないための重要な仕組みであり、消費税の「生命」とか「生命線」とか呼ばれることもあります（☞仕入税額控除──消費税のアキレス腱・p.21）。

　それでは、国内取引にかかる仕入税額控除の制度の仕組みをみてみよう。

(2) 仕入税額控除の計算方法

　仕入税額控除の基本的な事項を定める 30 条 1 項の骨格は、以下のとおりです。この条文を読みながら、重要なポイントを説明していきましょう。

> 30 条 1 項　事業者（……）が、国内において行う課税仕入れ（……）……については……課税期間の……「課税標準額に対する消費税額」……から、当該課税期間中に国内において行つた課税仕入れに係る消費税額（当該課税仕入れに係る支払対価の額に 110 分の 7.8 を乗じて算出した金額をいう。……）……につき課された又は課されるべき消費税額（……）の合計額を控除する。

（i）課税仕入れの意義

　最初に考えるべきなのは、課税仕入れとは何か、です。課税仕入れの定義は、2 条 1 項 12 号にありますが、やや読みにくい条文なので、内容を少しずつ解説します。大きく分けてポイントは 3 点あります。

　第 1 に、課税仕入れの定義の骨格は、以下のように示すことができます。

> 2 条 1 項 12 号　課税仕入れ
> 　事業者が、事業として他の者から資産を譲り受け、若しくは借り受け、又は役務の提供（……）を受けること（……）をいう。

　この定義規定の骨格からは、まず、課税仕入れとは、課税対象となりうる「資産の譲渡等」を、それを受ける側から書いたものとして理解することができます。この理解の下では、課税仕入れとなりうる「資産」の範囲も広くとらえられます（☞ p.69）。ここではとくに、建物や機械などの固定資産の購入が課税仕入れに含まれることに注意してください。「仕入れ」というと、一般には商品の仕入れをイメージしますが、課税仕入れにおける「仕入れ」は、それよりも広い意味をもってます。

　なお、ここには「国内」の要件はありませんが、30 条 1 項が「国内において行う課税仕入れ」と規定しているので、仕入税額控除の対象となるのは、国内における課税仕入れのみとなります。

　また、下線を付けた「他の者」に制限がないことから、課税仕入れの仕入先は、事業者に限らず、事業者ではない個人でもよいことが読み取れます（つまり、仕入先にとってその譲渡が不課税取引でもよい、ということです）。また、消費

税の納税義務を負わない小規模事業者からの仕入れも、現行法下では課税仕入れに該当します（☞ p.191。令和5年10月以降の制度については、☞ p.192）。

第2に、下線を付けた「役務の提供」からは、直後の括弧書（引用省略部分）によって、所得税法上の給与等（所税28I）を対価とする役務の提供が除かれています（☞従属的な経済活動の判断基準・p.66）。従業員や役員に給料を支払っても、それは課税仕入れではない、ということです。これは消費税の理論的な性格が付加価値税であり、事業者による給料の支払いは、事業者が作り出した付加価値の分配そのものだから、その部分を課税対象から除かないこととした除外規定です。

第3に、2条1項12号の2つ目の括弧書（引用省略部分）は、課税仕入れを、上の引用にある「他の者」（仕入取引の相手方）が事業として当該資産の譲渡等をしたのであれば「課税資産の譲渡等に該当することとなるもの」と限定しています。ここで、定義規定によれば、「課税資産の譲渡等」とは資産の譲渡等から非課税取引を除いたものとされています（2I⑨）。

相手方からみて非課税取引に該当する取引については、消費税額相当額が価格に含まれないので、控除すべき税額はないと考えれば、自然な限定だと考えられます（ただし、非課税取引において、本当に消費税額相当額が上乗せされないかについては、*Case 2-5 (2)*〔p.83〕参照）。

「事業として当該資産の譲り渡し、若しくは貸し付け、又は当該役務の提供をしたとした場合」という仮定が付けられているのは、前述したとおり、仕入取引の相手方からみて、この取引が、不課税取引などの課税されない取引に該当する場合が含まれているからです。

非課税取引を課税仕入れの対象から除いていることと、事業者ではない個人や免税事業者からの仕入れが課税仕入れに含まれるとされていることとは、必ずしも整合性がとれていません。事業者でない個人や免税事業者からの仕入れの価格には、非課税取引の場合と同様に、消費税額分が上乗せされていないからです。

しかし、非課税取引は法令の規定から類型的に判断できるのに対して、課税事業者を登録する制度をもたない現行の消費税法においては、仕入れの相手方が小規模事業者であるかないかなどを判断することには、かなりの困難が伴います。そのため、非課税取引を類型的に課税仕入れから除外しつつ、便

宜的に、免税事業者からの仕入れなども課税仕入れに含めていると理解する
ほかはなさそうです。

> ■課税仕入れの意義
> ・ざっくり言えば、相手方がする資産の譲渡等
> ・固定資産の購入も課税仕入れにあたる
> ・事業者以外の個人や免税事業者からの仕入れも含まれる
> ・役員や従業員から受ける役務の提供は含まれない
> ・相手方にとって非課税取引にあたる取引は除かれる（相手方にとって不
> 課税取引等にあたる場合は、課税される取引と仮定して判断する）

（ⅱ）控除する税額の計算方法

　次に、控除する仕入税額の計算方法を説明します。

　仕入税額控除によって控除される金額は、「課税仕入れに係る消費税額」で
あり、それは、「当該課税仕入れに係る支払対価の額に110分の7.8を乗じて
算出した金額」と定義されています（30 I 柱書4つ目の括弧書）。ここでは、「支払対
価の額」と「110分の7.8」をかける意味が重要です。この2つは、実は連動
しています。

　課税標準における「対価」は、消費税、地方消費税を含まない金額として
定義されていました（28 I 本文括弧書後段）。これに対して、「課税仕入れに係る消
費税額」の計算に用いられるのは、「支払対価の額」です。その定義は、30条
6項第1段にあり、①「対価」と同様に対価として支払い、または支払うべき
一切の金銭や現物を指すものですが、②「対価」との違いは、仕入先に支払
った消費税と地方消費税に相当する金額を含むとされていることです。つまり、
これは取引の相手方に支払った、いわゆる税込みの代金の「全額」を意味して
いるわけです。1000円の本体価格だと、78円の消費税額相当額と22円の地
方消費税額相当額を加えた1100円が「支払対価の額」にあたります。

　そこで、この金額に「110分の7.8」をかけるということは、支払対価から国
税である消費税額相当部分を抜き出すことを意味します。上記の数値例でいえ
ば、以下のとおりです。

$$1100 \text{円（支払対価の額）} \times \frac{7.8}{110} = 78 \text{円（消費税額相当額）}$$

ところで、これまでの説明では、棚卸資産である商品の取引を念頭に置いてきましたが、（ⅰ）で、建物や機械などの固定資産の購入が課税仕入れに含まれると述べたこと（☞ p.99）が、ここで重要な意味をもってきます。なぜならば、仕入税額控除の仕組みは上に述べたとおり非常にシンプルで、棚卸資産と固定資産とを区別していないからです。このことは、固定資産であっても、その購入時に負担した消費税額相当額は、（ⅲ）で説明する「課税仕入れを行つた日」の属する課税期間において全額控除される、ということを意味します。

　所得税や法人税では、建物や機械などは減価償却資産とされ、それが生み出す収益と時期を合わせて必要経費や損金に算入するルールになっています。しかし、消費税においては、そのような減価償却資産であっても、その購入時に負担した消費税額は、その購入時の課税期間において、全額が控除されるのです。これは、（1）で述べたように（☞ p.98）、取引過程における消費税の累積を防ぐため、課税期間ごとに、事業者が負担した消費税額をすべて控除する仕組みとされているからです。

（ⅲ）仕入税額控除をする課税期間

　国内取引に関する仕入税額を控除する課税期間は、「当該課税仕入れを行つた日」の属する課税期間です（30Ⅰ①）。どのような状況であれば、「課税仕入れを行つた」といえるかについては、契約日と考えるか、代金を支払つた日と考えるかなど、いくつかの考え方がありますが、現在の裁判例においては、ここでも権利確定主義（☞ p.90）があてはまるという考え方が有力です。

　すなわち、仕入先の人の対価を収受すべき権利が確定した時が、事業者にとって課税仕入れを行なった時にあたると考えるのです。資産を譲り受けた場合は、その資産の引き渡しを受けた時、役務の提供を受けた場合は、その役務の提供が終わった時などが、原則的な課税仕入れを行なった時にあたると考えられています（☞「課税仕入れを行つた日」をめぐる裁判例・p.104）。

Next Step

▶課税仕入れの考え方

　Lecture で説明したように、ある仕入れが課税仕入れにあたるかどうかは、あくまでもその仕入取引に着目して決定される。違う言い方をすると、そこで仕入れた資産や役務が、どのような取引に使われるかは、課税仕入れにあたるかどうかを判断するにあた

って、考慮されない。

　仕入れたものが課税取引以外の不課税取引や非課税取引に使われるとしても、それは、課税仕入れにかかる仕入税額のうちどこまでを税額控除できるかという、仕入税額控除の計算方法の問題となる（☞ p.106）。

▶仕入時に負担した地方消費税額相当額の行方

　Lecture（2）（ⅱ）の数値例〔p.101〕において、仕入時の支払対価の額には地方消費税も含まれているのに、消費税法における仕入税額控除では国税である消費税額相当額しか控除されない。それでは、地方消費税の負担は取引過程において累積するのではないか、と疑問に思う読者も多いと思われる。しかし、その点は心配ない。地方消費税が国税である消費税の額を課税標準としており、その消費税の額は仕入税額控除後の金額だから、地方消費税についても、いわば自動的に仕入税額控除がなされているのである。このことを、次の **Case** で確認しておこう。

Case 2-9

　事業者Aは1個1100円（税込み）で仕入れた商品αを1個3300円（税込み）で販売している。このαの譲渡について、消費税、地方消費税がどのように計算され、Aが負担する税額相当額があるかどうかを検討しなさい。

Analysis 2-9

　αを1個譲渡する取引についての課税標準は「対価」である税抜価格だから、3000円であり、消費税額はこの価格に対する7.8%の税率であるから、

　　3000円×7.8%＝234円

である。したがって、販売時の税額相当額の300円から234円を差し引いた66円が地方消費税額相当額である。

　一方、αの仕入れにかかる仕入税額控除は、

$$1100円（支払対価の額）× \frac{7.8}{110} ＝78円$$

なので、この控除の結果は、234円−78円＝156円となり、Aは、156円の消費税を納付する義務を負う。

　他方で、地方消費税額は消費税額に $\frac{22}{78}$ をかけた金額だから（☞ p.91）、

$$156円（消費税の額）× \frac{22}{78} ＝44円$$

と計算される。この44円は、αの譲渡時の地方消費税額相当額66円から、仕入時の地方消費税額相当額22円（＝100円−78円）を差し引いた金額と等しいため、Aは地方消費税についても、自分が負担する部分はない。

▶「課税仕入れを行つた日」をめぐる裁判例

（ⅰ）　**Lecture** では、「課税仕入れを行つた日」（以下、この項目では「課税仕入日」という）を決める基準として、権利確定主義を用いる考え方が現在の裁判例において有力であると説明した（☞ p.102）。しかし、正確にいうと、現在の下級審裁判例は、この場面で権利確定主義を用いるものと用いないものとに分かれていて、権利確定主義を用いる判決の方が多い、というべきである。

（ⅱ）　まず、課税仕入日についての判断を示した裁判例は、以下のとおりである。①、②は事件の区分を示し、ⓐはその事件の第一審判決、ⓑはその事件の控訴審判決を示す。②と③は、第一審判決の日と控訴審判決の日が両方とも同じなので、区別するために、事件番号も記載している。なお、これらの判決に関与した裁判体（裁判官のメンバー）は、すべて異なっている。行頭に◎を付けたのが、権利確定主義を採用した判決、☆を付けたのが、別の考え方を採用した判決である。

　　☆①ⓐ東京地判 H.30・3・6（民事 2 部）
　　☆①ⓑ東京高判 H.30・9・5（第 1 民事部）
　　◎②ⓐ東京地判 H.31・3・15（民事 38 部・平 29（行ウ）144）
　　◎②ⓑ東京高判 R.元・9・26（第 4 民事部・平 31（行コ）96）
　　☆③ⓐ東京地判 H.31・3・15（民事 3 部・平 29（行ウ）143）
　　◎③ⓑ東京高判 R.元・9・26（第 21 民事部・平 31（行コ）90）
　　◎④ⓐ東京地判 H.31・3・14（民事 2 部）
　　◎④ⓑ東京高判 R.元・12・4（第 15 民事部）
　　◎⑤　大阪地判 R.2・6・11

　　これらの判決は、「資産の譲渡等」がなされた日と課税仕入日は表裏の関係にあり、仕入取引の相手方にとって「資産の譲渡等」がなされた日が、仕入れた事業者にとっての課税仕入日となる、とする点では共通している。

（ⅲ）　権利確定主義を採用しなかった裁判例（☆）のうち、①事件では、法人税法上、減価償却資産を取得した日がいつか、が主として争われており、それと同じ日がこの減価償却資産について課税仕入日になると判断されている。

　　消費税に関する課税仕入日が主として争われた事案において、権利確定主義を採用すべきとの納税者の主張を退けた③ⓐ判決は、以下のような判断を示した。

■③ⓐ東京地判 H.31・3・15（平 29（行ウ）143）
　課税資産の譲渡等の時期（＝取引の相手方にとっての課税仕入日）とは、当該課税資産の譲渡等が現実に行なわれた時、すなわち、資産の譲渡においては、原則として、当該資産にかかる権利（所有権）が移転した時をいう。
〔理由〕・消費税においては、対価ではなく、資産の譲渡等そのものが消

費税の課税対象とされている（4 I）。
・課税資産の譲渡等をした時が消費税の納税義務の成立時期とされている（税通15 II ⑦）。

　この判決は、権利確定主義が適用される所得税や法人税は、収入や収益が課税の対象となるが、消費税の課税対象は対価ではなく課税資産の譲渡等自体（取引）である（☞ p.57）ことを重視している。
（ⅳ）　これに対して、上記③ⓐ判決の理由を上書きした③ⓑ判決は、以下のように述べている。

■③ⓑ東京高判 R. 元・9・26（平31（行コ）90）
・消費税は、対価を得て資産の譲渡等が行なわれた場合に、その消費支出に担税力を認めて課税するものである。
・消費税の課税標準である対価には、現実に収受した金銭等のみならず、収受すべき金銭等も含められている。
・したがって、資産の譲渡等について、対価がまだ収受されていなくても、消費支出について法律上の障害がなくなり、それを収受すべき権利が確定した時（収受すべき権利が確定したと法的に評価される時）に、消費税の課税対象となる。
・この意味において、消費税についても、いわゆる権利確定主義があてはまる。

　この判決は、課税標準の期間帰属について説明したのと同じように（☞ p.89）、消費税法上の「対価」に「収受すべき」ものが含まれている点に着目し、「収入すべき」（所税36 I）という文言を使っている所得税などと同じ基準で、消費税の課税対象となる時期を判断しようとしているものと考えられる。
　現時点では、裁判例の多くは、こちらの考え方を採用しているといえる。

▶判例・裁判例における仕入税額控除の扱い

Lecture でも述べたように、仕入税額控除は付加価値税としての消費税の「生命線」であるとしばしば言及される（☞ p.98）。そして、もしそのように考えるなら、取引過程で事業者が負担した消費税については、消費税法の解釈などにおいても、幅広く仕入税額控除の対象とすべきだと考えられよう。

　しかし、仕入税額控除に関する判例や裁判例では、課税における公平の確保などを理由として、具体的な事件で仕入税額控除を否定する例がかなりみられる。本書を読みながら、「仕入税額控除の扱いが雑だなあ」と思う読者もいることだろう（☞ p.30）。

2. 非課税取引と仕入税額控除

Examples 2-7

次の①〜④について、誤りを指摘しなさい。

①課税売上割合が95％以上のすべての事業者は、非課税取引に用いられた分を含め、仕入れにかかる消費税額を全額控除することができる。

②ある課税期間中の非課税取引の売上額は、課税売上割合には影響しない。

③個別対応方式を用いるためには、すべての仕入れを、課税資産の譲渡等だけに用いられた仕入れと非課税取引のために用いられた仕入れに2分して整理しなければならない。

④個別対応方式と一括比例配分方式は、課税期間ごとに選び直すことができる。

Lecture

(1) 基本的な考え方

(ⅰ) 問題の所在

仕入税額控除は、課税取引を行なって受け取った対価に含まれる消費税額相当額から、仕入れにかかる税額を控除する仕組みです。したがって、非課税取引を行なった場合には、消費税額相当額を受け取っていませんから、税額控除の余地はありません。このことは、取引を1つだけ取り上げるのであれば、大きな問題にはなりません。

ところが、すでに少し説明したように、消費税は1つの取引ごとではなく、一定の課税期間（個人事業主であれば、原則は1年間）ごとに計算する税です（くわしくは、☞ p.124）。そのため、一定の課税期間において、課税取引と非課税取引の両方を行なった場合には、仕入れの中から課税取引に対応するものを抜き出して、控除の対象としなければなりません。ここでは、仕入税額をこのように区分する仕組みについて、基本的な事柄を説明します。

(ⅱ) 仕入れにかかる税額を全額控除できる場合

ところで、課税取引と非課税取引とを同時に行なう事業者は、そんなに大勢はいないのではないか、と疑問に思っていませんか。しかし、そうではありません。たとえば、法人が銀行預金をしていれば利子がつきますが、この利子を

対価とする預金は非課税取引でした（☞ p.78）。このため、この法人に預金以外に非課税取引がないとしても、課税取引と非課税取引に分けて仕入れを扱う必要が生じます。

　しかし、そうはいっても、ごくごくわずかな非課税取引が混ざっているだけなのに、大きな手間をかけて仕入れを区分するのは、あまり合理的とはいえません。そのため、課税売上高（☞ p.108）が5億円以下で（5億円基準）、かつ、課税売上割合（☞ p.108）が95％以上である（95％ルール）場合には、非課税取引に対応する仕入れを含めて、すべての仕入れについて仕入税額控除の適用があります。30条2項柱書がそのことを定めています。

> **30条2項柱書**　前項〔1項〕の場合において、同項〔1項〕に規定する課税期間における課税売上高が5億円を超えるとき、又は当該課税期間における課税売上割合が100分の95に満たないときは、同項〔1項〕の規定により控除する……消費税額……は、同項〔1項〕の規定にかかわらず……〔次のように〕計算した金額とする。

　これは条文の書き方が少しイジワルなのですが、前項、すなわち30条1項では、**1.** で説明したように（☞ p.101）、仕入れにかかる税額を全額控除できると規定しています。2項では、1項を適用しようとする場合において、一定の場合には、1項の「規定により控除する……消費税額」を1項の規定の内容とは異なり、別の計算方法とする、と定めた規定です。

　そして、どのような場合に1項とは異なる計算方法となるかというと、①「課税期間における課税売上高が5億円を超えるとき」、または、②「課税期間における課税売上割合が100分の95に満たないとき」がこれにあたります。したがって、これを反対に読めば、前述のとおり、課税売上高が5億円以下で、かつ、課税売上割合が95％以上である場合にのみ1項がそのまま適用され、非課税取引の分も含めた、すべての「課税仕入れにかかる消費税額」を控除できることになるのです。

　課税売上高と課税売上割合のくわしい内容は、(iii) で説明しますが、ざっくりと課税売上割合を、総売上額に対する課税取引の売上額の占める割合とイメージすると、それが95％以上あれば、5％以下の非課税取引はお目こぼしという、少額不追及の考え方で規定が作られていることがわかります。

ただし、課税売上高が巨額になると、5％以下といっても金額が相当大きくなりますし、また、巨額の課税売上額をほこる事業者は事務能力も比較的高く、課税取引と非課税取引を正確に分けて記録することなども容易だと思われるため、課税売上額が5億円を超える場合には、課税売上割合が95％以上であっても、原則に戻って、非課税取引のための仕入れを含めて税額控除することを認めないこととしたのです。

(iii) 課税売上高と課税売上割合

　課税期間における課税売上高は、30条6項第3段において、事業者がある課税期間中に国内において行なった課税資産の譲渡等の対価の額の合計額と定義されています。常識的な内容ですね。注意が必要なのは、この「対価」とは課税標準の場合と同じく、税抜きの対価を指しているということです（対価の一部を相手方に返した場合の扱いや、課税期間が1年未満の場合の扱いについても規定がありますが、説明は省きます）。

　課税売上割合は、同じ30条6項の第4段において、事業者がある課税期間中に国内において行なった資産の譲渡等（2I⑧）の対価の額の合計額のうちにその事業者がその課税期間中に国内において行なった課税資産の譲渡等（2I⑨）の対価の額の合計額の占める割合、と定義されています（☞課税売上割合の計算に関する施行令・p.113）。何だかややこしいので、分数の形でまとめてみましょう。常識的な内容であることがわかります。

$$
課税売上割合 = \frac{国内において行なった課税資産の譲渡等の対価の合計額}{国内において行なった資産の譲渡等の対価の合計額}
$$

　ここでの「対価」も税抜きの対価とされています。分数の分母、分子の両方に「国内において」との限定がありますから、外国で行なった資産の譲渡等の対価は、どちらにも含まれません。また、図の分母は「資産の譲渡等の対価」ですから、非課税取引は含まれますが、「資産の譲渡等」にあたらない不課税取引の対価は含まれません（「資産の譲渡等」から非課税取引を除いたものが「課税資産の譲渡等」です。2I⑨、☞p.100）。「国内において行なった」の表記を省略して、以下の点を確認しておきましょう。

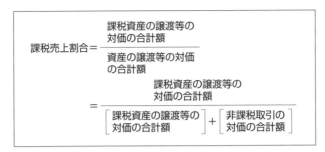

　ここで、不課税取引と非課税取引の違いがはっきりと現れました。不課税取引の対価の額は課税売上割合に影響しません（それは無視されます）が、非課税取引の対価の合計額は、課税売上割合に大きく影響するのです。

　また、この図の変形からわかるように、資産の譲渡の対価のうち、非課税取引の対価の額が増えるほど、同じ分子に対して分母が大きくなり、課税売上割合が下がる（小さくなる）わけです。当たり前のことですが、しっかり覚えておきましょう（☞課税売上割合の計算に関する施行令・p.113）。

(2) 2つの計算方法

　(1)(ii)で述べたように、30条1項がそのまま適用できない場合には、事業者は、同条2項が定める2つの計算方法のうち、どちらかを選んで仕入税額控除を行なうことになります。

(i) 個別対応方式

　事業者が、国内において行なった課税仕入れについて、その仕入れたもの（資産や役務）を、その後どのような取引に使うのかに着目して、次の3つに区分をしている場合には（☞個別対応方式における仕入税額の区分・p.111）、原則として、個別対応方式と呼ばれる計算方法を用いて、控除する仕入税額を計算します（30Ⅱ①）。

> ■個別対応方式を用いる場合に必要な課税仕入れの3つの区分
> ①課税資産の譲渡等だけに使う課税仕入れ
> ②非課税取引だけに使う課税仕入れ
> ③課税資産の譲渡等と非課税取引に共通して使う課税仕入れ

　個別対応方式を用いると、控除する税額は次頁のように計算されます。

個別対応方式による仕入税額控除の計算方法

$$\begin{bmatrix}\text{控除する} \\ \text{仕入税額}\end{bmatrix} = \begin{bmatrix}\text{①の仕入れにかかる} \\ \text{税額の合計額}\end{bmatrix} + \begin{bmatrix}\text{③の仕入れにかかる} \\ \text{税額の合計額}\end{bmatrix} \times \text{〔課税売上割合〕}$$

つまり、課税資産の譲渡等だけに使う課税仕入れにかかる税額を全額控除した上で、課税取引と非課税取引に共通する課税仕入れにかかる税額を両者の比率で按分し、課税取引に対応する部分のみを控除することになります。

このように、個別対応方式といっても、取引ごとに区分して税額控除するかどうかを決めるのでは、事業者の手間がかかりすぎますから、その手間が省けるように、区分されたそれぞれの課税仕入れにかかる税額の合計額に着目するやり方になっているのです。

なお、個別対応方式で計算する場合には、課税売上割合がある年の事業の実態に合わないなどの状況に対応して、「課税売上割合に準ずる割合」として、ほかの合理的な割合を使うことができます（☞課税売上割合に準ずる割合・p.116）。これは、次に説明する一括比例配分方式との大きな違いです。

（ii）一括比例配分方式

（i）の①②③をきちんと分けて記録するのは、相当に手間がかかります。そこで、小規模な事業者など、この手間をかけることができない（手間をかけたくない）事業者は、仕入税額の合計額に課税売上割合をかける、一括比例配分方式と呼ばれる方法で、控除する税額を計算します（30Ⅱ②）。

一括比例配分方式による仕入税額控除の計算方法

$$\begin{bmatrix}\text{控除する} \\ \text{仕入税額}\end{bmatrix} = \begin{bmatrix}\text{課税仕入れにかかる} \\ \text{税額の合計額}\end{bmatrix} \times \text{〔課税売上割合〕}$$

（i）の個別対応方式とここで述べた一括比例配分方式を用いた場合の、控除できる仕入税額の違いを、以下の **Case** で確認しましょう。

Case 2-10

事業者Aのある課税期間の課税仕入れにかかる税額の合計額は100万円で、その内訳は、以下のとおりである。

①課税資産の譲渡等だけに使う課税仕入れ　　　　　　　60万円

②非課税取引だけに使う課税仕入れ　　　　　　　　　　20万円

③課税資産の譲渡等と非課税取引に共通して使う課税仕入れ　20万円

Aのこの課税期間の課税売上割合が（ア）80％のときと、（イ）60％のときについて、個別対応方式によって計算する場合と一括比例配分方式によって計算する場合に、控除される仕入税額はそれぞれいくらになるか。

Analysis 2-10
（ア）課税売上割合が80％のとき
　　個別対応方式　　　60万円（①）＋20万円（③）×80％＝76万円
　　一括比例配分方式　100万円×80％＝80万円
（イ）課税売上割合が60％のとき
　　個別対応方式　　　60万円（①）＋20万円（③）×60％＝72万円
　　一括比例配分方式　100万円×60％＝60万円

　この2つの方式のうち、個別対応方式を用いることができる仕入れの区分（（ⅰ）の①②③）をしている事業者でも、一括比例配分方式を選択することができます（30Ⅳ）。これは、個別対応方式に対応できる事業者でも、一括比例配分方式のほうが有利な場合（*Analysis 2-10*（ア）参照）に、手間をかけて仕入れを区分したばっかりに、不利な個別対応方式を強制されるのを防ぐための規定と説明できそうです。

　ただし、（ⅱ）（（ⅰ）の①②③の区分をしていない）の場合（30Ⅱ②）でも、区分をしているが一括比例配分方式を選択した場合（30Ⅳ）でも、いったん、**一括比例配分方式を選択すると、2年間は個別対応方式に変更することができません**（30Ⅴ）。これは、例外的に大量の商品や高額な設備を取得したある年だけ個別対応方式を使って控除できる仕入税額を計算し、多額の控除を得る行為を防ぐための制限だと説明されています。

　なお、個別対応方式から一括比例配分方式に変更する場合には、このような制限はありません。個別対応方式でやってみたが手間が大きすぎるからやめたいという納税者に、個別対応方式を強制できないと考えられるからです。

Next Step

▶個別対応方式における仕入税額の区分
（ⅰ）　**Lecture** で説明したとおり（☞ p.109）、仕入税額控除において個別対応方式を用いるためには、仕入れを次頁の3つに区分する必要がある。

> ①課税資産の譲渡等だけに使う課税仕入れ
> ②非課税取引だけに使う課税仕入れ
> ③課税資産の譲渡等と非課税取引に共通して使う課税仕入れ

　それでは、この①②③に直接はあてはまらないもの、たとえば、課税仕入れにより取得した資産を（法人の役員以外の）他人に贈与する不課税取引に用いる場合はどう考えればよいのだろうか。

　この点は、①と②を先に考えて、条文の文言からは少し離れるが、①と②のどちらにもあたらないものは③にあたると解釈されている。すべての課税仕入れを3つのどれかに区分しなければならないので、やむを得ない解釈といえよう。

　なお、本書では、わかりやすいように②を「非課税取引だけに使う課税仕入れ」と表現しているが、消費税法上は、「課税資産の譲渡等以外の資産の譲渡等（以下この号において『その他の資産の譲渡等』という。）にのみ要するもの」と規定されているので、留意が必要である。ちなみに、裁判例などでは、①を「課税対応課税仕入れ」、②を「非課税対応課税仕入れ」、③を「共通対応課税仕入れ」などと呼ぶこともある。これも、覚えておいて損はない。

（ⅱ）　仕入税額控除は、仕入れを行なった課税期間において行なわれる。他方、仕入れたもの、たとえばある資産が同じ課税期間内に譲渡されるとは限らない。そこで、（ⅰ）の①②③は、まだ実際に取引が行なわれていない段階で、区分の判断をする必要が生じる。①②③について、法律上、「要するもの」との文言が用いられており（30Ⅱ①柱書）、「要したもの」との文言が用いられていないことは、これに対応したものである。

　この場合の判断方法について、裁判例は、以下のように判示している。

> ■東京高判 R.3・7・29
> ・課税仕入れが行われた日の状況にもとづいて、その取引が事業者において行なう将来の多様な取引のうちのどのような取引に要するものであるかを、客観的に判断するべきである。
> ・（非）課税対応課税仕入れとは、当該課税仕入れにつき将来（非）課税売上げを生じる取引のみが客観的に見込まれている課税仕入れのみをいう。
> ・ある課税仕入れにつき、将来課税売上げを生じる取引と非課税売上げを生じる取引の両方が客観的に見込まれる課税仕入れについては、すべて共通対応課税仕入れとすべきである。

（ⅲ）　課税仕入れにあたるかどうかは、仕入れたものがどのような取引に使われるかとは無関係であると説明した（☞課税仕入れの考え方・p.102）。では、外国にある資産の譲渡という不課税取引のために要する課税仕入れ（例、国内の法律事務所で売買

契約書を作ってもらうために支払った対価に含まれる消費税額相当額）は、（ⅰ）の①
〜③のどれにあたると考えるべきだろうか。

　ここで、課税資産の譲渡等とは、資産の譲渡等（定義上国外取引が含まれる。2Ⅰ⑧）
から「6条1項の規定により消費税を課さないこととされるもの」を除いた取引を指
す（2Ⅰ⑨）。そして、6条1項の規定は、「国内において行なわれる資産の譲渡等」につ
いて、非課税の範囲を定めているから、国外で行なわれる資産の譲渡等は非課税とは
ならない。したがって、課税資産の譲渡等には、（消費税の課税対象ではないが〔4Ⅰ〕）
国外で行なわれる資産の譲渡等が含まれるため、上記の例における課税仕入れは、
①「課税資産の譲渡等だけに使う課税仕入れ」に該当する。少しトリッキーな条文解
釈なので、ここで確認しておこう。

　なお、上記の例の消費税は課税仕入れにかかる消費税には算入されるものの、課税
売上割合は、**Lecture** で説明したとおり、分子も分母もそこに算入される対価の額
を「国内において行つた」取引に限定している点にも留意したい。

▶課税売上割合と仕入れに関する区分

　Lecture で述べた仕入税額控除は、単純化すると、「売る額」を基準に、「買った時
の税額」を計算する方法である。売る時にも不課税取引、非課税取引、課税取引、免
税取引があるし、買ったときにも（売った側＝仕入先からみて）不課税取引、非課税取引、
課税取引、免税取引があるが、両者は連動しない。課税取引によって仕入れた資産を
（法人の役員以外の）誰かに贈与すれば、仕入れには消費税が課税されているが、贈与は
不課税取引である。

　そもそも、規定されている計算方法は、「課税仕入れ」による資産の譲渡等が非課税
取引に該当しうることが前提だから、当然のことではあるが、迷ったら、「売上げの取
引と仕入れの取引の（消費税法上の）性質は連動しない」と思い出そう。

▶課税売上割合の計算に関する施行令

（ⅰ）　表現が煩雑になるので **Lecture** （☞ p.108）では省略したが、30条6項第4段
　　では、課税売上割合の法律上の定義は、正確には、「……割合として政令で定めると
　　ころにより計算した割合をいう」と規定されている。この施行令（政令）では、まず、
　　売上げの対価の返還がなされた場合を含めた、正確な計算方法が定められているが
　　（令48Ⅰ）、この点の説明は省略する。

（ⅱ）　次に、施行令において重視されているのは、非課税取引の対価の扱いなどを実態
　　に合ったものとすることである。個別対応方式でも一括比例配分方式でも、課税売上
　　割合が小さくなると、控除できる税額が少なくなる。また、そもそも課税売上割合が
　　95％以上かどうかという点に影響すると、仕入税額の全額控除（30Ⅰ）か一部控除（30
　　Ⅱ）かにも影響しうる。

　　ここで、課税売上割合を計算する際の分母に算入される非課税取引の対価の合計

額が大きくなると、課税売上割合が小さくなる関係にあるから（☞ p.109）、非課税取引の対価の合計額が、実態を超えて大きくなることは避けなければならない。

さらに、「売上げ」に関する課税売上割合を用いて、「仕入れ」に関する税額を按分することの合理性を支えているのは、課税取引と非課税取引とで、売上額に対する仕入額の割合（コストの割合）が、おおむね同じくらいだという想定である。もし、ある非課税取引についてのみ売上額に対する仕入額の割合が、ほかの取引に比べて大幅に小さいなら（言い換えると、仕入れに対する売上げの割合が、大幅に大きいなら）、それを放置すると、課税売上割合を計算するときの式の分母が膨らむから、課税売上割合は事業の実態よりも相当程度小さくなり、控除できる税額が不当に少額となる。

以上に述べたことを、次の **Case** で確認しておこう。

Case 2-11

一括比例配分方式を選択している事業者 A のある課税期間における課税売上額は 3300 万円（税込み）、それに対応する課税仕入額は 1100 万円（税込み）であった。

この課税期間中に、

（ア）非課税取引がない場合

（イ）非課税取引の売上額が 3000 万円で、それに対応する課税仕入額が 1100 万円（税込み）である場合

（ウ）非課税取引の売上額が 3000 万円で、それに対応する課税仕入額が 110 万円（税込み）である場合

において、仕入税額控除額と納付すべき消費税額はどのように変化するか。また、その結果をどのように考えるべきか。

Analysis 2-11

（ア）3300 万円の課税売上額に対する消費税額は 234 万円（＝3000 万円×7.8%）である。非課税取引がない場合、A の課税売上割合は 100％であって、30 条 1 項により控除される課税仕入れにかかる消費税額は 78 万円（＝1100 万円× $\frac{7.8}{110}$）となる。したがって、納付すべき消費税額は 156 万円（＝234 万円－78 万円）である。

（イ）非課税取引があっても、課税取引にかかる消費税額は 234 万円のままである。課税売上割合は、以下のとおり、0.5 である。

$$\frac{3000\,万円（課税資産の譲渡の対価）}{3000\,万円＋3000\,万円（非課税資産の譲渡の対価）} = 0.5$$

このように課税売上割合が 95％未満となるため、A は一括比例配分方式によって、仕入税額控除を計算することとなる（30 II ②）。

課税仕入れにかかる消費税額は、

$$156 \text{ 万円} \left(= (1100 \text{ 万円} + 1100 \text{ 万円}) \times \frac{7.8}{110}\right)$$

である。したがって、控除できる税額は、78 万円（＝156 万円×0.5）となり、納付すべき消費税額は、156 万円（＝234 万円−78 万円）となる。

（ウ）非課税取引があっても、課税取引にかかる消費税額は 234 万円のままである。

課税売上割合は、以下のとおり、0.5 である。

$$\frac{3000 \text{ 万円（課税資産の譲渡の対価）}}{3000 \text{ 万円} + 3000 \text{ 万円（非課税資産の譲渡の対価）}} = 0.5$$

このように課税売上割合が 95％未満となるため、A は一括比例配分方式によって、仕入税額控除を計算することとなる（30Ⅱ②）。

課税仕入れにかかる消費税額は、

$$85.8 \text{ 万円} \left(= (1100 \text{ 万円} + 110 \text{ 万円}) \times \frac{7.8}{110}\right)$$

である。したがって、控除できる税額は、42.9 万円（＝85.8 万円×0.5）となり、納付すべき消費税額は、191.1 万円（＝234 万円−42.9 万円）となる。

結果を比較すると、まず、（ア）と（イ）では、納付すべき消費税額に変化はない。これは、課税取引と非課税取引とで、コストの割合に違いがないため（税抜きで考えると、どちらも売上額 3000 万円に対して仕入額 1000 万円）、課税売上割合である 0.5 が、取引の実態にあっているからだと考えられる。

他方、（ア）と比較して（ウ）では、納付すべき税額が 35.1 万円（＝191.1 万円−156 万円）も増えている。この結果は、仕入税額控除が 35.1 万円（＝78 万円−42.9 万円）減少したことによってもたらされたものである。

非課税取引があることによって増加した課税仕入れにかかる消費税額が 7.8 万円（$=110 \times \frac{7.8}{110}$）あるものの、（ア）で仕入税額控除されていた消費税額相当額 78 万円のかなりの部分が、（ウ）では控除されていないことになる。つまり、ここでは仕入税額控除が正しく機能していない。

この結果は、税抜きで考えた場合、課税取引におけるコストの割合が 3 分の 1（売上額 3000 万円に対して仕入額 1000 万円）であるのに比べて、非課税取引におけるコストの割合が 30 分の 1（売上額 3000 万円に対して仕入額 100 万円）と、両者の比率がかけ離れており、課税売上割合である 0.5 が取引の実態に合っていないことから生じたと考えられる。

Analysis 2-11（ウ）の結果を避けるため、施行令では、主として非課税取引について、その取引の実態に合うような調整が試みられている。

(ⅲ)　(ⅱ)で述べた非課税取引に関する規定の具体例としては、一定の資産の譲渡等を計算式の分母にあたる「資産の譲渡等の対価」に含めないとする規定がある（令48Ⅱ）。支払手段や暗号資産の譲渡（令48Ⅱ①）、「資産の譲渡等の対価」として取得した金銭債権の譲渡（令48Ⅱ②）などが、その例である（たとえば後者は、「資産の譲渡等の対

価」として取得した金銭債権は、すでに対価として「資産の譲渡等の対価」（分母）に含められているので、さらにその譲渡の対価を「資産の譲渡等の対価」に含めて二重計上になることを避けるための調整である）。

また、貸付金その他の金銭債権の譲受け（令21I④）などについては、対価は利子であって債権の金額でないことが明記され（令48Ⅳ）、有価証券や一定の金銭債権の譲渡の対価は、実際に受け取った対価の5％のみが、「資産の譲渡等の対価」（分母）に算入されることとされている（令48Ⅴ）。

▶課税売上割合に準ずる割合

課税売上割合を用いて仕入税額控除を計算する際に、課税売上割合では、その事業者の事業の実態に合わないことがありうる（☞ ***Case 2-11*** 〔p.114〕）。これは、事業者の事業において、課税取引と非課税取引とで、売上額に対する仕入額の割合が大きく異なるなど、恒常的に実態に合わない場合もありうるし、ある年に国内で高額な土地の譲渡（別表第一─①）を行なったため、その年だけ非課税取引にかかる対価の額が非常に大きくなって、課税売上割合が事業の実態に合わなくなったなど、一時的な要因によることもありうる。

このような場合には、その事業者の事業の種類や費用の種類に応じた合理的な割合で、税務署長の承認を受けた割合を、課税売上割合の代わりに使って、仕入税額控除を計算することが認められている（30Ⅲ）。この割合を、課税売上割合に準ずる割合と呼ぶ（以下、この項目では「準ずる割合」という）。

準ずる割合は、事業の実態に合わせて、課税取引と非課税取引に用いている従業員数、工場などの床面積、取引件数などの比で按分する場合もあれば、土地の譲渡があったなど、特別な事情がある年について、直近3年の課税売上割合の平均と前年の課税売上割合との低いほうの割合を用いる場合もある。なお、事業の全部について同じ割合を用いなければならないという制限はなく、承認を受けることができれば、事業の種類や事業場ごとに、異なる割合を用いることも認められている。

準ずる割合は、税務署長の承認を受けた課税期間から適用できるし、届出によって取りやめることができる（30Ⅲ柱書但書）。また、一括比例配分方式の選択のような強制適用期間もないため、機動的に利用することが可能である（ただし、承認されるような合理的な割合で申請する必要がある）。

準ずる割合については、あと2つ、留意事項がある。1つは、いったん税務署長の承認を受けると強制適用となり、取りやめの届出をしない限り、課税売上割合のほうが有利でも、準ずる割合を使って仕入税額控除額を計算しなければならない点である。

もう1つは、準ずる割合について承認を受けていても、そもそも全額控除（30I）か、一部控除（30Ⅱ）かを決定する95％ルール（☞ p.107）においては、課税売上割合を用いるのであって、準ずる割合を用いるのではないという点である。

実務的には、ほかにも論点のある制度だが、本書ではくわしい説明を割愛する。

▶売上げの値引き、仕入れの値引きや貸倒れの処理

現実の取引においては、いったん商品を売った後に値引きをすることがあるし、仕入れをした後に値引きを受けることもある。また、受け取るべき対価がどの課税期間の課税標準となるかは権利確定主義で決定され、まだ対価を受け取っていなくても商品を取引先に引き渡せば、引き渡した課税期間の課税標準として課税されるから（☞ p.90）、その後に代金債権が貸し倒れて、実際には代金を支払ってもらえないこともありうる。

このように、いったん課税された後に対価の額が変動する場合には、消費税は課税された課税期間にさかのぼって税額を修正するのではなく、売上値引きをしたりされたりした課税期間、または、代金債権が貸し倒れた課税期間において税額を修正することとしている。

具体的には、課税仕入れについて売上値引きをしてもらった場合の仕入税額控除の修正（32）、売上げについて売上値引きをした場合の税額の修正（38）、および、売上げにかかる代金債権が貸し倒れた場合の税額の修正（39）などの規定があるが、本書ではその詳細は省略する。

▶仕入税額控除の別の計算方法

Lecture で説明した仕入税額控除額の計算は、一括比例配分方式であっても、かなり手間がかかる。そのため、一定の要件を満たす中小事業者については、より簡便な方法で仕入税額控除額を計算する方法が用意されている。この点については、後述する（簡易課税制度、☞ p.199）。

3. 仕入税額控除の手続要件

Examples 2-8

次の①〜④について、誤りを指摘しなさい。

①仕入税額控除が適用されるために、事業者は帳簿と請求書等のどちらか一方を必ず保管しなければならない。

②地震で事務所が倒壊して帳簿や請求書が取り出せなくなった場合は、帳簿などの保存がないから、仕入税額控除は受けられない。

③帳簿と請求書等は、5年間保存すれば、破棄してもよい。

④現在の判例では、税務調査の際に帳簿を提示しなくても、課税処分を争う裁判において帳簿を提出すれば、仕入税額控除の適用要件である帳簿の保存があったものと扱われている。

(1) 制度の趣旨

　仕入税額控除を適用するためには、手続的な要件があります。それは、課税仕入れについての帳簿と請求書等の書類を、法令の定めに従って保存していることです（30Ⅶ）。

> 30条7項本文　第1項〔仕入税額控除〕の規定は、事業者が当該課税期間の課税仕入れ等の税額の控除に係る帳簿及び請求書等（……）を保存しない場合には、当該保存がない課税仕入れ……に係る課税仕入れ等の税額については、適用しない。

　これまで説明してきたように、消費税は事業者が行なう取引ごとに、負担され、また、その負担が転嫁されていく仕組みです。そのため、この取引の連鎖とその内容を確認できなければ、消費税の負担を不当に免れる事業者が現れ、課税の公平を維持できません。たとえば、事業者Aが、受け取った資産の譲渡等の対価だけを正しく申告し、仕入取引の支払対価を多くみせかけることができれば、仕入税額控除の額が過大になる分だけAの納付する消費税額は少なくなり、Aが顧客から受け取った消費税額相当額のかなりの部分を手もとに残すことさえもできるわけです。

　こう考えれば、仕入税額控除を正しく適用するためには、控除される税額が正しい税額であることを確認する必要性が大きいことが理解できるでしょう。そこで法は、控除される税額に関する取引が、帳簿と請求書等によって確認できることを求めているのです（最高裁による30条7項の趣旨の説明については、☞税務調査における帳簿等の不提示と仕入税額控除・p.121）。

　「帳簿」と「請求書等」の書類の役割は、次のように説明できます。まず、事業者自身に帳簿を作成してある取引を行なったことを記録してもらいます。しかし、これだけでは、自分勝手に取引の内容を書き換えてしまうことができます。そこで、帳簿に記載された取引の内容が正しいかどうかを、取引の相手方から受け取った請求書等の書類によって確認できるようにしているわけです（同様の働きをすると考えられるので、事業者自身が作成して取引の相手方の確認を受けた書類も、この請求書等に含まれます。37Ⅸ②）。

なお、消費税額を正確に計算するためには、このように帳簿と書類が必要ですが、震災、水害などの天災や火事などの人災によって帳簿や書類が失われた場合にまで仕入税額控除を認めないのは、事業者に無理を強いることになってしまいます。そのため、そのような「やむを得ない事情」があることを事業者が証明すれば、帳簿や書類の保存がなくても、仕入税額控除を受けることができることとされています（30Ⅶ但書）。

> **30条7項但書　ただし、災害その他やむを得ない事情により、当該保存をすることができなかつたことを当該事業者において証明した場合は、この限りでない〔1項の適用を制限しない〕。**

　また、簡易課税制度（☞ p.199）を選択した中小事業者は、仕入税額控除を適用するために、ここで説明する帳簿と請求書等の保存義務を負いません。ただし、事業者が負う、一般的な帳簿を備え付けてそれを保存する義務は、別の規定によって負わされています（58）。

```
■仕入税額控除の手続要件
・法定の帳簿と請求書等の書類を保存しなければ、税額控除が受けられ
　ない
・仕入税額控除の金額の正確さを確認するための制度である
・天災などにより保存できない場合は、対象外
```

（2）具体的な制度

（ⅰ）帳簿の記載事項

　仕入税額控除の要件となる帳簿には、原則として、次の事項を記載しなければなりません（30Ⅷ①イ～ニ）。

```
■帳簿の記載事項
・課税仕入れの相手方の氏名または名称
・課税仕入れを行なった年月日
・課税仕入れに関する資産または役務の内容
・30条1項に規定する課税仕入れにかかる支払対価の額
```

　これらの記載が真実の内容であるべきことは、当然です。裁判例も、課税仕

入れの相手方の氏名・名称につき同じ考え方をとって、故意に仕入れの相手方の氏名を仮名にしている場合、法律の要件を満たした帳簿を保存したことにはならないと判断しています（東京高判 H.10・9・30、☞ p.235）。

（ii）請求書等の記載事項

請求書等の書類は、次のように定義されています（30Ⅸ①）。

> 30条9項1号　事業者に対し課税資産の譲渡等（……）を行う他の事業者（……）が、当該課税資産の譲渡等につき当該事業者に交付する請求書、納品書その他これらに類する書類で次に掲げる事項（……）が記載されているもの
> イ　書類の作成者の氏名又は名称
> ロ　課税資産の譲渡等を行つた年月日（……）
> ハ　課税資産の譲渡等に係る資産又は役務の内容
> ニ　課税資産の譲渡等の対価の額〔税込み〕
> ホ　書類の交付を受ける当該事業者の氏名又は名称

取引をする場合には、一般に何らかの書類を作るので、それに、イ～ホの内容を記載してもらって、それを保存すればよいということです。ただし、事業者が一般の小売業者から課税仕入れを行なう場合に、いちいち事業者（小売業者からみればお客）の名前を書き込んだ請求書を書いてもらうのは実際的ではありませんから、一定の場合には、ホが省略できることとされています（30Ⅸ①柱書最後の括弧書、令49Ⅳ）。

具体的には、相手方の事業者が、小売業、飲食店業、写真業、旅行業である場合（令49Ⅳ①）、電鉄会社やバス会社である場合（令49Ⅳ②）、不特定多数の客に場所を貸している駐車業者である場合（令49Ⅳ③）と、これらのように、「不特定かつ多数の者に資産の譲渡等を行うもの」（令49Ⅳ④）である場合には、ホの事項は書く必要がありません。

また、あまりに少額の取引についてまで、いちいち書類を保存させるのも実際的ではありませんから、1回の取引あたりの金額が3万円未満の場合は、帳簿に記載があれば、請求書等の保存は必要ありません（30Ⅶ最初の括弧書前段、令49Ⅰ①）。

なお、相手方に頼んだのに書類をくれなかったなど、やむを得ない理由があれば、帳簿に記載すれば、書類の保存は必要ありません。ただし、この場合に

は、帳簿には、請求書等を保存できないやむを得ない理由と、仕入れの相手方の住所等を記載する必要があります（令49Ⅰ②）。この場合に、とくに仕入れの相手方の住所等の記載が必要とされるのは、必要に応じて、その相手方に税務調査（反面調査）ができるようにするためだと考えられます。

(iii) 帳簿・請求書等の保存期間と保存場所

　帳簿の保存期間は、帳簿を閉めた課税期間の末日の翌日から2か月を経過した日から7年間、請求書等の書類の保存期間は請求書を受け取った課税期間の末日の翌日から2か月を経過した日から7年間です（30ⅩⅢ、令50Ⅰ本文）。ただし、6年目と7年目については、帳簿か請求書等の書類のどちらかを保存していれば、もう片方はなくてもよいとされています（令50Ⅰ但書、規15の3）。

　この保存期間は、消費税に関する課税処分ができる期間に合わせて決められています。課税処分は原則として、その税の法定申告期限（この日までに申告をしなければならないと法律で定められている期限）から5年を過ぎると、行なうことができません（税通70Ⅰ①）。ただし、脱税の事案については、この5年の期間は7年に延長されます（税通70Ⅴ①）。

　他方、消費税の申告は、課税期間終了の日の翌日から2か月以内にしなければならないと決められています（45Ⅰ柱書）。そこで、課税処分ができなくなるまで、消費税額が正しいかどうかを確認できる帳簿、請求書等を保存することが、事業者に義務付けられているのです。

　帳簿や請求書等を保存する場所は「納税地」です（令50Ⅱ）。納税地とは、国内に住所を有する個人であればその住所地（20①）、国内に本店がある法人であれば、その本店所在地（22①）です。ただし、住所地と事務所の場所が違う場合には、所得税と揃えて、事務所を納税地として選択することができます（21Ⅱ）。常識的に考えて、税務調査を行なう場合の、その対象となる場所ですね。

Next Step

▶税務調査における帳簿等の不提示と仕入税額控除

　税務調査時に調査官が要求したにもかかわらず、事業者Aが帳簿や請求書等を提示しなかったため、それらが保存されていないものとして仕入税額控除の適用が否認され、課税処分がなされた事例を考えよう。

　この事例でAがこの課税処分を争って裁判を提起し、その裁判において、法律の要

件を満たした帳簿と請求書等を証拠として提出して、これらは税務調査の時に事務所にあったと主張した場合に、仕入税額控除が否定されるかどうかが、一時期、多くの事件で争われた。

　この点に関する下級審裁判所の判断はかなり分かれていたが、その後、最高裁は、帳簿等の保存が税務調査を行なえるようにするための制度であることを指摘し、「税務職員による検査に当たって適時にこれを提示することが可能なように態勢を整えて保存していなかった場合」には、原則として30条7項が適用され、仕入税額控除は適用されないと判断した（最判 H.16・12・16、最判 H.17・3・10）。以下に、30条7項の趣旨についての最高裁の判示を引用しておく（下の引用に「帳簿又は請求書」とあるのは、この事件当時の消費税法がそのように定めていたからである）。

■ **30条7項の趣旨**（最判 H.16・12・16）
　「〔消費税〕法30条7項の規定の反面として、事業者が上記帳簿又は請求書等を保存していない場合には同条1項が適用されないことになるが、このような法的不利益が特に定められたのは、資産の譲渡等が連鎖的に行われる中で、広く、かつ、薄く資産の譲渡等に課税するという消費税により適正な税収を確保するには、上記帳簿又は請求書等という確実な資料を保存させることが必要不可欠であると判断されたためであると考えられる。」

▶**適格請求書等（インボイス）保存方式への移行**
　ここで述べた手続的要件を含め、仕入税額控除の制度は、令和5（2023）年10月1日から大きく変更される。この点については、☞ p.224。

法律用語のコラム

【消費税法と消費税法施行令】
　消費税法と消費税法施行令は、何が違って、どちらが上位の規範なのだろうか。消費税法は国会が作った「法律」である。「昭和63年法律第108号」という番号が付けられている。これに対して、消費税法施行令は、内閣が決定する「政令」である（「昭和63年政令第360号」という番号が付けられている）。立法権をもつ国会ではなく、行政権をもつ内閣が作るから、行政命令の一種である。したがって、法律である消費税法の方が上位の規範である。また、憲法には租税法律主義が定められ（憲30、84）、租税に関する事項は必ず法律で定めなければならないから、法律である消費税法が重要なことを定め、政令である消費税法施行令は、その細目や手続きなどを定めることができるにすぎない。消費税法において「政令で定める」などと規定されているときの「政令」は、ほとんどが消費税法施行令である。

なお、「政令」よりもさらに細かな手続きや届出の形式などを定める場合には、財務大臣が定める財務省規則である「消費税法施行規則」に定められることが多い。これは政令よりも下位の行政命令である。

　ちなみに、行政命令であっても、法律で「政令で定める」などと規定してあれば、その効力は原則として、裁判所や国民に及ぶ。他方で、「消費税法基本通達」などの「通達」は、国税庁長官が、部下である国税局長や税務署長などに、「○○○は×××として扱うこと」などを命令したものにすぎないから、課税実務における重要性はともかく、裁判所や国民に、これに従う法律上の義務はない。　　　　　(H.S.)

Key Points 2 - II

❶取引過程において消費税が累積するのを防ぐため、納付すべき消費税額の計算において、仕入れにかかる税額を控除する。これを仕入税額控除という。

❷仕入れの相手方からみて課税対象となりうる資産の譲渡等にあたるものが、仕入れを行なった事業者にとっての課税仕入れである。消費税の納税義務を負わない者からの仕入れも、これに含まれる。

❸仕入れの相手方からみて非課税取引となる取引は、課税仕入れに含まれない。

❹控除する税額の計算には、消費税と地方消費税の税額相当分を含んだ「支払対価の額」を用いる。これに「110分の7.8」をかけた金額が控除されるべき税額である。

❺商品だけでなく、減価償却資産などの購入（仕入れ）にかかる消費税額も、その資産を購入した課税期間において、全額が控除の対象となる（期間配分をしない）。

❻課税売上高が5億円以下で、かつ、課税売上割合が95％である課税期間については、すべての仕入れについて仕入税額控除を行なう。これにあたらない場合には、仕入税額のうち控除すべき税額を計算する。

❼仕入税額を全額控除しない場合は、個別対応方式か一括比例配分方式のどちらかの方法によって、控除すべき税額を計算する。個別対応方式を用いるためには、仕入れを、課税対応課税仕入れ、非課税対応課税仕入れ、共通対応課税仕入れの3種類に分けて管理する必要がある。

❽仕入税額控除が適用されるためには、帳簿と請求書等の書類の両方を、原則として7年間、住所地、事務所や法人の本店の所在地に保存する必要がある。これらの帳簿や請求書に記載する必要がある事項は、法律と施行令で定められている。

❾現在の判例においては、税務調査時に帳簿を提示できるように態勢を整えて保存していない場合は、法律の要件を満たす保存に該当しないとされている。

II 仕入税額控除　123

III 申告・納付等

1. 課税期間と中間申告

Examples 2-9

次の①〜④について、誤りを指摘しなさい。

①個人事業者も法人も原則的な課税期間は１年であるが、その規模に応じて、課税期間が３か月や１か月に短縮される。

②事業者が課税期間を短縮したり原則に戻したりすることに、制限はない。

③中間申告の頻度は事業者の規模によって異なるが、すべての事業者が、何らかの中間申告をする義務を負う。

④中間申告は、事業者の納税の負担感を和らげる目的で作られた制度である。

Lecture

（1）課税期間

　これまでの説明にも、すでに何度か登場していますが、消費税法には課税期間の定めがあります。事業者は、消費税額を、この課税期間ごとに計算することが義務付けられています。

　原則的な課税期間は、個人事業者の場合は、暦年（毎年１月１日から12月31日まで。19Ⅰ①）、法人の場合は、事業年度（19Ⅰ②）です。個人事業者がある年の途中で事業を開始した場合でも、廃業した場合でも、課税期間は暦年です。

> 19条１項　この法律において「課税期間」とは、次の各号に掲げる事業者の区分に応じ当該各号に定める期間とする。
> 　１号　個人事業者（……）　１月１日から12月31日までの期間
> 　２号　法人（……）　事業年度

　ただし、納税者の選択によって、この課税期間を３か月、または、１か月に短縮することができます。３か月に短縮した個人事業主の課税期間は、１月１日から３か月ずつ区切った期間、つまり、「１月１日から３月31日まで」「４月

1日から6月30日まで」「7月1日から9月30日まで」「10月1日から12月31日まで」となり（19Ⅰ③）、1年が4期に分けられます。1か月に短縮した個人事業主の課税期間は、毎月です（19Ⅰ③の2）。

　法人の場合は、事業年度をその開始の日から3か月ごと（19Ⅰ④）、または、毎月（19Ⅰ④の2）に切り分けて、それぞれの期間が課税期間となります。

　課税期間を短縮するためには、所轄税務署長へ届け出る必要があります（19Ⅱ。☞課税期間短縮の届出の効果・p.128）。短縮した課税期間を変更（3か月を1か月にすることや、その逆）することも、短縮を取りやめること（19Ⅲ）もできますが、いったん届け出ると、2年間はその短縮期間を変更したり、やめたりすることはできません（19Ⅴ）。

> ■課税期間のまとめ
> ・個人事業者の課税期間は暦年、法人の課税期間は事業年度
> ・事業者の選択により、課税期間を1か月または3か月に短縮できる
> ・いったん課税期間を短縮すると、2年間は変更できない

　この課税期間の短縮は、主として、輸出免税（☞p.156）などにより、消費税の還付を受けることが多い事業者が、早く還付を受けられるようにするためのもので、納税者の利益になる制度と考えられています。そして、いったん短縮すると2年間は強制適用となるのは、恣意的に課税期間を変えて還付は早く受けるが納税は先延ばしにする、というような行為を制限するためといえるでしょう。

(2) 中間申告
(ⅰ) 制度の概要

　一定以上の規模の事業者は、課税期間の途中で仮に計算した消費税額を納付することが義務付けられており、この税額を確定して納付するための申告をしなければなりません。これを中間申告と呼びます（42）。

　中間申告は、事業者の規模に応じて、大雑把に言うと、毎月、3か月ごと、または、6か月ごとに行ないます。そして、ここでの事業者の規模は、中間申告をする課税期間の直前の課税期間における確定した消費税額で測ります。具体的な、直前の課税期間の消費税額と中間申告の頻度は、次頁の表のとおり

です。

直前の課税期間の1か月分の確定税額〔＝確定税額÷12〕が400万円超	年11回
直前の課税期間の3か月分の確定税額〔＝確定税額÷4〕が100万円超1200万円以下	年3回
直前の課税期間の6か月分の確定税額〔＝確定税額÷2〕が24万円超100万円以下	年1回

（1）で述べた課税期間の短縮を行なっている事業者には、中間申告の義務はありません。その代わり、短縮された課税期間ごと、つまり3か月ごとや1か月ごとに、確定申告と納付の義務を負うわけです（表の中の〔　〕は、直前の課税期間が1年である場合を想定して、わかりやすく書いています。事業年度が1年でない法人の場合は、直前の事業年度の確定税額を事業年度の月数で割って1か月分の税額を計算し、その1か月分、3か月分、6か月分で判断する必要があります）。

「表の中の回数がおかしいのでは？」と思った読者は、さすがです。毎月なら年12回、3か月ごとなら年4回、6か月ごとなら、年2回になりそうですよね。しかし、毎年、最後の1回は確定申告（☞ p.130）となるので、中間申告の回数は表の数字のとおりで大丈夫なのです。

中間申告して納付すべき税額は、年11回の場合は、前課税期間の確定税額の1か月分、年3回の場合は、前課税期間の確定税額の3か月分、そして、年1回の場合は、前課税期間の確定税額の6か月分です。中間申告の回数の判定に用いた月数と同じということです。

なお、直前の課税期間の6か月分の確定税額が24万円以下の場合は、中間申告は義務ではありませんが、任意で年1回の中間申告をして、税額を納付する制度があります（42Ⅷ）。これには届出が必要であり、取りやめについても同様です（42Ⅸ）。

年3回の中間申告の期限は、課税期間開始後3か月ごとの期間の末日の翌日から2か月以内、年1回の中間申告の期限は、課税期間開始後6か月たった日の翌日から2か月以内とされています。年11回の中間申告の期限も、おおむね各月の末日の翌月から2か月以内ですが、少し変則的な定めがあります（☞ 1か月ごとの中間申告の基準となる税額と申告期限・p.129）。中間申告にもとづいて

納付すべき税額の法定納期限は、中間申告の申告期限と同じです（48）。

　中間申告されるべき税額は、直前の課税期間の確定税額の何か月分というように、機械的に決まるものなので、事業者が中間申告をしなくても、申告期限の日に、機械的に計算されるその税額を申告したものとみなされます（44）。そして、その申告したとみなされる税額を納付する義務を負うので、そのまま何もしないと滞納（納付すべき税額を納付しない状態）となり、延滞税（税通60）がかかったり、滞納処分（税通40、税徴47以下）の対象となったりします。

　なお、中間申告期間ごとに仮決算をして、中間申告すべき税額を直前の課税期間の確定税額ではなく、いわばその期間の実績にもとづいて算出することも認められていますが（43）、本書ではその説明は割愛します。

（ⅱ）制度のねらい

　課税期間の短縮とは違って、中間申告とそれにもとづく納付の制度は、納税者の利益のために設けられたものではありません。たしかに、受け取った消費税額相当額は法的にみれば資産の譲渡等の対価にすぎず、また、事業者自身が納税義務を負う仕組みではあります。しかし、そうはいっても、担税者（☞p.52）である顧客が消費税額相当額を負担していることを前提とすると、巨額の消費税額相当額を事業者の手もとに長く置いておくことは、適当ではありません。税額相当額を事業者が運用して運用益を得ることを認める必要もありませんし、事業者による消費税額相当額分の「使い込み」のおそれもあります（消費税の滞納が多い点については、☞p.31）。そのため、できるだけ早く、消費税額を国に納付してもらうことが適当です。

　さらにいえば、消費税の納付を受ける国としても、年に１回だけドカンと税が納付されるよりも、ある程度の額が毎月または３か月ごとなどに納付されるほうが望ましいといえます（税収の平準化）。

　他方、事業者にしてみれば、毎日、毎週、申告納付することは手間がかかりすぎてとてもできませんし、ある程度以上の規模の事業者でなければ、毎月申告する手間をかけることすら困難です。そういう事業者側の事情も考えつつ、分割した税額の早期納付を求める中間申告の制度が作られているわけです。

　なお、小規模な事業者が任意で中間申告し、納付できるのは、年１回の納付だと納税資金のやり繰りに困るから半分くらいずつ２回に分けて納めたい、というニーズに対応したものなのでしょう。

Next Step

▶課税期間短縮の届出の効果

　課税期間短縮の届出の効果は、原則として、「次の課税期間」から生じる（19Ⅱ柱書前段）。たとえば、個人事業者がある年の5月中に、課税期間を3か月に短縮する届出をすると、課税期間が3か月である場合の次の課税期間の開始日にあたる、7月1日から、課税期間が3か月になる。そして、その年の1月1日から6月30日までの期間が1つの課税期間として扱われる（19Ⅱ柱書後段、①）。

　短縮している課税期間の変更の場合も同様で、課税期間を3か月に短縮している個人事業者が、ある年の5月中に課税期間を1か月に変更する届出をすると、6月1日から課税期間が1か月になり、4月と5月が1つの課税期間として扱われる（19Ⅱ後段、③）。法人の場合も同様である（19Ⅱ後段、②④）。

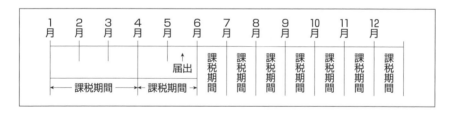

　課税期間の短縮の取りやめの届出の効果も同様で、原則として、届出がされた課税期間の終了日に短縮が取りやめになり、それ以後年末（個人事業主）または事業年度末（法人）までの期間が1つの課税期間として扱われる（19Ⅳ）。

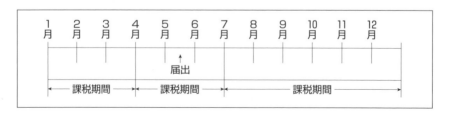

なお、事業者が年の途中で国内において課税資産の譲渡等にかかる事業を開始した場合、個人が課税期間を短縮していた被相続人から相続により事業を承継した場合、法人が課税期間を短縮していた他の法人の事業を合併により承継した場合などには、上記の原則の例外として、課税期間の短縮の届出は、その提出した課税期間から効力が発生する（19Ⅱ柱書２つ目の括弧書、令41Ⅰ）。

▶ １か月ごとの中間申告の基準となる税額と申告期限

（ⅰ）　**Lecture** では、単に前課税期間の「確定税額」と表現したが、実際に申告・納付をしようとすると、いつの確定税額を基準とするか、という問題が生じる。税額は、申告によっていったん確定しても、その後の修正申告や、更正・決定などの課税処分によって変わることがあるからである。

　　　この点について、消費税法は、原則として、中間申告をする期間の末日現在の確定税額を基礎として、中間申告義務の有無や種類を判定し、また、中間申告すべき税額を計算することとしている（42Ⅰ①ロ、Ⅳ①、Ⅵ①）。１か月ごと（つまり毎月）中間申告をする事業者が６月分の中間申告をする場合には、６月30日現在の前年の消費税額が基準となり、７月１日以降、中間申告の期限である８月31日までの間に課税処分で税額が増えても、関係ない。

（ⅱ）　（ⅰ）で述べた中間申告すべき税額の計算の基準との関係で、ある年（個人事業者）やある事業年度（法人）の最初のほうの月の申告期限は、例外的な定めが必要となる。たとえば、個人事業者の消費税の法定申告期限は翌年３月末日（☞ p.136）だから、１月分の中間申告をしようとしても、１月31日現在では、前年の消費税額が確定していないのである。

　　　この事態に対応するため、１か月ごとに中間申告をする場合の基準となる確定税額と申告期限には、以下の例外が設けられている（42Ⅰ柱書本文最後の括弧書、42Ⅰ①イ、租特令46の２Ⅰ前段）。

■１か月ごとの中間申告の確定税額と申告期限の例外
・個人事業主の場合　　１月分、２月分、３月分の中間申告
　　　　　　　　　　　　３月末日の確定税額を基準とし、５月31日が申告期限
・法人の場合　　　　　事業年度開始後１か月目と２か月目の分の中間申告
　　　　　　　　　　　　事業年度開始後２か月目の末日の確定税額を基準とし、事業年度開始後４か月目の末日が申告期限

---

2. 確定申告と納付

Examples 2-10

　次の①〜④について、誤りを指摘しなさい。
①販売した商品について消費税法の定める課税標準額を計算する際は、それらの商品の税抜価格を合計する。
②申告書に記載する仕入税額控除の金額には、一括比例配分方式を用いて計算した税額は含まれない。
③消費税の法定申告期限は課税期間終了の日の翌日から2か月であるから、課税期間を短縮していない個人事業者については、2月28日が法定申告期限となる。
④課税期間を短縮していない法人の消費税の法定申告期限は、法人税と同じく、事業年度終了日から3か月以内である。

Lecture

（1）消費税の確定手続き

　色々な税は法律の要件を満たせば発生（成立）しますが、その税が発生した後に、納税義務者が国に納付できるように、または、国が納税義務者に請求できるように、具体的な金額を決める必要があります。これを税額の確定といい、その手続きを（税額）確定手続きと呼びます。

　消費税は、申告納税方式と呼ばれる確定手続きで税額が確定します。これは、納税義務者が納税申告書（以下では、単に「申告書」と呼びます）を提出することによって税額が確定することを原則とする税額確定の方式です（税通16Ⅰ①）。そのため、事業者は、納税（納付）に先立って、申告書の提出が義務付けられています（45Ⅰ柱書本文。厳密にいうと、国内において課税資産の譲渡等をしておらず、かつ、納付すべき消費税額もない課税期間については、申告義務がありません。45Ⅰ柱書但書）。

> 45条1項　事業者（……）は、課税期間ごとに、当該課税期間の末日の翌日から2月以内に、次に掲げる事項を記載した申告書を税務署長に提出しなければならない。

　提出義務がある申告書を提出しないと、無申告加算税（税通66）というペナル

ティが課され、納付すべき税額が原則として15%割増になるので、注意が必要です。

　すでに説明した中間申告（42）も申告の一種で、それにより納付すべき税額が確定する効果をもっていました。以下では、1つの課税期間の消費税額を決める確定申告について、重要な点を説明します（☞人の死亡と消費税の確定申告・p.138）。

（2）課税標準額と消費税額
（ⅰ）端数処理の問題

　消費税の確定申告に記載する事項の最初の2つは、45条1項に以下のように定められています（45Ⅰ①②）。

> 1号　その課税期間中に国内において行つた課税資産の譲渡等（……）に係る課税標準である金額の合計額……（次号において「課税標準額」という。）
> 2号　課税標準額に対する消費税額

この規定には、驚愕の事実が隠されています。次の *Case* をみてください。

Case 2-12
　この *Case* では、消費税率を10%と考える。
　事業者Aは、商品αを1個108円（税込み）で販売している。これは、本体価格99円に、税額相当額の9.9円を加えた108.9円で売るべきところ、1円未満の端数を切り捨てて値付けしているものである。
　ある課税期間にαが100個売れたとき、45条1項2号の税額はいくらか。その結果は、Aの思惑と同じか、異なるか。

Analysis 2-12
　課税標準である金額（28）とは税抜きの金額であるから（☞p.87）、αを1個販売したときの課税標準である金額は、99円である。これが100個売れたから、課税標準である金額の合計額は9900円（＝99円×100個）である。これが1号で「課税標準額」と呼ばれている。
　消費税率を10%と考えているから、2号の「課税標準額」は、以下のように計算される。
　9900円×10%＝990円
　これに対して、Aは、αを1個売るごとに、9円の消費税額相当額を対価に含めているから、αが100個売れたときの消費税額は、Aの想定では900円（＝9円×

> 100 個）である。したがって、45 条 1 項 2 号の金額には 90 円不足する。

たかが 90 円といわないでください。α が人気商品で、ある課税期間中に 1 億個売れたら、A の想定とのズレは 9000 万円に達します。また、α の値付けの際に小数点以下を切り捨てるのではなく、四捨五入したとしても、やはり当初の見込みと実際の納税額は一致しません。これはどのように考えればよいのでしょうか。

（ii）法律の組立て

1 年を単位としてある年の終わりに納税義務が発生する所得税（税通15Ⅱ①）とは異なり、消費税は資産の譲渡等の時に成立する（税通15Ⅱ⑦）とされています。

> **国税通則法**
> 15 条 2 項　納税義務は、次の各号に掲げる国税（……）については、当該各号に定める時（……）に成立する。
> 1 号　所得税（……）　暦年の終了の時
> 7 号　消費税等　課税資産の譲渡等……をした時……

このことを前提に、消費税法は消費税の課税標準を「課税資産の譲渡等の対価の額」（28Ⅰ）と定めていたわけです。これによると、資産の譲渡等をするごとに、その対価を課税標準とする消費税の納税義務が成立することになります。

他方で、消費税は課税期間を単位として申告が義務付けられ、税額が確定されます。このことと消費税の納税義務の成立時期とを合わせてみると、商品を売ったら、売るごとに消費税の納税義務が成立していて、課税期間中は、それが積み上がっていくイメージといえるでしょう。これに対応して、45 条 1 項 1 号は、課税期間の課税標準の金額の合計額を「課税標準額」とわざわざ言い直して、申告すべき消費税額の計算の基礎としているわけです。

このように、納税申告書に「課税標準額」を記載する場合について、国税通則法は申告書の記載事項として、以下の定めを置いています。

> **国税通則法**
> 2 条 6 号イ　課税標準（国税に関する法律に課税標準額……の定めがある国税については、課税標準額……）

この規定からは、28条が課税標準について定めているとしても、納税申告書の記載事項として、「国税に関する法律」である消費税法が別に「課税標準額」を定めることは、租税法の仕組みにおいて認められていることがわかります。そして、そのような定めが置かれれば、税額はその課税標準額を基礎として算出されることになるわけです。

このことを、次のように判示した裁判例があります。

> ■東京高判 H.12・3・30
> 「消費税の原則的な課税標準は個々の課税資産の譲渡等の対価の額であるとしても、課税期間ごとにこれを算定すべきものであって、〔消費税〕法45条1項は、確定申告書の記載事項に関する規定の形式をとって、課税期間における課税資産の譲渡等の対価の合計額をもって課税標準額とする旨を規定しているのである。」

(iii) 課税標準額と消費税額の計算方法

28条1項と45条1項1号との関係は何とか整理がつきましたが、*Case 2-12* のAについて、90円分（ひょっとしたら9000万円分？）納税額が予想と違うという問題は解決されていません。そこで、*Case 2-12* のAのような問題が生じるのを避けるため、課税標準額は、*Analysis 2-12* でやった、単純に商品の税抜きの対価を積み上げる（99円×100個＝9900円）のとは違う方法で計算されます。

まず、Aが売上高や仕入高に消費税等を含める、いわゆる税込みで会計処理を行なっていた場合には、Aの課税売上額に $\frac{100}{110}$ をかけた金額が課税標準額とされます。

次に、Aが売上高や仕入高に消費税等を含めない、いわゆる税抜きで会計処理を行なっていた場合には、Aの売上高に、別に計算している消費税等（仮受消費税等）を加えて、その合計額に $\frac{100}{110}$ をかけた金額が、課税標準額とされます。

つまり、常に税込みの売上高を計算し、それに $\frac{100}{110}$ をかけて本体価格（税抜価格）を計算する、という方法です。なお、どちらの場合も、$\frac{100}{110}$ をかけて得られた金額の1000円未満の部分は切り捨てます。実際に、この方法で計算してみましょう。

　ここで述べた、課税標準額（45Ⅰ①）に税率（29）をかけて消費税額（45Ⅰ②）を計算する方式は、総額課税方式と呼ばれています。

（ⅳ）決済ごと積上げ計算方式

　課税標準額を（ⅲ）のように計算することによっても、事業者が消費税額相当額として顧客から受け取った金額の合計額と納付税額の計算の基礎となる消費税額が異なるという問題は、完全には回避できません。この問題は、とくに、少額の取引を多数回行なう小売業者にとって大きな負担を引き起こします（売上高が何兆円にものぼる巨大なスーパーチェーンなどは、1 年間に何十億回も顧客に商品を売っているでしょう）。

　そこで、便宜上、次のような方法による消費税額の申告も認められてきました（この方法は、決済ごと積上げ計算方式と呼ばれます）。

■決済ごと積上げ計算方式
①取引ごとに、税抜きの対価の額の合計額に 10%（標準税率の場合）をかけて税額を計算し、その時点で 1 円未満の部分につき、端数処理をする（1 円単位にする）。
②本体価格と消費税等相当額を区分して代金を受け取る。
③①②で取引ごとに区分した消費税等相当額に $\frac{78}{100}$ をかけたものを 45 条 1 項 2 号の消費税額として申告する。

　Case 2-13 の B が、α を 1 個売るときに、「本体価格 99 円、消費税額 9 円」と明示して代金を受け取っていれば、この 9 円を基礎として申告する消費税額を計算することが認められることになります（読者の皆さんも、このように本体価格（税抜価格）と消費税額等が区分されたレシートを、コンビニエンスストアやスーパーマーケットで受け取った経験があると思います）。ただし、「単品ごと」に端数を処理するのではなく、「決済ごと」に処理するのですから、α を一度に 2 個買った顧客については、「本体価格 198 円、消費税額 19 円」となることには、注意が必要です。したがって、単純に、申告すべき税額が 900 円になるわけではありません（この例では、消費税率を 10% として計算しています）。

　なお、この便宜的な計算方法は、現時点では、令和 5（2023）年 9 月 30 日までの経過措置とされています（☞決済ごと積上げ計算方式の根拠規定・p.138）。

（3）控除される税額等

（ⅰ）仕入税額控除

　消費税の確定申告書には、仕入税額控除の金額も記載する必要があります（45Ⅰ③イ）。それはまあ、当然のことですが、この条文の読み方が、また、初学者泣かせなのです。45 条 1 項 3 号イに規定する 32 条 1 項 1 号に規定する「仕入れに係る消費税額」は、30 条 1 項に定める「当該課税期間中に国内において行つた課税仕入れに係る消費税額……の合計額」を意味しています。以下の条文の比較で確認してください。

45 条 1 項 3 号イ　第 32 条第 1 項第 1 号に規定する仕入れに係る消費税額
32 条 1 項 1 号　当該事業者の当該課税期間における第 30 条第 1 項の規定により控除される課税仕入れ等の税額の合計額（以下この章において「仕入れに係る消費税額」という。）の計算につき……

「えっ、それでは、30条2項の個別対応方式や一括比例配分方式で計算した仕入税額はどうなるの？」と心配になった読者もいるかもしれませんが、早とちりはよくありません。30条2項は、1項で控除する税額の計算方法が1項と異なる場合を規定していたので (☞ p.107)、控除することの根拠規定は、あくまでも30条1項なのです。

なお、本書では説明を割愛しましたが、売上対価を返還した場合や売掛債権が貸し倒れた場合の規定を適用する場合には、それに関する税額も記載する必要があります (45Ⅰ③ロ・ニ)。

(ⅱ) その他の記載事項

確定申告書には、これまで説明した事項のほか、45条1項2号の消費税額から仕入税額控除をした残額 (45Ⅰ④)、仕入税額控除額のほうが多額だった場合の不足額 (45Ⅰ⑤)、中間申告をした場合には、2号の消費税額から仕入税額控除をした残額から、さらに中間申告額を控除した残額 (45Ⅰ⑥)、中間申告額を控除しきれない場合の不足額 (45Ⅰ⑦)、をそれぞれ記載すべきことが定められていますが、説明は省略します。

(4) 確定申告書の提出期限

(ⅰ) 個人事業者の法定申告期限

消費税の確定申告の提出期限 (法定申告期限) は、原則として、課税期間の終了日の翌日から2か月以内と定められています (45Ⅰ柱書本文)。個人事業者の原則的な課税期間は暦年ですから、12月31日に終わり、その翌日である1月1日から2か月以内なら、毎年2月末日が法定申告期限となります。

しかし、個人事業主は、毎年、前年分の所得税の確定申告書を3月15日までに提出しなければなりません (所税120Ⅰ柱書括弧書)。そこで、原則どおりだと、2月末までに消費税の確定申告書を提出し、3月15日までに所得税の確定申告書を提出することになりますが、これでは忙しすぎますし、所得税の申告の内容を参照して消費税の申告を行なうことができません。

そのため、個人事業者の、12月31日を含む課税期間については、消費税の申告期限が3月31日と定められています (租特86の4Ⅰ、☞課税期間の短縮と法定申告期限・p.138)。これに応じて、個人事業者が1か月ごとの中間申告をする場合の、1月、2月、3月分の中間申告の基準となる確定税額と申告期限が、

例外的に設けられているわけです（☞1か月ごとの中間申告の基準となる税額と申告期限・p.129）。

個人事業者の法定申告期限は、原則として3月31日

（ii）法人の法定申告期限

　法人の法定申告期限も、課税期間終了日の翌日から2か月以内です。課税期間である事業年度が1年である法人の場合、これは、法人税の原則的な申告期限と一致します（法税74I柱書）。

　ただし、法人税の申告期限は、納税者の届出により、1か月延長できます（法税75I柱書）。これは、ある年の4月1日から翌年3月31日までを事業年度とする法人（いわゆる3月決算法人）の場合、原則的な法定申告期限は5月31日ですが、多くの上場会社は6月末日近くに株主総会を開催して決算を確定させることに対応した規定です。

　そこで、法人税について法定申告期限の延長を選択した法人について考えると、5月31日までに消費税の確定申告をし、6月中に株主総会を開催して6月30日までに法人税の確定申告をすることになります。これは短い期間に納税者に大きな事務負担が生じて適当ではないように思われます。

　そのため、現行法においては、法人税について法定申告期限の延長を選択している法人の、事業年度終了の日を含む消費税の課税期間については、納税者の届出により、法人税と同じく、法定申告期限が1か月延長されます（45の2I）。

　具体的には、3月決算法人の場合、事業年度終了の日である3月31日を含む課税期間（前年4月1日からの課税期間）について、法定申告期限は6月30日となります（☞課税期間の短縮と法定申告期限・p.138）。

　この法定申告期限の延長の届出は、一度すると次年度以降も有効であり、取りやめるためには、その旨の届出を改めてする必要があります（45の2Ⅲ）。

・法人の法定申告期限は、原則として事業年度末から2か月以内
・法人税の法定申告期限を延長している法人が届出をすれば、同じように期限が1か月延長される

▶人の死亡と消費税の確定申告

消費税の申告書の提出義務を負う個人が死亡した場合には、相続人が確定申告義務を承継する（59）。その申告期限は、相続開始があったことを知った日の翌日から4か月以内である（45Ⅱ）。

45条では、個人事業者が1月1日から3月31日（法定申告期限）までの間に死亡した場合（45Ⅱ）と、個人事業者が課税期間途中に死亡し、その課税期間について申告義務を負う場合（45Ⅲ）に分けて規定が置かれている。

この場合の相続人は、相続を放棄しない限り、申告した消費税を納付する義務を負う。相続人が複数いる場合は、原則として、納付すべき税額を民法に定める法定相続分で按分して、各人の税額を計算する（税通5ⅠⅡ）。

▶決済ごと積上げ計算方式の根拠規定

Lecture（2）（ⅳ）〔p.134〕では、決済ごと積上げ計算方式の根拠規定を明示していない。これには、もちろんワケがある。

もともと、決済ごと積上げ計算方式は、例外的な税額計算方法として、大蔵省令（後に財務省令）である消費税法施行規則22条1項に規定されていた。この計算方式は、税抜価格を基礎とするものであったが、その後の消費税法の改正で事業者は「不特定かつ多数の者に課税資産の譲渡等を行う場合」に税込価格の表示を行なうこととされ、いわゆる総額表示が義務付けられた（63）ため、税抜表示を前提としていたこの規定は削除された。

しかし、この規定による税額計算の必要性が大きいことに変わりはないため、上記の施行規則22条1項を削除した際の附則において期限を設けてその効力を延長した。その後、この附則を改正しながら適用期限を延長するなどし、現在では令和5年9月30日がその期限とされているのである。この根拠規定は、「平成15年財務省令92号附則2条3項」という。

重要性の高い消費税額の計算方法の例外規定が、このような形で設けられていることについては、租税法律主義（憲84）との関係も検討する必要があるように思われる。

▶課税期間の短縮と法定申告期限

（ⅰ）　個人事業主についても、法人についても、課税期間を短縮している場合は、延長される法定申告期限については注意が必要である。それは、延長されるのは個人の場合は、「12月31日の属する課税期間」（租特86の4Ⅰ）、法人の場合は、「事業年度終了の日の属する課税期間」（45の2Ⅰ）の法定申告期限だけだからである。

（ⅱ）　したがって、個人事業主が課税期間を3か月に短縮している場合は、暦年が3か月ごとに4つの課税期間に分けられるが、法定申告期限が3月31日となるのは、12

月31日を含む、「10月1日から12月31日まで」の課税期間だけである。そのほかの3つの課税期間については、原則どおり、課税期間終了の日の翌日から2か月以内に申告しなければならない。

　また、課税期間を1か月に短縮している場合には、12月分の消費税についてのみ、法定申告期限が3月31日となる。

（ⅲ）　法人の場合も、課税期間を3か月に短縮している3月決算法人の場合、1事業年度は、「4月1日から6月30日」、「7月1日から9月30日」「10月1日から12月31日」「1月1日から3月31日」の4つの課税期間に分かれるが、法定申告期限が延長されるのは、このうち、事業年度末の3月31日を含む、最後の課税期間のみであり、そのほかの3つの課税期間については、原則どおり、課税期間終了の日の翌日から2か月以内に申告しなければならない。課税期間を1か月に短縮している場合も、同様である。

▶法定申告期限の延長と利子税

　法人が法定申告期限の延長を受ける場合は、納付の期限も延長される。この期間については、借金の利子に相当する利子税（税通64）がかかる。現在、利子税の税率は市中金利を参考にして決められることとされており、令和4（2022）年中の利子税の税率は年0.9％である。詳細は、省略する。

▶地方消費税の申告と納付

　地方消費税（譲渡割）は、個人事業者の住所または法人の本店の所在する都道府県において課税される（地税72の78ⅠⅡ）。本来は、都道府県に申告することとされている（地税72の86、72の88）が、当分の間は、これを国が執行して税収を都道府県に分配することとされ、消費税と合わせて納税地（☞ p.121）の所轄税務署長に申告し（地税法附則9の5）、納付する（地税法附則9の6）。

　実務上、この申告書は、「消費税及び地方消費税の申告書」という1枚の様式とされている。

法律用語のコラム

【法律の条、項、号】
　法律の規定は、大雑把に言えば、一種の箇条書で書かれている。法律の条文の「条」は、その箇条書の単位である。1つの箇条書項目の中に段落を分けて規定したいときに分ける段落が「項」である。「第2条第3項」とは、ある法律の2つ目の箇条書項目の3つ目の段落であることを示している。
　これに対して、何らかの事項を列挙したいときは、「号」を用いる。資産の譲渡等が国内で行なわれたかどうかを判定する規定（4Ⅲ）においては、その取引が「資産

の譲渡又は貸付けである場合」、「役務の提供である場合」、「電気通信利用役務の提供である場合」の３つのパターンに分けて列挙し、内容を規定したいので、この規定では、これらの３つが１号から３号までに列挙されている（4Ⅱ①〜③）。

このように、「項」と「号」は役割が違うので、「条」の下に「項」なしに「号」が並べられることもある（段落が１つしかない箇条書項目の中で、何かを列挙する場合である）。

なお、号の中で、さらに列挙したいときは、イ、ロ、ハ、を用いる。調整対象固定資産の範囲を定める施行令の規定（令5）では、号として11項目が列挙されているところ、そのうちの１つの「次に掲げる無形固定資産」（令5⑧）の号の下に、イからソまでの18項目が列挙されている（イ、ロ、ハなどの中でさらに列挙するときは、(1)(2)を用いる。令12Ⅱ②イ、令27Ⅰ①ロ参照）。　　　　　　　　　　　　(H.S.)

Key Points 2 - Ⅲ

❶国内取引にかかる消費税は課税期間ごとに計算する。原則的な課税期間は、個人事業主が暦年、法人が事業年度である。ただし、事業者の選択により、１か月、または、３か月の課税期間とすることもできる。

❷直前の課税期間に一定以上の確定消費税額がある場合には、中間申告と納付が義務付けられる。中間申告は、顧客が負担した消費税額相当額が、あまり長い間事業者の手もとに止まらないようにするための制度である。

❸成立した納税義務を履行できるようにするためには、税額の確定が必要である。消費税額は、原則として、納税義務者の申告により確定する。

❹確定申告書には、課税標準額とその課税標準額に対する消費税額を記載する必要がある。この課税標準額は、課税売上額に $\frac{100}{110}$ をかけて計算する。課税標準額に消費税率をかけて消費税額を計算する方法を、総額課税方式と呼ぶ。

❺確定申告書には、仕入税額控除額や中間申告額なども記載する必要がある。

❻消費税の申告期限は、課税期間終了日の翌日から２か月以内である。ただし、暦年を課税期間とする個人事業者の法定申告期限は３月31日であり、要件を満たして届出を出した法人の事業年度末日を含む課税期間の申告期限は、１か月延長される。

❼地方消費税についての申告、納付は、当分の間、消費税と合わせて行なうこととされている。

Chapter

3

国境を越える取引と
消費税

消費税の課税対象は、①「国内において事業者が行つた課税資産の譲渡等」、②「保税地域から引き取られる外国貨物」、および、③「特定仕入れ」の３つです。**Chapter 2** では、このうち、もっとも基本となる①の課税関係について説明しました。事業者が納税義務者であること、課税標準額に対する消費税額から仕入税額控除をして納付税額を計算すること、がその骨格です。

　この **Chapter 3** では、国境を越える取引に関する、残りの２つの課税関係について説明します。

　最初に、モノの国際的な取引についての基本的な考え方を理解してください（I 1.）。その後、その基本的な考え方を、消費税法ではどのように具体的な制度として実現しているかを、輸入取引（I 2.）と輸出取引（I 3.）に分けて説明します。

　最後に、近年ますます増加しているデジタル役務の提供についての課税関係を概観することにしましょう（II）。

　Chapter 2 で説明した国内取引にかかる制度との違いに気をつけながら、読み進めてください。

Ⅰ　輸入取引と輸出取引

1. 基本的な考え方

Examples 3-1

①国境を越える取引について、送り出した側と受け入れた側の両方の国で消費税を課税することの問題点を指摘しなさい。

②源泉地主義の問題点を指摘しなさい。

③国境を越える取引において、仕向地主義が競争条件をゆがめない理由を説明しなさい。

Lecture

（1）問題の所在

　国境を越えて資産やサービスが取り引きされる場合には、それらの取引にどちらの国が課税すべきか、すなわち、資産などを送り出した国が課税するのか、それとも、それを受け入れた国が課税するのか、という基本的な問題が生じます。ここでは、日本と同じつくりの消費税の制度をもっている A 国（税率 10%）と B 国（税率 20%）との間の資産の譲渡を考えてみましょう。

　A 国の事業者 P が B 国の事業者 Q に税抜価格 100 の資産 α を譲渡する事例を考えます。

　この場合、A 国と B 国のどちらがこの取引に課税するかについては、単純に考えて次の 4 つのパターンがあり得ます。

　（ア）A 国と B 国の両方で課税する。

　（イ）A 国も B 国も課税しない。

（ウ）A国のみが課税する。

（エ）B国のみが課税する。

　まず、（ア）のやり方を検討してみます。（ア）ではA国がαに課税しますので、PからQに売るときのαの価格は110（＝100＋100×10％）です。Qがこれに自分の利益20を乗せてB国内の顧客にαを売るとすると、Qの税抜きの販売価格は130になります。そしてその取引にはB国が課税しますので、その価格は156（＝130＋130×20％）です（PからQへの取引にB国は課税していませんから、仕入税額控除はなく、26（＝130×20％）の消費税を納税する必要があります）。

　しかし、Qの競争相手のRがB国内で生産されたαを税抜価格100（税込価格120）で仕入れた場合は、下の計算のとおり、144（＝120＋120×20％）の価格で売れば、20の利益を確保できます。

> お金の動き　144－120＝24
> 消費税　　　120×20％－100×20％＝4
> 手もとのお金24から4の消費税を納税すると20残る。

　ここで、同じαを買うときに、お客さんは、Qのお店で156で買うか、Rのお店で144で買うかを考えると、通常は、値段の安いRのお店で買うことになるでしょう。

　以上の検討からわかったことは、A国とB国の両方で課税すると、輸入されるαは国内産（B国産）のαよりも値段が高くなって競争上不利だ、ということです。このように競争条件をゆがめる課税は避けるべきだと考えられます。

　同様に、（イ）も競争条件をゆがめます。上の例のQは、A国でもB国でも課税されないαを120（＝100（税抜価格）＋20（利益））で売ることができるのに、B国内で課税されるRは、上の計算どおり、144の値段をつける必要があるからです。

　このように考えると、競争条件をゆがめないためには、PQ間の取引には、A国かB国かどちらか一方だけが課税すべきだ、ということになります。

（2）源泉地主義

　次に、（1）（ウ）の方法を検討します。（ウ）の方法は、もともと商品があったところ（源泉地）で課税が行なわれるため、源泉地主義と呼ばれます（資産

の取引の場合を念頭に置いて、「原産地主義」と呼ばれることもあります）。

　源泉地主義の下で**(1)**と同じPQ間の取引の事例で考えると、下の計算のとおり、Qは130でαを売れば、20の利益が確保できます。

100（税抜価格）＋10（A国の消費税＝100×10％）＋20（利益）＝130

　しかし、B国内でαを仕入れたRが20の利益を確保するためには、**(1)**で計算したとおり、144の値段をつける必要がありますから、Rは競争上、不利です。

　逆に、Qが税抜価格100のβをPに売る場合を考えます。

　Pがβを売って20の利益を確保するためには、下の計算のように、140の価格でβを売る必要があります。

100（税抜価格）＋20（B国の消費税＝100×20％）＋20（利益）＝140

　これに対して、国内産（A国産）のβを税抜価格100で仕入れたPの競争相手Tは、132の価格でβを売ることができます。

お金の動き　　132－110＝22
消費税　　　　120×10％－100×10％＝2
手もとのお金22から2の消費税を納税すると20残る。

　αの取引についても、βの取引についても、B国産の商品はA国産の商品よりも、競争上不利になることがわかりました。これはBの消費税率がA国の消費税率よりも高いことが原因です。

　このように、源泉地主義の下では、一般に、低税率国の商品が競争上有利であることになり、競争条件をゆがめるという欠点があります。

　また、かりにA国の消費税率もB国の消費税率も10％で同じだったとしても、PはQに対して1年間にαを5000個販売し、QはPに対して1年間にβ

を 1 万個販売した場合には、やはり困ったことが生じます。それは、αに対する A 国の課税は 50000（＝100×5000×10%）の税収を上げるにとどまるのに対し、βに対する B 国の課税は 100000（＝100×10000×10%）にも及ぶからです。つまり、源泉地主義の下では、輸入が多い国の税収が減り、輸出が多い国の税収が増えることになります。このように、輸出入が不均衡な国の間では、源泉地主義によると税収も不均衡になります。これも源泉地主義の欠点です。

以上の 2 つの欠点があることに照らすと、（ウ）のやり方である源泉地主義は採用しにくいと思われます。

（3）仕向地主義
（i）内容

最後に、(1)（エ）のやり方を検討しましょう。（エ）の考え方によると、商品は売られて行った先、すなわち仕向地において課税されるので、この考え方は仕向地主義と呼ばれます。

仕向地主義の下では、P から Q への取引には A 国が課税しないため、Q は税抜価格 100 でαを仕入れ、B 国の 20％の税率で課税されて R と同様に 144 の価格でαを売ることができます。

また、Q から P への取引には B 国が課税しないため、P は税抜価格 100 でβを仕入れ、A 国の 10％の税率で課税されて、T と同様に 132 の価格でβを売ることができます。

このように、仕向地主義による課税は、外国産の商品に国内産の商品と同じ課税をすることになるため、競争条件をゆがめません。

また、それぞれの国が国内で行なわれる取引にだけ課税するため、輸出された商品には課税できないが輸入された商品に課税することができます。このことは、自国内で消費される商品に課税するという考え方（消費地主義）に従えば当たり前のことなので、とくに税収の移転があるとは考えられません。

以上に述べたところからわかるように、国際的な取引に対する消費税の課税は、仕向地主義によるべきだと考えられます。

（ii）仕向地主義のポイント

仕向地主義は、商品を受け入れた国だけが消費税を課税する、という考え方ですから、これを実現するためには、2 つのポイントが重要です。第 1 に、

外国から自国に入ってくるものに対しては、国内取引と同じ課税をする必要があります。第2に、外国に出て行くものについては、自国の消費税負担を完全に排除する必要があります。

　以下では、仕向地主義を採用しているわが国の消費税法において、第1の点がどうなっているか（**2.**）、また、第2の点をどのようにして実現しているか（**3.**）について、それぞれ制度の概要を説明します。

> ・国境を越える取引に対する消費税は仕向地主義によって課税すべき
> ・仕向地主義のポイントは2つ
> 　①外国から入ってくるものには、国内取引と同じ課税をする
> 　②自国から出て行くものからは、自国の消費税を完全に排除する

Next Step

▶消費地主義

　国内取引に関する消費税について考えるときには問題にならないが、国境を越える取引に対する消費税の課税を考える際には、ある国は、地域的にどの範囲まで消費（ないし消費のための支出）に課税してよいのか、という問題が浮上してくる。

　この点について、ある国は国内においてなされる消費についてのみ課税しうると考える考え方を消費地主義と呼ぶ。消費地主義は、日本の消費税法においても、重要な原則と考えられている（☞ p.8 ）。

　消費地主義を前提に考えて初めて、源泉地主義の下では税収の移転が起こるが（相互に国外における消費に課税した結果となるから、輸出超過国が輸入超過国内の消費への課税で比較的に多くの税収を上げる）、仕向地主義の下では税収の移転が起こらない（それぞれの国が自国内の消費について課税しているから）、という説明が成り立つといえよう。

2. 輸入時の課税

Examples 3-2

　次の①〜⑤の誤りを指摘しなさい。
①輸入取引は外国からの買物だから、日本の消費税は課税されない。
②課税貨物を保税地域から引き取る者が事業者である場合に限って、その引き取り

に対して消費税が課税される。

③課税貨物の保税地域からの引き取りにかかる消費税の課税標準は、その課税貨物に対する支払対価の額に関税額と個別消費税額を加算したものである。

④事業者が課税貨物の保税地域からの引き取りにかかる消費税を納付した場合には、国内取引と同じく、課税価格の110分の7.8が仕入れにかかる消費税額とされる。

⑤事業者が課税貨物の保税地域からの引き取りにかかる消費税を課税される場合には、国内取引にかかる申告と同様に、課税期間ごとに申告し、納付することが義務付けられている。

Lecture

(1) 納税義務者と課税対象

(i) 関税法の流用

輸入される資産に対する消費税の納税義務者と課税対象は、以下のように定められています。

> 4条2項　保税地域から引き取られる外国貨物には、この法律により、消費税を課する。
> 5条2項　外国貨物を保税地域から引き取る者は、課税貨物につき、この法律により、消費税を納める義務がある。

さっそく、聞き慣れない用語が登場しました。「保税地域」と「外国貨物」です。これらは、消費税法において、次のように定義されています。

> 2条1項2号　保税地域
> 　　関税法（……）第29条（……）に規定する保税地域をいう。
> 2条1項10号　外国貨物
> 　　関税法第2条第1項第3号（定義）に規定する外国貨物（……）をいう。

定義が関税法に丸投げなので、関税法をみてみましょう。まず、外国貨物です。

> 関税法
> 2条1項3号　「外国貨物」とは、輸出の許可を受けた貨物及び外国から本邦〔日本〕に到着した貨物（……）で輸入が許可される前のものをいう。

日本への貨物の輸出入には、許可が必要です（関税67）。上記の規定はこのことを前提として、「輸出の許可を受けたが、まだ国内にあるもの」と、「外国から到着したが、まだ輸入の許可を受けていないもの」の2つが「外国貨物」と呼ばれるとした規定です。今は輸入に関する課税を考えていますので、後者の「外国から到着したが、まだ輸入の許可を受けていないもの」のほうをイメージしてください。

　この外国貨物の定義を前提としたのが、次の保税地域の規定です。

> 関税法
> （保税地域の種類）
> 29条　保税地域は、指定保税地域、保税蔵置場、保税工場、保税展示場及び総
> 　　　合保税地域の5種とする。
> （外国貨物を置く場所の制限）
> 30条　外国貨物は、保税地域以外の場所に置くことができない。

　消費税法は関税法29条を引用していましたが（2I②）、保税地域が何かを理解するには、関税法30条の規定のほうがわかりやすいと思います。外国から日本に到着した貨物は、まず、保税地域と呼ばれる場所に置かれます。そして、原則として、その状態で輸入の許可を受けて、はじめて、税関を通り保税地域外の国内に持ち込むことができるわけです。

　このように、輸入に関する消費税法の規定は、基本的に関税法のつくりを借りて定められています。それは、モノの輸入については、「税関」という名の税の関所があり、その関所を通らずに外国から日本にモノを持ち込んではいけないというルールがあって、消費税の課税はそのルールを前提に作られていることを意味します。このことは、税関を通らない「サービスの輸入」を考えるときに、きわめて重要な意味をもってきます（☞消費税における税関の重要性・p.171）。

（ii）課税の対象

　消費税法に戻ると、「保税地域から引き取られる外国貨物」に消費税が課税されると規定されています（4Ⅱ）。保税地域からの引き取りとは、前述した輸入の許可を受けて税関を通って保税地域以外の国内に貨物を持ってくることをいいます。税関を通る際には関税を納付しますが、それと一緒に消費税も納付し

てもらおう、というのが消費税法のつくりです（☞ p.153）。

　密輸ではない適法な貿易を前提とすると、すべての貨物は保税地域から引き取られて国内に持ち込まれますので、この課税物件の定め方によって、原則として、日本に輸入されるすべてのモノが消費税の課税対象とされていることがわかります。ここで、「事業として」、「対価を得て行われる」という、国内取引の課税対象となるための要件（☞ p.60、63）が定められていないことを確認しておきましょう（「対価を得て行われる」という要件がないことについては、☞無償による輸入・p.155）。

　ただし、一定の例外があります。それは、納税義務者に関する規定をみると、「課税貨物につき……消費税を納める義務がある」とされているところからわかります。課税貨物の定義は、次のとおりです。条文に出てくる6条2項と合わせて、示しておきます。

> **2条1項11号　課税貨物**
> 　保税地域から引き取られる外国貨物（……）のうち、第6条第2項の規定により消費税を課さないこととされるもの以外のものをいう。
> **6条2項**　保税地域から引き取られる外国貨物のうち、別表第二に掲げるものには、消費税を課さない。

別表第二には、以下の7つが掲げられています。

> **■非課税とされる外国貨物**（別表第二）
> ①有価証券等／②郵便切手類／③印紙／④証紙／⑤物品切手等／
> ⑥身体障害者用物品／⑦教科用図書

　これらは、国内取引における非課税取引に登場したもの（☞ p.76）の一部（別表第一②④⑩⑫）に該当します。土地の輸入などはあり得ませんから、1号が除かれていますし、関税法は貨物についてのみの制度であり、サービスの輸入という概念はないので、非課税となる役務の提供についても、対応する規定が別表第二に置かれていないわけです。

　これらの狭い例外を除くと、外国貨物（課税貨物）の保税地域からの引き取りは、すべて消費税の課税対象となります。

(iii) 納税義務者

輸入取引における消費税の納税義務者は、「外国貨物を保税地域から引き取る者」（5Ⅱ）です。「事業者」という国内取引について定められていた納税義務者の要件（☞ p.51）はありません。このことと、課税の対象に「事業として」という要件がないことを合わせると、事業者ではないサラリーパーソンが、趣味のために外国のお店に注文した商品についても、納税義務が発生することがわかります。現在では、インターネットを通じて、外国のお店から商品を買う機会も増えているので、この課税対象と納税義務者の規定は、ますます重要性が高まっているといえます。

納税義務者に制限がないため、課税貨物の引き取りには、すべて消費税が課税されます。このように輸入者が無制限に納税義務者とされているのは、税関が存在しているからです。繰り返しになりますが、適法に輸入されるすべての貨物が税関を通るので、納税義務者を事業者などに限定しなくても、輸入取引にかかる消費税の執行が可能になっているのです。

(2) 課税標準と税率等
(i) 課税標準

保税地域から引き取られる課税貨物に対する消費税の課税標準は、関税の課税価格（関税価格）に、課税される関税額、および、課税される個別消費税（酒税など）の額を加えたものです（28Ⅳ）。

> **輸入にかかる消費税の課税標準**
> **＝関税価格＋関税額＋個別消費税額税の課税標準**

関税の課税価格は、輸入者が支払う対価の額と一致するとは限りません。これは、輸入取引においては、日本までの輸送料や保険料を輸入者が負担するか輸出者が負担するかなど、取引条件がケース・バイ・ケースですから、「同じ価値」の輸入品に同じ税負担を求めるために、輸入者が負担していなくても、輸送料や保険料など、一定の範囲の費用を一律に関税価格に含める計算方法が採用されているからです（これにより、輸送料や保険料を輸入者が負担していてもいなくても、課税の対象となる価格が同じになります）。具体的には、関税定率法4条から4条の9までに詳細に定められています。

輸入取引にかかる消費税を税関を使って執行する上での便宜と、輸入されるモノの経済的価値を一律に測ることが公平と考えられることから、消費税法も関税価格を基礎として課税標準を計算することとしています（国内取引との比較については、☞無償による輸入・p.155）。また、関税額と酒税などの個別消費税額を加えることで、国内取引との公平性が保たれます。

（ii）税率と地方消費税

保税地域から引き取られる課税貨物に対する消費税の税率は、国内取引の場合と同じ割合で、7.8％です（29）。消費税額を課税標準として78分の22の割合で地方消費税が課税されること（地税72の83）も、国内取引と同様ですが、国内取引にかかる地方消費税が譲渡割と呼ばれていたのに対して、課税貨物にかかる地方消費税は貨物割と呼ばれています。

（3）仕入税額控除

事業者が課税貨物を保税地域から引き取って消費税を納付した場合、その取引の実質は国内における課税仕入れと同じですから、その事業者の仕入税額控除額の計算上、仕入れにかかる税額を控除することができます。控除する課税期間は、原則として、貨物を引き取った日の属する課税期間です（30Ⅰ③）。

ただし、課税仕入額の計算方法が国内取引の場合と違うので、注意が必要です。関係する条文を書き抜いてみます。

> 30条1項　事業者（……）が、……保税地域から引き取る課税貨物については……課税標準額に対する消費税額（……）から……当該課税期間における保税地域からの引取りに係る課税貨物（他の法律又は条約の規定により消費税が免除されるものを除く。……）につき課された又は課されるべき消費税額（……）の合計額を控除する。

国内取引における課税仕入れにかかる消費税額は、支払対価の額に110分の7.8をかけて税額部分を抜き出す計算をしましたが（☞p.101）、下線部に注意して条文を読めばわかるように、課税貨物にかかる消費税額は実際に納付した消費税額そのものです。

この両者の違いは、次のように考えることができます。国内取引における課税仕入れは税込みで行なわれ、消費税額相当額が支払対価に含まれているの

で、「税額部分」を抜き出す計算が必要でした。これに対して、保税地域からの引き取りにかかる消費税は、引き取った事業者自身がまさに税として負担した（または、負担すべき）ものですから、その金額（税額）をストレートに仕入税額控除の対象とすればよいわけです。

　課税仕入れにかかる消費税額の計算方法を除けば、保税地域からの引き取りにかかる消費税額の仕入税額控除は、国内取引における課税仕入れの場合と同じ方法で行ないます（☞ p.102、106）。

(4) 申告と納付・徴収

　国内取引にかかる消費税の確定申告と税額の納付は、課税期間ごとに行なうこととされていました（☞ p.130）。保税地域からの課税貨物の引き取りにかかる消費税は、それとは異なり、原則として引き取りごとに申告し、納付します。法には、2つの場合が規定されています。

　まず、輸入された外国貨物にかかる関税が、原則的な申告納税方式（☞ p.130）によって確定される場合（関税6の2I①）には、消費税についても引き取りの時に税関長に対して申告し、税額を納付しなければなりません（47、50I）。申告する内容は、以下のとおりです（47I①〜③）。

> ■課税貨物の保税地域からの引き取りの時の申告内容
> ・引き取る課税貨物の品名ならびに品名ごとの数量および課税標準である金額（課税標準額）
> ・課税標準額に対する消費税額および当該消費税額の合計額
> ・その他財務省令で定める事項

　その他の事項としては、申告者の氏名・名称、住所・事務所等の所在地、保税地域の所在地、課税貨物の仕出国名（その貨物を日本に送った国の名前）などが定められています（規24I）。

　次に、関税については、例外的に賦課課税方式によって税額が確定する場合があります。賦課課税方式とは、税務署長や税関長などが賦課処分を行なうことによって税額が確定する方式（税通16I②）です。関税法によると、入国者の携帯品や一定の郵便物などに関税を課税する場合に、賦課課税方式が用いられます（関税6の2I②）。

　賦課課税方式で税額が確定される場面では、税額を確定させる効力をもつ

申告書の提出は不要ですが、税関長が賦課処分により税額を確定する際の資料になる、課税標準申告書を提出する必要があります（47Ⅱ）。もっとも、入国者の携帯品については、課税標準申告書を提出させる代わりに、申告書の内容にあたる事項を口頭で申告させることができるとされています（輸徴6Ⅲ）。

賦課課税方式による場合の消費税は、課税貨物の引き取り時に税関長が税額を徴収します（50Ⅱ）。

課税貨物の保税地域からの引き取りごとに申告し、納付するので、中間申告の制度はありません。

また、課税貨物の引き取りにかかる地方消費税貨物割も、消費税と同じ手続きで申告・納付されます（地税72の100、72の103）。

Next Step

▶輸入取引と消費地主義

課税貨物の輸入に国内取引と同じように消費税を課税することは、仕向地主義のポイントである（☞ p.147）。それと同時に、輸入された貨物は、その後国内で国内資産と同様に流通し、消費されるという点に着目すると、この課税は、消費地主義によって説明することができる。

言い方を変えると、貨物の輸入に国内取引と同様の消費税を課税することは、輸入された貨物と国内産の資産について競争条件を同じにし、かつ、課税の公平を維持するために必要なことなのである。

▶保税地域からのみなし引き取り

保税地域から引き取られた外国貨物に消費税を課税することとのバランス上、外国貨物が保税地域において消費または使用された場合は、保税地域からの引き取りとみなして消費税の課税対象とされる（4Ⅵ本文）。外国貨物である食料品を保税地域で食べてしまった場合などがその例である。

ただし、保税地域で外国貨物が課税貨物を作る原料や材料として使用された場合は、このみなし引き取りとはならない（4Ⅵ但書）。その外国貨物を原料・材料とした課税貨物が、後に保税地域から引き取られる際に、課税の対象とすればよいからである。

▶輸入取引の課税対象

国内取引に関する消費税の課税対象は、「資産の譲渡等」という「取引」である（☞ p.57）。これに対して、輸入取引の課税対象は、保税地域から引き取られる「外国貨物」であって、保税地域からの外国貨物の「引き取り」ではない。

この両者は、微妙に平仄が合わない印象を与える。この点は、保税地域からの外国貨物の「引き取り」自体は事実上の行為であり、**Lecture** で述べたように（☞ p.151）、この場合の消費税の課税標準を外国貨物の関税価格（関税定率法による価格）とすることとの整合性を保つために、「外国貨物」が消費税の課税対象とされているのだと解しておきたい。

ただし、仕入税額控除を行なう課税期間の決定などには、「引き取りの日」が用いられており（☞ p.152）、その限りでは、国内取引における「取引」と外国貨物に関する「引き取り」は、同じように扱われているとみることも可能である。

▶無償による輸入

Lecture で述べたとおり（☞ p.151）、外国貨物の課税標準は、輸入者が支払った対価ではなく、関税定率法を適用して算出された関税の課税価格（関税価格）である。したがって、かりに外国にいる人からのプレゼントとして無償で送られてきたモノであったとしても、それを保税地域から引き取る際の消費税の課税標準は、そのモノの関税の課税価格であって、0円ではない。

この点は、消費税の、消費のための支出に担税力を見いだす税との性格（☞ p.64）から離れているようにも思われる。国内における、外国貨物の消費と国産の資産の消費との中立性を保つための課税（仕向地主義の第1のポイント、☞ p.147）という趣旨から説明されることになろう。

▶輸入取引にかかる消費税の免税

輸入取引に関する消費税の申告についての規定には、「他の法律又は条約の規定により当該引取りに係る消費税を免除されるべき場合を除き」という留保が付けられている（47 I II）。これに関連して、関税定率法が定める関税の免税物品（関税定率14〜16）については、輸入品内国消費税徴収法の規定（輸徴13）により、消費税も免税とされている場合がある。入国者の携帯品（関税定率14⑦、輸徴13 I①）、外国からの引越荷物（関税定率14⑧、輸徴13 I①）、課税価格が1万円以下の物品（関税定率14⑱、輸徴13 I①。ただし、米や砂糖などの例外がある、関税定率令16の3参照）などが、その例である。

これはかなり長いリストであり、本書では詳細を割愛するが、輸入取引の実務に携わる際には、きちんと内容を理解する必要がある。

▶輸入取引にかかる消費税の申告のタイミング

Lecture では単純に、課税貨物を保税地域から引き取る時に申告と納付が必要であると説明した。これは、そのタイミングで関税の申告と納付をする場合についての説明で、これが原則ではある。ただし、継続的に同種の貨物を輸入する事業者などについては、関税法上、申告の特例（特例申告、関税7の2）の制度があり、この制度を利用する場合には、消費税の申告のタイミングも関税の特例申告と同じとされる。輸入業者などにとっては重要な例外だが、関税法上の制度であるため、本書では説明を割愛する。

3. 輸出免税

Examples 3-3

　次の①〜④の誤りを指摘しなさい。
①輸出免税とは、輸出取引を非課税取引とする制度である。
②輸出免税を実現するために、輸出取引は課税資産の譲渡等として扱われ、税率0％で課税関係を決定することとされている。
③輸出免税は特別な制度であるから、その対象は厳密に輸出取引に限定されている。
④輸出免税で消費税額が還付される場合、輸出取引ごとに還付額が決定される。

Lecture

(1) 基本的な考え方──非課税取引との違い

　仕向地主義による国際取引への課税の2つ目のポイントは、「自国から出て行くものから、自国の消費税を完全に排除する」ことでした。「そんなことは簡単だ。輸出取引を非課税取引にすればよい」と考えた読者も多いでしょう。しかし、それでは、目的が達成されないのです。次の **Case** で確認しましょう。

Case 3-1

　事業者Pは、日本国内にある資産αをA国在住のQに譲渡する取引を行なった。αは、国内取引においては、1個110円（税込価格）で仕入れ、これに1個あたり20円の利益を乗せて販売価格を決めている。PのQへの譲渡が消費税の非課税取引にあたる場合、国内取引と同様に、α1個あたり20円の利益を確保するためには、Pはαを1個いくらでQに売るべきか（輸送料などはすべてQが負担するため、考慮しなくてよい）。

Analysis 3-1

　Qへの譲渡は非課税取引だから、その対価は消費税の課税標準に含まれない。他方で、非課税取引に用いるため、仕入時の消費税額相当額は仕入税額控除の対象とはならない。そのため、1個あたり20円の利益を確保するためには、PはQに対してαを1個130円（＝110円＋20円）で売る必要がある。

　Case 3-1 の結果をどう考えますか？　たしかにPからQへの譲渡には消費

税が課税されていませんが、1個130円のαの価格の中には、Pがαを仕入れた時に負担した消費税相当額（10円）が含まれています。これは日本の消費税の額ですから、このやり方では、日本の消費税負担を「完全に排除」することはできていません。

そこで、もう一度 **Analysis 3-1** の結果を見直すと、PからQへのαの譲渡を非課税にするだけではなく、この譲渡にかかる仕入税額控除をPに認める必要があることがわかります。以下で説明する輸出免税の制度は、この考え方を基礎として作られています。

> ■輸出免税制度の基本的な発想
> ・輸出取引には消費税を課さない
> ・輸出取引にかかる仕入税額控除を認める

(2) 輸出免税の仕組み

まず、消費税法は、輸出する取引にかかる消費税を免除し（7I）、消費税の申告において、その対価が課税標準額から除かれること（45I①括弧書）を定めています。

> 7条1項　事業者（……）が国内において行う課税資産の譲渡等のうち、次に掲げるものに該当するものについては、消費税を免除する。
> 　　1号　本邦からの輸出として行われる資産の譲渡又は貸付け
> 　　〔2号以下、省略〕
> 45条1項　事業者（……）は、課税期間ごとに……次に掲げる事項を記載した申告書を税務署長に提出しなければならない。〔但書省略〕
> 　　1号　その課税期間中に国内において行つた課税資産の譲渡等（第7条第1項……の規定により消費税が免除されるものを除く。）に係る課税標準である金額……の合計額（次号において「課税標準額」という。）
> 　　2号　課税標準額に対する消費税額

他方で、資産の譲渡等（2I⑧）、課税資産の譲渡等（2I⑨）の文言を読み合わせると、課税資産の譲渡等とは、資産の譲渡等から6条1項に定める非課税取引を除いたものとされていました（☞ p.100）。

輸出取引は、国内にある資産を対価を得て外国の人や会社に譲渡する行為

ですから、事業として行なわれれば「資産の譲渡等」にあたる一方で、非課税取引ではありませんから、「課税資産の譲渡等」から除かれることはなく、結局、「課税資産の譲渡等」にあたります。そのため、仕入税額控除を計算する際の、課税売上高に含まれますし、課税売上割合を計算するときの計算式の分子（☞ p.108）にも含まれます。つまり、輸出取引は、その対価が課税標準から除かれること以外は、すべて課税資産の譲渡等として扱われるのです。その結果、輸出取引のための課税仕入れは、通常の課税資産の譲渡のための課税仕入れとまったく同じ方法で、仕入税額控除の対象となり、納付すべき消費税額の計算上、控除されます。

> ■輸出取引の扱い（輸出免税制度の仕組み）
> ・対価が課税標準額から除かれる
> ・そのほかは国内取引と同じ（仕入税額控除の適用あり）

　Case 3-1 であれば、Ｐは、α 1 個の仕入れにかかる 10 円の消費税相当額について税額控除を受けられるので、α 1 個あたり 20 円の利益を確保する場合、α の税抜価格 100 円に利益の 20 円を乗せて、1 個 120 円で Q に譲渡することができます。この結果は、α の税抜価格にＰの利益を加えた価格での譲渡ですから、日本国内の消費税相当額の負担が完全に排除されているといえます。

（3）輸出免税の対象
（ⅰ）輸出取引

　輸出免税の対象とされる取引は、輸出取引と輸出類似取引に分かれ、両方を合わせて、輸出取引等と呼ばれています。輸出取引は、①わが国からの輸出として行なわれる資産の譲渡または貸付け（7Ⅰ①）、②外国貨物の譲渡または貸付け（7Ⅰ②）です。外国貨物を保税地域に置いたままで譲渡、貸付けをするのが、②にあたります。

　輸出の意義について、消費税法はとくに定めていませんが、この点について判示した次の判決が参考になります。

> ■東京地判 H.18・11・9
> 　「『輸出』という語は……一般には、貨物を本邦以外の外国に向けて送り

出すこと、すなわち、外国に仕向けられた船舶又は航空機に積み込むことを指すとされている……。」

「このように『輸出』とは、貨物を外国に仕向けられた船舶又は航空機に積み込むことをいうのであり、船舶又は航空機への積込みという貨物の物理的な移転行為をとらえた概念であるから、消費税法7条1項1号にいう『本邦からの輸出として行われる資産の譲渡又は貸付け』とは、資産を譲渡し又は貸し付ける取引のうち、当該資産を外国に仕向けられた船舶又は航空機に積み込むことによって当該資産の引渡しが行われるものをいう」。

（ii）輸出類似取引

輸出類似取引は、法7条1項3号以下、施行令17条に、以下のものなどが定められています。

■輸出類似取引の例
- 国際運送（7I③）
- 国際通信・郵便（7I③）
- 国際運送に用いられる船舶・航空機の譲渡、貸付け、修理（7I④）
- 非居住者に対する無形固定資産等（鉱業権、特許権、著作権、営業権等）の譲渡または貸付け（7I⑤、令17II⑥）
- 一定の貨物の保税地域間の移動（7I⑤、令17II④）
- 非居住者に対して行なわれる役務の提供で、次の①、②、③以外のもの（7I⑤、令17II⑦）
  ①国内に所在する資産にかかる運送または保管
  ②国内における飲食または宿泊
  ③①および②に掲げるものに準ずるもので、国内において直接便益を享受するもの

Next Step

▶輸出取引と帳簿・書類の保存

輸出免税は、課税資産の譲渡等が輸出取引等であることが証明された場合にのみ適用される（7II）。これを証明するために、輸出免税の適用を受けようとする者は、輸出許可書、輸出許可通知書などの書類を保存する義務を負う。

その期間と場所は、仕入税額控除の適用を受けるための帳簿・請求書等の書類と同じで、輸出にあたる課税資産の譲渡等を行なった日の属する課税期間の法定申告期限（課

税期間の末日の翌日から2か月）から7年間、事務所等に保存する必要がある。

▶ゼロ税率と課税期間

　輸出免税を表すのに、「ゼロ税率」という用語が用いられることがある。これは、輸出取引が課税対象となる資産の譲渡等であることを前提に、税率0％で課税されるのと同じ仕組みだとする説明である。税率が0％であれば、課税標準額がいくらであっても税額は0円で、そこから仕入税額控除を行なう、というイメージを伝えるものである。直感的にはわかりやすいが、法律の仕組みは、対価を課税標準に含めないというやり方であることには留意が必要である。

　また、輸出免税は、輸出取引をするたびに税額の還付を受けるとイメージされがちだが、**Lecture** で説明したとおり、そうではない。課税期間ごとの確定申告を通じて仕入税額控除が適用され、仕入時の消費税額相当額が還付されうる仕組みである。このため、輸出業者などが、課税期間を短縮して（☞ p.124）、早く還付が受けられるようにする仕組みが用意されている。

▶輸出物品販売場（免税店）制度

　輸出免税が適用される場面として、外国からの旅行者を対象とした、いわゆる免税店の制度がある（8I、令18）。要件を満たした免税店における資産の譲渡については、消費税を免除する、という制度である。課税資産の譲渡につき、消費税が免除される結果、事業者にとって輸出免税と同じ効果が得られる。

　免税店となる要件、免税対象品、免税手続きなど、実務上は重要性の高い制度であるが、本書では説明を省略する。

▶非課税資産の輸出とみなし輸出取引

（ⅰ）　非課税取引となる資産の譲渡等が輸出として行なわれる場合を考える。国内にある一定の身体障害者用物品を輸出する場合などが考えられる。これを放置すると、非課税取引だから仕入税額控除の適用がなく、**Case 3-1** と同様に、仕入れにかかる消費税額相当額が控除されずに残ってしまう。

　　　この事態を避けるため、「非課税資産の譲渡等」が輸出取引等に該当する場合は、課税資産の譲渡等とみなして、仕入税額控除が適用される（31I）。

（ⅱ）　P株式会社が、日本国内にある本店からA国にある支店Qに資産αを移動させ、Q支店においてA国内で資産αを譲渡する場合を考える。本店からA国内の顧客に直接譲渡すれば、輸出取引であって、輸出免税の対象となるのは当然である。

　　　しかし、本店からQ支店への移動は、関税法上の輸出（「内国貨物を外国に向けて送り出すこと」〔関税2I②〕）にはあたっても、同じ会社内の資産の移動であって、資産の譲渡ではないから、消費税の国内取引の課税対象である資産の譲渡等にあたらず、消費税の仕組みに入ってこない。そのため、何の措置もなくこの移動をさせてしまうと、本店の仕入時に負担した消費税額相当額が控除されないまま、Q支店からA国内の

顧客に譲渡されることになり、国内の本店から直接顧客に輸出した場合と結果が異なることになる。

このような事態を避けるために、「国内以外の地域における資産の譲渡等又は自己の使用のため、資産を輸出した場合」には、課税資産の輸出とみなして仕入税額控除が適用される（31Ⅱ）。これをみなし輸出取引という。

非課税資産の輸出の特例やみなし輸出取引の制度は、モノを国外に持ち出す際の輸出免税制度において、仕入時の消費税額相当額を完全に排除することが、きわめて重視されていることから設けられているといえよう。

▶国内取引の範囲と輸出免税

取引の内外判定の場面で、国内外にわたって行なわれる輸送、通信、郵便などは、その発送地ないし発信地と受取地ないし受信地の「どちらか一方」が国内にあれば、国内取引とされると説明した（☞ p.59）。このことは、輸出免税の場面で、非常に重要な事柄となる。

もし、国内外にわたって行なわれる輸送などについて、発送地ないし発信地と受取地ないし受信地の「両方」が国内にある場合だけを国内取引とすると、これらの輸送や通信は、すべて国外取引となり、不課税取引となってしまう。仕入税額控除を適用しうるのは取引が課税資産の譲渡等に該当する場合に限られるから、不課税取引ではそもそも仕入税額控除を適用しようがなく、その結果、輸出免税制度はこれらの役務提供に適用されなくなってしまう。

しかし、日本国内に事務所を構え、備品も購入している事業者が、国内にある資産を外国に輸送し、または、外国から資産を日本に輸送することは、輸出類似取引であって、そこに日本の消費税負担を残すことは望ましくない。

そのため、国内外にわたる役務提供の国内取引の範囲を広く決めておき、輸出類似取引を課税対象となる取引（不課税取引ではない取引）として、輸出免税の対象に引っ張りこんでいるのである。

法律用語のコラム

【条数の枝番】
　法律を構成する箇条書である「条」は、関係が深いものを集めるなど、順序も考えられている。他方で、ある法律の条文はその法律や関連する施行令や施行規則、その他の法律などで引用（参照）されていることも多いため、条文の番号を頻繁に変更することは避けたい事情がある。そこで、すでにある「条」と「条」の間に新たな「条」を加えたいときは、もとの規定の条文の番号を変更せず、「枝番」を用いることが多い。

たとえば、「小規模事業者に係る納税義務の免除」について定めた規定（9）と「相続があつた場合の納税義務の免除の特例」を定めた規定（10）がすでにあるところに、「小規模事業者に係る納税義務の免除」に関する特例措置を新たに定める場合には、9条と10条の間に入れるのが場所としては適切である（原則の後に特例措置を規定し、その後に、別のことがらである相続の場合を規定する、という順序になるから）。そのため、その特例は「9条の2」として挿入される（新たな規定を新10条とし、これまでの10条以下の番号を1つずつ繰り下げることを避ける）。この仕組みは、同じ箇条書（列挙）である「号」についても同様である（2条1項8号と9号との間に、8号の2から8号の5が挿入されていることを確認してほしい）。

　では、すでにある枝番付き条文とすぐ次の枝番付き条文との間に、新しい規定を挿入したい場合はどうするのか？　地方消費税に関する地方税法の規定は、事業税に関する最後の条文（現在は、地税72条の76）と不動産取得税に関する最初の条文である同法73条の間に挿入された（現在の地税72条の77から72条の117まで）。そして、その後の改正で挿入された条文は、いわば「孫」の枝番を付されている。「法人課税信託の受託者に関するこの節の規定の適用」の規定は72条の80と72条の81の間に挿入されたから、その条文番号が「72条の80の2」とされているのがその例である。

　なお、枝番にせよ孫枝番にせよ、「○条の2」から始まる（「○条の1」ではない）ことに注意しよう。ちなみに、ドイツで16条と17条の間に条文を挿入するときは、16a条、16b条、とされるし、アメリカで870条と871条の間に条文を挿入するときは、870A条、870B条、とされている。　　　　　　　　　　　　　　　　　　　　(H.S.)

Key Points 3 – I

❶国境を越える取引については、モノを送り出す側の国の消費税負担を完全に排除し、モノを受け入れる側の国で税抜価格をベースにその国の税率で消費税を課税することが適切と考えられている。この課税の方法を仕向地主義と呼ぶ。

❷日本の消費税法も、国境を越える取引について、仕向地主義を基礎とした制度を作っている。

❸輸入時には、保税地域から引き取られた課税貨物について、消費税が課税される。

❹外国貨物から非課税とされる外国貨物を除いたのが課税貨物である。「事業として」、「対価を得て行われる」という要件は置かれていない。

❺納税義務者は、課税貨物を保税地域から引き取った者すべてであり、事業者に限定されない。

❻外国貨物の課税標準は、関税定率法にもとづいて計算された関税の課税価格に、関税と個別消費税を加算した金額である。

❼保税地域から引き取られる外国貨物に対する消費税率は 7.8％であり、消費税額を課税標準として、国内取引の場合と同様の地方消費税も課税される。

❽外国貨物を保税地域から引き取る時に消費税の申告をし、関税と合わせて納付するのが原則である。

❾輸出取引と輸出類似取引は、輸出免税の対象となる。輸出免税は、輸出の対価を課税標準額に含めず、課税仕入れにかかる消費税額を仕入税額控除の対象とする制度である。

❿輸出免税が非常に重要であるため、厳密には輸出にあたらないような取引についても、バランスをとって、輸出免税の対象としている。

II 国境を越えるデジタル役務の提供

1. 国外事業者による申告納税

Examples 3-4

　次の①〜④のうち、正しいものはどれかを指摘しなさい。
　①国外事業者に、事実上消費税を課税できない場合の問題状況は、所得税や相続税の場合と同じである。
　②電気通信利用役務の提供に関する内外判定ルールによると、役務の提供を受けた者の所在で国内外を判定することとされている。
　③国外事業者の定義は、消費税法に独特のものである。
　④国外事業者が国税庁長官に登録を受けるためには、その者の納税を確保できるように定められた要件をクリアする必要がある。

Lecture

(1) 問題の所在
(ⅰ) 競争条件への悪影響

　社会のデジタル化が進み、デジタルデータの形でサービスが提供されることが増えてきました。読者の皆さんも、インターネットを経由して、音楽やゲーム、電子書籍などをダウンロードし、その代金をクレジットカードで決済する、といった経験があるかもしれません。このようなデジタルデータによるサービス提供が拡がったことにより、消費税法は新たなチャレンジを受けることになりました。それは、このようなデジタル役務の提供にどのように課税するか、という問題です。

　もっとも、この問題が国内取引に限定されるのであれば、それに対応するのはそんなに難しくありません。これまでの国内取引における役務提供と同じ課税関係をあてはめることができるからです。しかし、国外に事務所等を持つ事業者（以下では、「国外事業者」と呼びます）が日本国内の人に対してデジタル役務を提供する場面では、きわめて困った問題が２つ生じることになります。

1つは、同じ商品を国外事業者が提供するか、国内事業者が提供するかで価格が異なり、競争条件がゆがめられるという問題です。

　これは消費税法が国内における取引のみを課税対象としていることと、すでに説明した内外判定のルールから生じます。まず、消費税の課税対象は、「国内において」行なわれた資産の譲渡等でした。そして、ある取引が国内において行なわれたか否かは、内外判定ルールで判断されていました（☞ p.59）。ここで、役務提供の取引については、その役務の提供が行なわれた場所によって判断するのが原則（4Ⅱ②）でしたが、役務提供地がはっきりしない取引については、役務提供者の事務所等の所在地で判断されていました（令6Ⅱ⑥）。次の規定です。

> **令6条2項6号**　前各号に掲げる役務の提供以外のもので国内及び国内以外の地域にわたつて行われる役務の提供その他の役務の提供が行われた場所が明らかでないもの　役務の提供を行う者の役務の提供に係る事務所等の所在地

　国内の事業者が国内の事業者や消費者に提供する役務であれば、どのように役務提供の場所をとらえても、それが国内取引にあたることは明らかです。これに対して、国外事業者が日本国内の事業者や消費者にデジタル役務を提供した場合には、その役務提供地は必ずしも明らかではありません。したがって、上記のルールを素直にあてはめれば、国外事業者の事務所等の所在地、すなわち、外国が役務の提供地となり、そのデジタル役務の提供は、わが国では不課税取引になってしまいます。

　ここまでに述べたことから消費税の課税関係を考えると、（ア）デジタル役務が国内の事業者から提供されれば、それは国内取引として消費税の課税対象となるが、（イ）国外事業者から提供されると、それは不課税取引となって消費税の課税対象とはならない、となります。しかも、デジタル商品は無限にコピーが可能で、「同じもの」が作れます。したがって、同じ楽曲やゲーム、電子書籍などをダウンロードして「購入」する際に、（ア）国内事業者から買えば消費税がかかる（例、1100円支払う）が、（イ）国外事業者から買うと消費税がかからない（例、1000円で買える）ことになります。これでは、国内事業者が不利なことは明らかです。

（ii）「納税なき控除」の問題

（i）で指摘した問題の解決は、一見、難しくなさそうにみえます。内外判定ルールを適当に見直して、国外事業者によるデジタル役務の提供が国内で行なわれたものと扱えばよい、と考えた読者も多いでしょう。たしかに、そうすれば、国内の事業者も国外事業者も同じように消費税の納税義務を負い、価格に消費税額相当額を含めるので、競争上の問題はなくなるように思えます。

しかし、それでは、大きな——考えようによっては、さらに大きな——問題を引き起こしてしまいます。

ここで考えてほしいのは、国外事業者は素直に日本に日本の消費税を納税するだろうか、ということです。もちろん、遵法意識が高く、きちんと納税する事業者もいるでしょう。しかし、すべての国外事業者について、納税を期待するのは難しそうです（できるだけ税金を払いたくない事業者は、日本を含めて、世界中どこにもいるでしょう）。

このような場面で、日本の事業者であれば、日本国政府は、国税庁というお役所の組織を通じて税務調査を行ない、正しい税額を確定する課税処分や、強制的に徴税する滞納処分で、「できるだけ税金を払いたくない事業者」に対応することができます。ところが、国外事業者の事務所等は、定義上、外国にあります。税務調査や滞納処分は国家の権力的な働きであって、日本国政府は日本国内でしかそのような行動をとることはできません。外国では、税務調査などを行なうことができないのです。

このため、国外事業者に納税義務を課しても、必ず法律の規定どおりに申告され、納税されるとは期待できないわけです。そして、これが消費税については、やっかいな問題を引き起こします。

かりに所得税や相続税の問題であれば、納税者が国外にいるから調査などがうまくできないとしても、その納税者に対する税額をとりはぐれる、ということで済みます（それ自体、大きな問題ではありますが）。国外事業者がデジタル役務を提供した先が日本の消費者であれば、状況は同じです。

ところが、国外事業者が国内の事業者にデジタル役務を提供した場合には、事情が違います。それは、国内の事業者はデジタル役務が課税仕入れに該当する限り、それについて仕入税額控除を受けることができるからです（☞課税仕入れの意義〔p.101〕）。

「全段階一般消費税（仕入税額控除付き）」（☞ p.14）である消費税の基本的な構造は、事業者の課税仕入れに含まれる消費税額が、その仕入先から納税され、それに対応した税額が、仕入れた事業者の消費税額から控除されるという仕組みです。しかし、ここで述べた事情を考慮すると、納税義務を負う国外事業者が消費税を納税しないのに、それを仕入れた国内の事業者に仕入税額控除を適用した結果、国外事業者からの消費税の「とりはぐれ」を超えて、税額控除の分だけ消費税の税収が純減するという事態が生じます。これが「納税なき控除」という2つ目の問題です。

　ここで述べた2つの問題を解決するために、消費税法がどのような対応策を講じているかを、以下で簡潔に説明します。

(2) 課税のための基本的な仕掛け

(i) 電気通信利用役務の提供

　現在の消費税法は、役務の提供のうちに、このIIで検討しているデジタル役務を表すものとして、「電気通信利用役務の提供」という区分を設けています（2 I ⑧の3）。

2条1項8号の3　電気通信利用役務の提供
　　資産の譲渡等のうち、電気通信回線を介して行われる著作物（……）の提供（……）その他の電気通信回線を介して行われる役務の提供（電話、電信その他の通信設備を用いて他人の通信を媒介する役務の提供を除く。）であつて、他の資産の譲渡等の結果の通知その他の他の資産の譲渡等に付随して行われる役務の提供以外のものをいう。

　この定義をわかりやすく書き直してみましょう。

■消費税法における電気通信利用役務の提供の定義
①電気通信回線、つまりインターネット回線を使って行なわれる役務の提供であること
②ただし、以下の2つの役務提供は含まれないこと
　（ア）電話などの通信手段の提供にあたるもの
　（イ）インターネットを通じた情報の提供（たとえば、電子メール）などでも、他の取引に付随して行なわれるもの

---

①は直感的にイメージしやすいですね。インターネット回線を使った、音楽、ゲームなどのソフトウェア、電子書籍の提供、広告の配信などがこれにあたります。コンサルティングなどの情報の提供がインターネット回線を使って行なわれる場合も、これに含まれます。

ただし、②にあたるものは、電気通信利用役務の提供に含まれません。

（ア）はわかりやすいですね。電話、データ伝送やインターネット回線の利用の提供（回線を利用させること）も、これに含まれます。

（イ）で除かれるのは、ほかに主たる取引があって、その結果の通知などが電子メールなどで行なわれるものです。外国にある不動産の管理をその国の不動産業者に任せている場合の、不動産の管理状況のレポートを電子メールで受けるとか、ソフトウェアの制作を依頼していて、出来上がったソフトウェアをインターネットを通じて受け取るなどの場合が、これにあたると考えられます。

結局、①から②を除く結果、次のようなものが、電気通信利用役務の提供にあたります。

■電気通信利用役務の提供の例
・電子書籍、音楽、映像、ゲームなどのソフトウェアなどの配信
・クラウド上のソフトウェアやデータベースの提供
・インターネット広告の配信
・インターネット上のショッピングサイトやオークションサイトなどの提供
・ゲームなどのソフトウェアを販売するためのインターネット上の場所の提供
・インターネットを使った宿泊予約、飲食店予約サイトへの掲載
・インターネットを使った英会話教室の提供

（ⅱ）電気通信利用役務の提供の場所

Chapter 2 では触れませんでしたが、現在の役務提供の場所の内外判定ルールから、電気通信利用役務の提供は除かれていて（4Ⅲ②括弧書）、電気通信利用役務の提供場所は、以下のように定められています。

4条3項3号　電気通信利用役務の提供である場合
　当該電気通信利用役務の提供を受ける者の住所若しくは居所（現在まで引き続いて1年以上居住する場所をいう。）又は本店若しくは主たる事務所の所在地

下線を引いた「受ける者」に注意してください。電気通信利用役務の場合、そのサービスを受けた消費者や事業者が日本国内にいれば、国内取引にあたるということです。そして、「日本国内にいる」かどうかの判断基準は、自然人（個人）であれば「住所若しくは居所」、法人であれば、「本店若しくは主たる事務所の所在地」で決定します。これらの用語は、所得税法（2条1項3号）、法人税法（2条3号）ですでに用いられ、課税実務ではこなれた用語とされています。

(3) 国外事業者への課税と仕入税額控除
(ⅰ) 国外事業者が負う納税義務

　消費税法は、「国外事業者」を、所得税法における非居住者（所税21⑤）である個人事業者と外国法人（法税2Ⅳ）をいうと定義しています（21④の2）。非居住者とは、日本に住所がなく、かつ、現在まで引き続いて1年以上居所も有していない人を指します。また、外国法人とは、日本に本店または主たる事務所がない法人のことです。ここでも、課税実務においてすでに馴染みのある所得税法や法人税法の考え方が使われています。

　さて、(2) の（ⅰ）と（ⅱ）を合わせると、国外事業者が、事業として、対価を得て、日本の消費者や事業者に電気通信利用役務（デジタル役務）を提供すると、消費税の課税対象となる国内における資産の譲渡等に該当します。そのため、その国外事業者は、日本の消費者や事業者に提供した電気通信利用役務の対価を課税標準とする消費税の納税義務を負うことになります。あとは、その国外事業者が、きちんと日本に対して消費税の納税義務を果たしてくれるかどうかの問題になるわけです。

(ⅱ) 仕入税額控除の制限と登録国外事業者制度

　しかし、（ⅰ）で終わったのでは、(1)（ⅱ）で指摘した「納税なき控除」の問題が生じてしまいます。そこで、現在の消費税法では、国内事業者Aが国外事業者Bから電気通信利用役務の提供を受け、それが課税仕入れにあたる場合について、当分の間、Bがきちんと消費税を納税してくれそうな国外事業者である場合に限って、Aに仕入税額控除を認め（平成27年改正附則〔法律9号。以下、**Chapter 3** では「27年附則」と呼びます〕38条1項但書（27年附則38Ⅰ但書））、そうでない場合には、Aは、自分の消費税額の計算において、Bからの課税仕

入れにつき、仕入税額控除が認められないこととされています（27年附則38 I 本文）。

　ではどうやって、B がきちんと消費税を納税してくれそうかどうかを判断するかというと、B が国税庁長官に申請して登録してもらい、登録番号を与えられている場合には、B を信用して、A が仕入税額控除を認められることとしています。これを登録国外事業者制度と呼びます。

　申請を受けた国税庁長官は、B が電気通信利用役務の提供に関する事務所や税務代理人を日本国内にもっていない場合や、B が国税を滞納していてその滞納した税の徴収が著しく困難である場合などには登録を拒否することができるとされていて（27年附則39 V ①③）、納税することについて信用できない国外事業者が登録されないように、注意が払われています。

　このうち、前者は、B に、税務調査の対象となるような「消費税に関する物理的な関わり」が日本国内にまったくないのは困る、という考慮でしょう。また、後者は、納税する意思はあっても実際に納税する資力がない者もダメだ、という立場だと考えられます。

　さらに、国税庁長官は、登録時はあった事務所がなくなったことや、国税を滞納してその徴収が著しく困難であることなどが生じた場合、または、登録国外事業者が、正当な理由なく消費税の申告をしなかったり、虚偽の内容の請求書等を相手方に交付したりした場合などは、登録を取り消すことができるとされています（27年附則39 VI）。

　登録国外事業者のリストは、国税庁のホームページで閲覧することができます（「登録国外事業者名簿」でインターネット検索をすると名簿のファイルが簡単にみつかります）。

　登録国外事業者には、請求書等を相手方に交付する義務が課せられています（27年附則38 IV）。

　なお、これは重要なことですが、国外事業者が消費税を申告納税する義務を負う電気通信利用役務からは、**2.** で説明する「事業者向け電気通信利用役務の提供」が除かれます。そのため、ここで述べた申告納税の対象となるのは、消費者も事業者も使うことがあるような「電気通信利用役務の提供」に限られます。消費者も利用する音楽聞き放題サービスを、お店の BGM に利用するなどの場合が、典型例です。

▶消費税における税関の重要性

　同じ国外からの資産の譲渡等であっても、資産の輸入の場合と、デジタル役務の提供の場合とで、問題状況や制度の対応があまりに異なることに、違和感を覚えた読者も少なくないと思われる。両者の違いは、すでに指摘したとおり（☞ p.149）、税関の機能にある。

　資産（モノ）が日本に適法に持ち込まれるためには、かならず税関を通過しなければならない。そのため、モノを日本に持ち込むあらゆる取引を、消費税の課税対象とすることができる。

　これに対して、デジタル役務は、税関とは関係がない。インターネット回線を通じたデジタル役務のやりとりは、自由に国境を越えるのである。そのため、国外から提供されるデジタル役務について、モノの場合と同様、消費をする者（モノの場合の輸入者）に納税義務を課そうとすることは、まったく現実的ではない。大人はおろか、場合によっては中高生でも海外のサイトから音楽やゲームを買ったりしている現在において、これらの消費者に消費税の申告納税をさせることが不可能であるのは、説明する必要もないことである。

　そのため、国外からのデジタル役務の提供については、**Lecture** で説明したような制度となっている。そしてさらに、複雑な例外（リバースチャージ方式による課税）があることを、**2.** で説明しよう。

▶国外事業者への課税の限界

　Lecture で述べた国外事業者に消費税の納税義務を課す制度は、平成 27(2015) 年 10 月から施行されたが、令和 4 (2022) 年 7 月 8 日現在で、登録国外事業者は 141 社にすぎず、そのうち登録が有効なのは 126 社だけである。わが国にデジタル役務を提供している全世界の事業者数は筆者にも不明だが、登録されているのが、そのごくごく一部にすぎないことは、直感的に理解できる。

　日本の消費税法には、課税売上高が 1000 万円以下の事業者の納税を免除する制度があるから（9Ⅰ、☞ p.186）、日本での課税売上げが 1000 万円以下であれば、消費税の納税義務を負わないものの、やはり納税義務が発生している国外事業者のかなりの部分が登録されていないと考えざるを得ない。

▶登録国外事業者からの課税仕入れと仕入税額控除の適用要件

　国内取引に関する仕入税額控除の適用要件は、法定の記載のある帳簿と請求書等の書類の保存であった（30Ⅶ、☞ p.118）。登録国外事業者には、**Lecture** で述べたとおり請求書等の交付義務が課されており、仕入税額控除のためには、この請求書等の保存が必要とされる。

交付が義務付けられ、また、保存が必要な請求書等には、通常の請求書等の記載に加えて、登録国外事業者の登録番号、国外事業者が消費税の納税義務を負う旨（「課税資産の譲渡等を行つた者が……消費税を納める義務がある旨」）の記載、が求められている（27年附則38Ⅱ Ⅳ）。

また、仕入税額控除の適用のためには、事業者は、帳簿にも登録番号を記載する必要がある（27年附則38Ⅱ）。

2. リバースチャージ方式による課税

Examples 3-5

①事業者向け電気通信利用役務の提供とは何かを説明しなさい。
②リバースチャージ方式の課税がされる場合の、納税義務者は誰かを指摘しなさい。
③リバースチャージ方式の課税がされる場合の課税標準と、特定仕入れにかかる消費税額の計算方法について説明しなさい。

Lecture

(1) 特定仕入れと事業者向け電気通信利用役務の提供

1. (3) で説明した国外事業者による消費税の申告納税よりも、実効的で精密な課税と仕入税額控除ができるように、「事業者向け電気通信利用役務の提供」については、リバースチャージ方式という特別な課税の仕組みが用意されています。これは、通常の消費税が資産の譲渡等を行なった者に課税されるのに対して、資産の譲渡等を受けた者に課税する方式なので、リバース（逆の）チャージ（賦課）と呼ばれています。リバースチャージ方式による課税の目的は、前述した「納税なき控除」（☞ p.166）を防ぐことです。

リバースチャージ方式の出発点は、**特定仕入れ**です。特定仕入れは、「事業として他の者から受けた特定資産の譲渡等をいう」（4Ⅰ2つ目の括弧書）と定義されています（これに対応して、特定資産の譲渡等は資産の譲渡等から除かれています。4Ⅰ最初の括弧書）。

特定資産の譲渡等とは、事業者向け電気通信利用役務の提供および特定役務の提供をいうと定義され（2Ⅰ⑧の2）、ここでの説明に関係があるのは、この

うちの前者の、事業者向け電気通信利用役務の提供です（特定役務の提供については、☞特定役務の提供とリバースチャージ方式による課税・p.176）。

事業者向け電気通信利用役務の提供は、国外事業者が行なう電気通信利用役務の提供のうち、その役務を受ける者が通常は事業者に限られるもの（2Ⅰ⑧の4）です。ここで、通常は役務を受けるのが事業者に限られるかどうかは、次の2つの視点で決定します。

> ■事業者向け電気通信利用役務の提供の判断基準
> 　①その電気通信利用役務の性質
> 　②その役務提供の取引条件等

1つずつみていきましょう。まず、①は役務の性質からみて、事業者しか使わないようなサービス、という意味です。たとえば、インターネット上の広告の配信サービスは、何かの商品やサービスを売りたい事業者が利用するもので、一般の消費者が利用することは、まず、考えられません。インターネット上の宿泊予約サイトや飲食予約サイトに登録してもらうのも、宿泊業や飲食業を営む事業者に限られるでしょう。このようなものは、①の観点から、事業者向け電気通信利用役務の提供にあたります。

②は、クラウドサービスの利用など、一般の消費者も利用できる内容のサービスを、その提供者が個々の事業者と個別に取引条件を決めて取引をする場合です。消費者がサービスを利用するときは、「同意する」のボタンをクリックして取引条件への同意を示す以外に交渉の余地はない、というケースと対比させて理解してください。

(2) 特定課税仕入れと消費税の課税

(1) で説明した事業者向け電気通信利用役務の提供を受けた事業者は、「特定仕入れ」をしたことになります。すでに説明した課税仕入れ（☞ p.99）のうち、特定仕入れにあたるものが「特定課税仕入れ」と呼ばれます（5Ⅰ2つ目の括弧書）。

特定課税仕入れをしたことの効果は、その支払対価の額について、消費税の納税義務を負うことです。対価を支払った事業者が納税義務を負うことに違和感があると思いますが、辛抱してください。

> 5条1項　事業者は、国内において行つた課税資産の譲渡等（特定資産の譲渡等
> 　に該当するものを除く。……）及び特定課税仕入れ（課税仕入れのうち
> 　特定仕入れに該当するものをいう。以下同じ。）につき、この法律により、
> 　消費税を納める義務がある。

(3) リバースチャージ方式

　それでは、特定課税仕入れを行なった場合の課税関係を説明しましょう。

　まず、特定課税仕入れを行なった場合は、その支払対価の額が課税標準に
含まれます。この場合の支払対価は、「対価として支払い、または支払うべき
一切の金額」を含み、金銭以外の現物も含まれることは、通常の支払対価と
同じです（☞ p.101）。計算方法が違うのは、一般の資産の譲渡等の課税標準額
が消費税、地方消費税の額を含まないものとされていたので（☞ p.87）、税込
価格に110分の100をかけて課税標準額を算出していた（☞ p.133）のに対し
て、特定課税仕入れは、もともと消費税、地方消費税を含んでいない（事業者向け
電気通信利用役務を提供する国外事業者に消費税、地方消費税の納税義務が発生しな
いから）とされている点です。

> 28条2項　特定課税仕入れに係る消費税の課税標準は、特定課税仕入れに係る
> 　支払対価の額（対価として支払い、又は支払うべき一切の金銭又は金
> 　銭以外の物若しくは権利その他経済的な利益の額をいう。）とする。

　したがって、現実に支払った金額が課税標準であり、税抜価格とするため
に110分の100をかける必要はありません。

　このように、特定課税仕入れをした事業者は、その支払対価について消費
税の納税義務を負いますが、他方で、特定課税仕入れが課税仕入れであるこ
とは間違いないのですから、それについて仕入税額控除を行ないます。

　特定課税仕入れの仕入税額控除の計算においては、上に述べた、特定課税
仕入れの支払対価の額に、もともと消費税と地方消費税が含まれていないとの
前提があることが影響します。

　具体的には、一般の課税仕入れについては、仕入れにかかる消費税額とし
て支払対価の額に110分の7.8をかけていたのに対して、特定課税仕入れに関
する消費税額は、支払対価の額の100分の7.8とされています。

30条1項　事業者（……）が、国内において行う課税仕入れ（特定課税仕入れに該当するものを除く。……）若しくは特定課税仕入れ……については、……「課税標準額に対する消費税額」……から、当該課税期間中に国内において行つた課税仕入れに係る消費税額（当該課税仕入れに係る支払対価の額に110分の7.8を乗じて算出した金額をいう。……）、当該課税期間中に国内において行つた特定課税仕入れに係る消費税額（当該特定課税仕入れに係る支払対価の額に100分の7.8を乗じて算出した金額をいう。……）……の合計額を控除する。

それでは、この計算を具体的にやってみましょう。

Case 3-2

課税売上割合80%の事業者A（事務所は国内）は、ある課税期間中に、20万円の対価を支払って、国外事業者から、事業者向け電気通信利用役務の提供を受けた。これは、共通対応課税仕入れにあたる。

この役務の提供にかかるAの消費税の課税関係を検討しなさい。

Analysis 3-2

電気通信利用役務の提供については、その提供を受けた者の事務所等の所在地が国内であれば、国内取引にあたるので、Aの受けた役務提供は課税取引である。また、事業者向け電気通信利用役務は特定役務の提供にあたるので、この提供を受けたことは、特定仕入れに該当し、*Case*においてAの課税仕入れであれば、特定課税仕入れに該当するから、Aに消費税の納税義務が発生する。

特定課税仕入れにかかる消費税額は、支払対価の額の7.8%であるから、*Case*では、

　　1万5600円（＝20万円×7.8%）

である。

仕入税額控除の対象となる課税仕入れにかかる消費税額も、特定課税仕入れに7.8%をかけた金額だから、同額であるが、この課税仕入れが共通対応課税仕入れであることから、仕入税額控除の対象となるのは、それに課税売上割合をかけた

　　1万2480円（＝1万5600円×80%）

である。

以上の検討から、この特定課税仕入れに関するAの消費税額は、

　　1万5600円－1万2480円＝3120円

なので、3120円となる。

▶リバースチャージ方式の補足

（ⅰ）　リバースチャージ方式の課税は、現時点での経過措置として、課税売上割合が95％以上である事業者については、適用しないこととされている（27年附則42）。非課税取引分を含めた課税仕入れにかかる消費税額を全額控除するのと同様に、事業者の負担の軽減を目的とする制度である。

　　なお、簡易課税制度（☞ p.199）が適用される事業者についても、リバースチャージ方式の課税は適用されない（27年附則44Ⅱ）。

（ⅱ）　**Lecture** で説明したとおり、特定課税仕入れにかかる支払対価の額は消費税の課税標準に算入されるが、それはあくまでも仕入れであって、売上げではないから、課税売上割合を計算する式の分子には算入されない。これはあたり前のことであるが、ここで確認しておこう。

（ⅲ）　国内事業者向に対してリバースチャージ方式の課税対象となる事業者向け電気通信利用役務の提供を行なう国外事業者は、その役務に関するホームページやパンフレット、取引条件の提示などの際に、その役務提供が日本の消費税について、リバースチャージ方式の課税の対象となることを表示する義務を負う（62）。

　　ただし、この表示がなされていなくても、その役務提供を受けた国内の事業者の消費税の納税義務に影響はない（原則どおり、リバースチャージ方式の課税を受ける）。

▶特定役務の提供とリバースチャージ方式による課税

（ⅰ）　**Lecture** で説明したとおり（☞ p.172）、リバースチャージ方式による課税の対象となる「特定仕入れ」は「事業として他の者から受けた特定資産の譲渡等」（4Ⅰ2つ目の括弧書）であり、「特定資産の譲渡等」とは、「事業者向け電気通信利用役務の提供」と「特定役務の提供」である（2Ⅰ⑧の2）。

　　「特定役務の提供」とは、電気通信利用役務の提供以外の「国外事業者が行う演劇その他の政令で定める役務の提供」（2Ⅰ⑧の5）であり、ここにいう政令は、以下に掲げる施行令2条の2である。

> 令2条の2　法第2条第1項第8号の5に規定する政令で定める役務の提供は、映画若しくは演劇の俳優、音楽家その他の芸能人又は職業運動家の役務の提供を主たる内容とする事業として行う役務の提供のうち、国外事業者が他の事業者に対して行う役務の提供（当該国外事業者が不特定かつ多数の者に対して行う役務の提供を除く。）とする。

（ⅱ）　事業者である外国人の芸能人やスポーツ選手（以下、「外国人タレント等」という）が、事業者である日本の興業主（以下、「興業主」という）と契約して、日本でコンサ

ートや試合を行なって報酬を得る場合を思い浮かべてほしい。この外国人タレント等の役務提供地は日本国内であるから、この役務提供について外国人タレント等は日本の消費税の納税義務を負う（特定の課税期間の課税売上げが1000万円を超える場合に限られるが、彼ら、彼女らの「ギャラ」は、しばしばそういうケタに収まるものではないであろう）。しかし、比較的短期間しか日本に滞在しない外国人タレント等は、帰国後に日本の消費税の申告や納付をしない場合も十分に考えられる。

　他方で、興業主は、外国人タレント等からの役務提供への支払対価について、仕入税額控除を適用するものと考えられるから、ここにも「納税なき控除」の問題が存在しうる（☞脱税に対するリバースチャージの適用・p.245）。

　これに対応するのが、「特定役務の提供」に対するリバースチャージ方式の課税である。簡単にいえば、これらの外国人タレント等からの役務提供をリバースチャージ方式の課税の対象とし、外国人タレント等ではなく、興業主に消費税の納税義務を負わせるのである。

（ⅲ）　リバースチャージ方式により課税される特定役務の提供は、まず、「芸能人又は職業運動家の役務の提供を主たる内容とする事業として行う役務の提供」であるから、外国人タレント等と契約している外国の「事務所」等が興業主と契約する場合のほか、外国人タレント等自身が興業主と契約する場合を含んでいる。

　次に、興業主がリバースチャージ方式による課税を受けるのであるから、それにふさわしく、興業主が外国人タレント等と別に存在する場合に限定する必要がある。施行令では、「国外事業者が他の事業者に対して行う役務の提供」と規定し、国外事業者である外国人タレント等が「他の事業者」すなわち興業主に対して役務提供する場合のみを特定役務の提供としている。逆にいえば、外国人タレント等自身（や所属事務所等）が日本国内におけるライブやツアーなどを自分で企画して実行する場合は含まれていない。

　最後に、「当該国外事業者が不特定かつ多数の者に対して行う役務の提供を除く」との除外規定の意味が問題となる。興業主（他の事業者）に対する役務提供ではなく、外国人タレント等自身が自分で企画・実行する興業等（不特定かつ多数の者に対して行う役務の提供）の場合でも、観客の中には、消費者のほかに、取引先の接待や従業員の福利厚生のためにコンサート等を利用している「事業者」が混じっているかもしれない。この場合は形式的には、外国人タレント等（国外事業者）による「他の事業者」への対価を得た役務提供に該当する。そのため、何も手当をしなければ、この事業者への役務提供だけは、リバースチャージ方式の課税（交際費や福利厚生費を支出した事業者への課税）の対象となる。

　ところで、リバースチャージ方式で課税されない場合は、原則に戻り、外国人タレント等自身が消費税の申告・納税義務を負うから、その範囲は外国人タレント等自身

に明確に認識できる必要がある。しかし、外国人タレント等自身が企画して（いわば興業主になって）不特定多数の観客等に役務の提供をしている場合に、観客のうちの誰が、交際費や福利厚生費の支出をしている「事業者」であるか（言い換えれば、どの観客が「事業者」であって、その者の支払う対価については外国人タレント等自身は納税義務を負わないのか）を、その外国人タレント等が、認識し、特定することは不可能である。そのため、この場合は、形式的には事業者に対する役務の提供に該当するものの、リバースチャージ方式による課税ではなく、原則に戻って外国人タレント等自身による申告・納税の対象とするため、この括弧書による除外がなされているのである（つまり、外国人タレント等が自分で行なう不特定多数に対する興業等であれば、観客に事業者が混じっていても、全体が原則的な課税方式とされ、一部にリバースチャージ方式の課税がなされるのではない）。

（ⅳ）　いったん、特定役務の提供として特定仕入れに該当すれば、リバースチャージ方式による税額の計算などについては、事業者向け電気通信利用役務の提供の場合と同様である。

▶「事業者向け電気通信利用役務」という概念──苦肉の策

　国境を越えるデジタルサービスの提供に関し、B2C取引（☞ p.41）については、外国事業者を消費者の所在地国の税務当局に登録させてその事業者に納税義務を負わせ、B2B取引については、サービスを受領する国内事業者にリバースチャージ方式の課税を行なうという方法は、現在では、EU諸国でも採用されており、割合ポピュラーなやり方といってよい。ただし、現行の日本の制度には、大きな特徴がある。

　B2C取引とB2B取引とで課税方式が異なる場合、デジタルサービスを提供する外国事業者は、自分がサービスを提供している相手が課税事業者か否かを判断しなければならない。B2C取引の場合は、税額相当額をサービスの価格に含める必要があるが（自分が納税義務を負うから）、B2B取引の場合は税額相当額をサービスの価格に含める必要がない（提供相手が納税義務〔リバースチャージ〕を負うから）からである。この区別は、EU諸国においては、納税義務を負う国内事業者が事業者番号を取得しているので、国外事業者はサービスを提供する相手方から有効な事業者番号を取得すればB2B取引、それ以外の場合にはB2C取引だと識別することができる。

　ところが、これまでのわが国の制度においては、日本国内の事業者に事業者番号を取得させる制度がないので、この方法は使えない。そのため、サービスを受ける者の属性ではなく、提供されるサービスの属性に着目して、リバースチャージの対象となる取引とそれ以外の取引とを区別しているのである。

法律用語のコラム

【法律概念の相対性】

　日本語として同じ用語であっても、異なる法律や異なる場面で用いられると、その意味が異なることがある。そのような場合に、それは、「法律概念の相対性」による、などと説明する。消費税法においてその顕著な例は「非居住者」という用語である。

　「非居住者」という用語は、消費税法に、大きく分けて２回出てくる。最初は、「国外事業者」（２Ⅰ④の2）の定義規定である。ここでの「非居住者」は、所得税法２条１項５号に規定する内容とされているから、その内容は「居住者以外の個人」である。所得税法における「居住者」は「国内に住所を有し、又は現在まで引き続いて１年以上居所を有する個人をいう」（所税２Ⅰ③）と定義されているから、これ以外の個人が非居住者である。

　消費税法におけるもう１つの「非居住者」は、輸出物品販売場に関する規定に登場する（8）。ここでの「非居住者」は、外国為替及び外国貿易法に規定された「非居住者」を指す。この法律では、「非居住者」とは、「居住者以外の自然人及び法人をいう」（外為６Ⅰ⑥）とされており、「居住者」の定義は、以下のとおりである。

　「『居住者』とは、本邦内に住所又は居所を有する自然人及び本邦内に主たる事務所を有する法人をいう。非居住者の本邦内の支店、出張所その他の事務所は、法律上代理権があると否とにかかわらず、その主たる事務所が外国にある場合においても居住者とみなす。」（外為６Ⅰ⑤）

　これらの規定の対比から明らかなように、「国外事業者」を定義するときの「非居住者」は個人だけだが、輸出物品販売所に関する規定における「非居住者」には法人も含まれる（そのほか、範囲にも違いがある）。

　規定の目的に応じて言葉を使い分けるのは合理的ではあるが、勉強するときには、「いい加減にしてくれ」と言いたい気持ちになる場面である。　　　　　　　　（H.S.）

Key Points 3 − Ⅱ

❶電気通信利用役務とは、インターネット回線を使って行なわれる役務の提供をいう。ただし、その範囲からは、電話などの通信手段にあたるものと、他の役務提供に付随するものとが除かれている。

❷電気通信利用役務については、その提供を受ける者の住所や本店の所在地等で内外判定を行なう。

❸所得税法上の非居住者である個人事業者、および、法人税法上の外国法人が国外事業者である。国外事業者が、日本国内の消費者や事業者に対して電気通信利用役務の提供を行なうと、それは日本の消費税の対象となる（ただし、事業者向け電気通信利用役務の提供は、課税対象とはならない）。

❹国外事業者から、事業者向け電気通信利用役務の提供ではない電気通信利用役務

の提供を受けた日本国内の事業者は、その国外事業者が登録国外事業者である場合に限って、その支払対価にかかる仕入税額控除をすることができる。

❺事業者向け電気通信利用役務の提供を受けた国内の事業者は、リバースチャージ方式による課税を受ける。その際の消費税額は、税抜処理をしない支払対価の 7.8% であり、仕入れにかかる消費税額も支払対価の 7.8% である。

　なお、課税売上割合が 95%以上の課税期間については、リバースチャージ方式の課税は行なわれない。

Chapter

4

消費税法の個別問題

この **Chapter 4** では、**Chapter 1** ～ **3** で学んだ消費税の目的、課税原則、課税要件、国境を越える取引に対する消費税などの知識をふまえ、消費税法の個別問題について考えていきます。具体的には、消費課税における「中小事業者」への配慮に関する問題、令和元(2019)年10月から導入された「軽減税率」の問題、令和5(2023)年10月から導入予定の「インボイス」の問題、そして税率が高くなるにつれて増加傾向にある「脱税・節税スキーム」の問題です。

　「中小事業者に免税や簡単な計算方法があって当たり前だ」、「税率が低くなる軽減税率のどこが問題なのか」、「日本にインボイスはなじまない」、「消費税には脱税が発生しにくいはずだ」と、皆さんは考えているかもしれません。ところが、その考えのどれにも落とし穴があります。

　「古い租税は良い租税」といわれるように、日本の消費税が良い租税として機能し、これからの日本の財政と私たちの日々の生活が長く安定的に支えられるために、克服すべき問題点についてじっくり考えていきましょう。これを考えるためには、日本の制度だけをみるのでは十分ではありませんから、諸外国の状況も概観していきます。

　なお、この **Chapter 4** のⅢでは、令和5(2023)年10月から導入される「インボイス方式」について学びますが、この「インボイス」は、法令の用語としは「適格請求書」です。本書では、一般的な呼称である「インボイス」の使用を原則としつつ、法令との関連においては、適宜「適格請求書」を使用します。

Ⅰ 消費課税における中小事業者

1. 小規模事業者制度と簡易課税制度の概要

Examples 4-1

　Aは脱サラをして来年から自宅でアンティークショップを立ち上げようと考えている。Aの目利きを見込んだ多数の顧客も期待でき、初年度の売上げは1000万円を超えそうである。しかしAは経理が苦手であるし、当座は会計担当の従業員も雇わないつもりであることから、以前聞いたことのある「消費税の免税制度」を利用したいと思う。Aはこれを利用することができるか。また、特段の手続きが必要か。

Lecture

(1) 消費税法の「中小事業者」

　消費税法の「中小事業者」とは、どのような事業者をいうのか、まず確認します。

　皆さんは、中小企業庁とか中小企業税制とか、「中小企業」という言葉は、よく耳にすると思います。中小企業基本法によれば、中小企業は企業を4業種に分類した上で、それぞれの「資本金（または出資金）」と「従業員数」によって、中小企業と大企業を区分しています（同法2Ⅰ）。また、法人税法では、名前は付けられていませんが、資本金の額が1億円以下の法人について有利な特別扱いが規定される例があります（法税52Ⅰ、66Ⅱ）。反対に資本金の額が5億円以上の法人は、「大法人」と呼ばれています（法税66Ⅴ②イ）。中小の法人は、事務負担の能力が小さいとか、信用力が乏しく銀行からお金を借りるのが難しいなどの理由で、租税法上、特別扱いがされる例があるわけです。

　消費税法における「中小事業者」は、一言でいえば「基準期間における課税売上高」で判断されます。

　まず、一般には「免税事業者」と呼ばれますが、消費税法では「小規模事業者」と呼ばれます。

> （小規模事業者に係る納税義務の免除）
> 9条1項　事業者のうち、その課税期間に係る基準期間における課税売上高が1000万円以下である者については、……消費税を納める義務を免除する。

　次に、一般には「簡易課税事業者」と呼ばれますが、消費税法では「中小事業者」と呼ばれます。

> （中小事業者の仕入れに係る消費税額の控除の特例）
> 37条1項　事業者（第9条第1項本文の規定により消費税を納める義務が免除される事業者を除く。）が、その納税地を所轄する税務署長にその基準期間における課税売上高（……）が5000万円以下である課税期間（……）についてこの項の規定の適用を受ける旨を記載した届出書を提出した場合には、当該届出書を提出した日の属する課税期間の翌課税期間（……）以後の課税期間（……）については、……課税標準額に対する消費税額から控除することができる課税仕入れ等の税額の合計額は、これらの規定にかかわらず、次に掲げる金額の合計額とする。この場合において、当該金額の合計額は、当該課税期間における仕入れに係る消費税額とみなす。
> 1号　当該事業者の当該課税期間の課税資産の譲渡等（……）に係る課税標準である金額の合計額に対する消費税……の100分の60に相当する金額

　つまり、基準期間の課税売上げが1000万円以下であれば、「小規模事業者」となります。そして、小規模事業者以外の事業者で、基準期間の課税売上げが5000万円以下であれば、法37条にいう中小事業者、いわゆる「簡易課税事業者」になることができます。なお、「基準期間」とは、次の期間をいいます。

> 2条1項14号　基準期間
> 　個人事業者についてはその年の前々年をいい、法人についてはその事業年度の前々事業年度をいう。

　消費税法における小規模事業者と簡易課税事業者については、この **Chapter 4** の **2.** と **3.** でそれぞれ具体的にみていきます。本書では、この小規模事業者と簡易課税事業者を合わせて、「中小事業者」と呼ぶことにします。

(2) 中小事業者に対する制度の概要

　まず、小規模事業者については、特段の手続きも要さず、いわば自動的に
「消費税を納める義務を免除する」とされています（9Ⅰ）。

　条文のタイトルは「小規模事業者に係る納税義務の免除」となっています。
一般的には、「免税事業者制度」と呼ばれ、「課税売上高1000万円」は、「免
税点」と呼ばれています。この制度が免税制度かどうかについては、のちほど
検討します（☞小規模事業者制度は免税制度か？・p.192）。この制度のことを、本
書では、「小規模事業者制度」と呼ぶことにします。

　次に、37条1項に該当する事業者は、課税事業者ではあるけれど、仕入税
額控除の対象となる仕入税額を実額でなく、概算で計算することができます
（☞p.199）。この制度を利用するためには、所轄税務署への届出が必要になり
ます。仕入税額計算が簡単になる制度ということで、一般には「簡易課税制
度」と呼ばれるので、本書でも「簡易課税制度」と呼びます。

　小規模事業者制度（9Ⅰ）と簡易課税制度（37Ⅰ）をみてみると、ともに消費課
税における中小事業者のための制度でありながら、小規模事業者制度は納税
義務免除を自動的に認め、簡易課税制度では所轄税務署での手続きを必要と
するといった違いがあります。また、これら2つの制度が消費税法において離
れた場所に規定されているというのは、気になるところです。

　小規模事業者制度は、課税の対象と納税義務者に関する原則規定（4、5）を
受けて、非課税取引（6）と輸出免税等（7、8）の後に置かれていますから、課
税要件に密接に結び付いた制度といえるでしょう。

　一方、簡易課税制度は、仕入税額控除に関する規定（30）を受けて、仕入税
額計算の特例規定（31~36）の後に置かれ、条文のタイトルも「中小事業者の
仕入れに係る消費税額の控除の特例」となっていて、特例措置であることが明
示されています。

　このように、小規模事業者制度は消費税の課税要件の根幹にかかわるもの
であり、簡易課税制度は仕入税額控除計算の特例措置であるといえます。

Next Step

▶小規模事業者制度と簡易課税制度の制度目的

　小規模事業者制度の目的は、「小規模零細事業者の納税にかかる事務負担への配慮」

と説明されるのが一般的である。しかし、小規模事業者、とくに零細事業者からは多くの税収は期待できず、むしろ徴税コストとの見合いからいって、「小規模事業者からは消費税をとらない」というのが、本来の制度趣旨といえる。

　一方で簡易課税制度は、実額による仕入税額控除を行なうための帳簿や請求書等の作成の事務負担に対応しきれない中小事業者に対する政策的特例といえる。

　制度目的が消費課税の根幹にかかわることか、政策的配慮にかかわることかで、それらの制度の存置の是非の判断も異なってくる。

2. 小規模事業者制度

Examples 4-2

　Examples 4-1 の A は、当初の予定どおりアンティークショップを立ち上げ、1 年目の売上げは 1000 万円には満たなかったものの、顧客も次第に増えて経営は順調である。しかし、商品買入れ費用、買入れのための国内外の出張費、オフィスの設備購入費などにかかる消費税額は総額 50 万円以上にのぼり、「免税事業者であることは不利だ」と気づいた。どのような手続きによって、A は課税事業者になることができるか。

Lecture

（1）小規模事業者制度の要件──基準期間と課税売上高

（i）基準期間の原則

　小規模事業者も簡易課税事業者も、消費税法では基準期間の課税売上高によって定義されています（☞ p.184）。そこで、小規模事業者と簡易課税事業者の定義に共通する「基準期間」に注目します。

　基準期間は、個人事業者は前々年、法人は前々事業年度です（2 I ⑭、☞ p.184）。事業者の規模に応じて、ある課税期間の申告納税を配慮するというのはわかるのですが、それにしてもどうして 2 年前を基準期間としているのでしょうか。

　これは、取引先に転嫁される、という消費税の性質に由来するものです。個人であれば、ある年（法人であれば、ある事業年度）の初日から、この年、自分に消費税の納税義務があるかなどの事項が決まっている必要があります。もし、

納税義務があるなら、自分の売る商品の価格に消費税を上乗せする必要があるからです。そのため、「その年」の売上高で「その年」の消費税の納税義務の有無などを判断するならば、その年が終わったところでようやく確定する売上高で納税義務が「有る」と決まったりすることになります。これでは、消費税を価格に上乗せして転嫁するかどうかを決めることができません。

それでは、「その年の前年」の売上高で「その年」の納税義務の有無を決めるとなると、前年の12月31日までの売上高が年明けすぐの1月1日にわかっていなければなりません（そうなると、課税売上高が1000万円スレスレの個人事業者は、大みそかぎりぎりまで、その「前年」の売上高を必死に計算しなければならなくなります）。

このように、「その年」に小規模事業者に該当するかどうかを決めるために、1年を単位とした売上高を基準にするのであれば、基準期間は、「その年の前々年」とならざるを得ないわけです。

これは、簡易課税事業者になれるかどうかの判断においても同様です。

（ⅱ）基準期間の原則の例外（その1）——「新設法人」と「特定新規設立法人」

基準期間の課税売上高が1000万円以下の事業者は、特段の手続きをすることなく「納税の義務を免除」されます。個人事業者であれば暦年で基準期間が指定されていますから、開業した年でも、その年の前々年は存在します。ただ、まだ個人事業者ではないため、課税売上高が（それをどのように定義するとしても）0円となります。

これに対して法人は、設立されて事業を開始したときには、その前の事業年度も、さらに前の事業年度も存在しません。したがって、この場合も、設立1年目と2年目には基準期間がなく、課税売上高も0円となるのが原則です。

しかし、とくに法人については、かなり大規模な法人として設立され、設立1年目から事業規模も大きな場合があり得ます。そのような場合に、基準期間がないからといって小規模事業者扱いをするのは、合理的ではありません。また、現に、設立後2事業年度については消費税の納税義務がないことを利用した、消費税の課税逃れも行なわれました。

そこで、基準期間のない大きな法人や基準期間がないことを巧みに利用する法人への対応として、次のような規定が置かれています。

まず、新設であるために基準期間がなく、かつ、大規模な事業を展開しそう

な法人について、次のような規定が置かれています。

> 12条の2第1項　その事業年度の基準期間がない法人（……）のうち、当該事業年度開始の日における資本金の額又は出資の金額が1000万円以上である法人（以下……「新設法人」という。）については、当該新設法人の基準期間がない事業年度に含まれる各課税期間（……）における課税資産の譲渡等及び特定課税仕入れについては、第9条第1項本文の規定は、適用しない。

　「新設法人」というと、新たに設立された法人すべてを指す言葉のように思われがちですが、消費税法上の「新設法人」は、資本金（または出資金。以下同じ）の額が1000万円以上であるものだけを指すことに注意が必要です。この規定により、新規に設立された資本金の額が1000万円以上の法人（新設法人）については、小規模事業者制度の適用はなく、消費税の納税義務は免除されないことになります。

　次に、基準期間がないことを巧みに利用する、さらにいえばこれを用いて課税逃れをすることを封ずるために、次のような規定が置かれています。

> 12条の3第1項　その事業年度の基準期間がない法人（……「新規設立法人」という。）……のうち、その基準期間がない事業年度開始の日……において特定要件（他の者により新規設立法人の発行済株式又は出資……の総数又は総額の100分の50を超える数又は金額の株式又は出資が直接又は間接に保有される場合……）に該当し、かつ、新規設立法人が特定要件に該当する旨の判定の基礎となつた他の者及び当該他の者と政令で定める特殊な関係にある法人のうちいずれかの者の当該新規設立法人の当該新設開始日の属する事業年度の基準期間に相当する期間における課税売上高として政令で定めるところにより計算した金額……が5億円を超えるもの（……「特定新規設立法人」という。）については、当該特定新規設立法人の基準期間がない事業年度に含まれる各課税期間……における課税資産の譲渡等及び特定課税仕入れについては、第9条第1項本文の規定は、適用しない。

　少し込み入った規定で、やや簡略に引用していますが、現行の会社法には最低資本金制度（会社を設立するのに、最低いくらの資本金がなければならないと定めること）がないため、極端にいえば、資本金1円の会社を設立することもで

きます。もちろん、そんな会社はなかなか取引先などに信用してもらえないので、実際にはうまくいかなさそうです。しかし、大きな会社の子会社であれば、親会社の信用で取引してもらえることもあります。これは逆にいえば、大きな会社が資本金1000万円未満の子会社を設立して、形式的には子会社が取引を行なっているけれど、実質的には親会社が取引を采配することによって、消費税の納税免除をはかることもできるのです。

　これを防ぐのが、「特定新規設立法人」の納税義務の免除の特例（12の3Ⅰ）です。これは、ごく単純化していえば、基準期間のない法人（新規設立法人）が、課税売上高が5億円を超える法人に支配されている（例、発行済株式総数の過半数を保有されている）場合には、小規模事業者制度（9Ⅰ）を適用しないと定めた規定です（支配されているかどうかの基準の詳細については、施行令25条の2第1項参照）。

　「新規設立法人」が、新規に設立された基準期間がない法人であって、「新設法人」（12の2Ⅰ）とは意味が違うことに注意が必要です。

(iii) 基準期間の原則の例外（その2）──「特定期間」

　個人事業者か法人かを問わず、比較的規模の大きな事業者が小規模事業者制度を利用することは不合理です。原則的な基準期間の課税売上高が1000万円以下であったり、新規に設立された法人で前述の（ii）の2つの特例に該当しなかったりする場合でも、「特定期間」の課税売上高が1000万円を超える場合には、小規模事業者制度は適用されません（9の2Ⅰ Ⅲ）。特定期間とは、個人の場合は前年の1月1日から6月30日までの期間を指し（9の2Ⅳ①）、法人の場合は、原則として、前事業年度開始後6か月間を指します（9の2Ⅳ②）。これらに該当する個人事業者や法人は、事業開始の年または設立後最初の事業年度については消費税の納税義務を負いません。しかし、2年目からは比較的規模の大きな事業者として、納税義務を負うことになります。

　以上（i）（ii）（iii）で述べたことを、以下にまとめておきましょう。

■小規模事業者制度の適用の有無
原則：基準期間（その年の前々年、または前々事業年度）の課税売上高が
　　　1000万円以下の場合には、小規模事業者制度が適用される
例外：以下の①～③の場合には、基準期間の課税売上高が1000万円

以下でも、小規模事業者制度は適用されない
　　①新たに設立された法人の資本金等の額が 1000 万円以上の場合
　　②新たに設立された法人の資本金等の金額が 1000 万円以下でも、
　　　基準期間における課税売上高が 5 億円を超える法人などに支配さ
　　　れている場合
　　③特定期間（前年の 1 月 1 日から 6 月 30 日まで、または、前事業年度開
　　　始後 6 か月間）の課税売上高が 1000 万円を超える場合

（iv）課税売上高

　「基準期間」の次に、「課税売上高」に注目しましょう。

　「課税売上高」は、個人事業者と基準期間が 1 年である法人については、「基準期間中に国内において行つた課税資産の譲渡等の対価の額（第 28 条第 1 項に規定する対価の額をいう。……）」と定義されています（9Ⅱ）。

　28 条 1 項（課税標準）に規定する対価の額は、いわゆる税抜価格でした（☞ p.87）。したがって、ここで課税売上高を計算する際には、税抜価格を用います。基準期間において小規模事業者であった場合については、後でみていきます（☞小規模事業者制度は免税制度か？・p.192）。

（2）小規模事業者の取りやめ

　小規模事業者は、所轄税務署に届出をすることにより、届出をした翌課税期間から課税事業者になることができます。この届出は、一般に、課税事業者選択と呼ばれます。

> 9条4項　第 1 項本文の規定により消費税を納める義務が免除されることとなる事業者が、その基準期間における課税売上高（……）が 1000 万円以下である課税期間につき、第 1 項本文の規定の適用を受けない旨を記載した届出書をその納税地を所轄する税務署長に提出した場合には、当該提出をした事業者が当該提出をした日の属する課税期間の翌課税期間（……）以後の課税期間（……）中に国内において行う課税資産の譲渡等及び特定課税仕入れについては、同項本文の規定は、適用しない。

　この規定により、この届出は、次の課税期間から効力を有します。逆にいえば、課税事業者となる課税期間の直前の課税期間末日までに届出をしなければなりません。いったん小規模事業者を取りやめた場合には、廃業をした場合を除き、これを 2 年間継続させなければなりません（9Ⅵ）。小規模事業者と課税

事業者を毎年頻繁に変更できないということです。

　このように事業者に毎年の自由選択を認めないのは、事業者の有利選択による頻繁な変更を回避するためです。

　それにしても、せっかく納税が免除されるというのに、なぜあえて課税事業者になって納税しようとするのでしょうか。所得課税ではあり得ないことです。

　それは、課税事業者になれば売上げに対して納税義務を負う一方で、仕入れについては仕入税額控除（☞ p.97）ができるからです。

> 30条1項　事業者（第9条第1項本文の規定により消費税を納める義務が免除される事業者を除く。）が、国内において行う課税仕入れ（……）若しくは特定課税仕入れ又は保税地域から引き取る課税貨物については、……課税期間の第45条第1項第2号に掲げる課税標準額に対する消費税額（……）から、当該課税期間中に国内において行つた課税仕入れに係る消費税額（……）の合計額を控除する。

　つまり、小規模事業者は、売上げについては納税が免除される一方で、その仕入れにおいて負担した仕入税額は控除できない（取り戻せない）ことになります。そこで、売上高に占める仕入高が大きい事業、たとえば生鮮野菜販売などの薄利多売の事業を営んでいる場合、納税事務負担をしても課税事業者になるインセンティブが働くわけです。逆に、付加価値の高い事業を営んでいる場合、たとえば技術料の売上げに占める割合が高い美容業などを営んでいる場合、納税事務負担を考えて、小規模事業者にとどまることを選択する可能性があります。

　前述したとおり、いったん課税事業者選択を行なうと、2年間は継続適用となります。しかし、再度届け出ることで、課税事業者をやめて小規模事業者の判断の原則ルールに戻ることができます（9Ⅴ）。その効果も、この届出をした次の課税期間から発生します（9Ⅷ。☞課税事業者選択の意義と効果・p.197）。

（3）課税事業者の小規模事業者からの仕入れ

　課税事業者が小規模事業者から仕入れを行なう場合、小規模事業者は納税していないのですから、そこからの仕入れについては仕入税額控除を行なうことはできないはずです。ところが、次の規定からわかるように、現行消費税法

は小規模事業者からの仕入れについても、課税事業者の仕入税額控除を認めています。

> 2条1項12号　事業者が、事業として他の者から資産を譲り受け、若しくは借り受け、又は役務の提供（……）を受けること（……）をいう。

このように、仕入税額控除の対象となる「課税仕入れ」の仕入先は「他の事業者」でなく、「他の者」となっています。

納税をしない小規模事業者からの仕入れについても、税額控除を認めるということで、損をするのは国ということになります。しかし、小規模事業者からの仕入れは税額控除ができないとなると、小規模事業者が取引から排除される可能性が生じます。そこで、小規模事業者からの仕入れについても仕入税額控除を認めることで、市場における小規模事業者の立場を保護しようと考えたのです。

ただし、小規模事業者からの仕入れについても税額控除ができるのは、令和5（2023）年9月末までとなりました。同年10月からは仕入税額控除の条件が「適格請求書等の保存」と変更されますから（新消税30Ⅶ、Ⅸ①）、小規模事業者からの仕入れについては、税額控除ができなくなります。

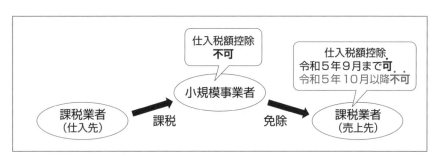

Next Step

▶小規模事業者制度は免税制度か？

小規模事業者制度は、一般に「免税事業者制度」と呼ばれるが、小規模事業者制度が免税制度であれば、「免税制度」の意味内容からして、小規模事業者は資産の譲渡等において消費税を転嫁した上で、それを納付しなくてよいということになる。

他方、非課税取引を定めた6条が物的非課税規定（非課税となる取引を定めた規定）で、小規模事業者を定めた9条が人的非課税制度（取引が非課税となる人を定めた制度）であると考えれば、小規模事業者は資産の譲渡等において消費税を転嫁できる立場にないことになる。

次の **Case** を考えてみよう。

Case 4-1

個人事業を営むAは、課税期間の基準期間において小規模事業者であった。その基準期間の売上高は1100万円、消費税率が10%である場合、「基準期間の課税売上が1000万円、これに対する消費税額が100万円、基準期間では小規模事業者であったから100万円は納付が免除されるため、『基準期間における課税売上高が1000万円以下』の要件を充足し、課税期間において小規模事業者制度の適用を受ける」と考えてよいか。

Analysis 4-1

小規模事業者が免税事業者であれば、基準期間において発生した税額100万円は納付免除として、**Case** の答えはYESとなる。

しかし、基準期間において小規模事業者であったAに「課税売上高」はあるのだろうか。基準期間において課税売上げがないとすれば、Aの基準期間の売上高は1100万円となって、課税期間における小規模事業者の要件を充足しない。

これを考えるにあたって、関係条文をみていこう。

まず、「基準期間における課税売上高とは……基準期間中に国内において行つた課税資産の譲渡等の対価の額（第28条第1項に規定する対価の額）」（9Ⅱ①）とされている。次に、課税標準の規定（28Ⅰ）をみると、課税標準は「課税資産の譲渡等の対価の額（……課税資産の譲渡等につき課されるべき消費税額……を含まないものとする）」となっている。

小規模事業者は「消費税を納める義務を免除する」（9Ⅰ）となっていることから、小規模事業者には「課されるべき消費税額」は発生しないと考えられ、「課されるべき税はあったが免除された」というより、「そもそも課税されていなかった」といえるであろう。そうなると、小規模事業者制度の本質は、非課税事業者ということになる。

次頁に引用する判例においても、判決文で「免税事業者」と呼んではいるものの、納税義務を負わない小規模事業者には課されるべき消費税がないとしており、小規模事業者制度を人的非課税の制度と位置づけている。

■最判 H.17・2・1

「〔消費税〕法 28 条 1 項の趣旨は、課税資産の譲渡等の対価として収受された金銭等の額の中には、当該資産の譲渡等の相手方に転嫁された消費税に相当するものが含まれることから、課税標準を定めるに当たって上記のとおりこれを控除することが相当であるというものである。<u>したがって、消費税の納税義務を負わず、課税資産の譲渡等の相手方に対して自らに課される消費税に相当する額を転嫁すべき立場にない免税事業者については、消費税相当額を上記のとおり控除することは、法の予定しないところというべきである。</u>」

> ■課税売上高の計算方法のまとめ
> ・基準期間に課税業者であった場合　税抜価格で計算する
> ・基準期間に小規模事業者であった場合　転嫁すべき消費税額なし

▶基準期間と課税期間

　ある課税期間において小規模事業者にあたるかどうかを判断するのに、前々課税期間ではなく、前々年（ないし前々事業年度）を取り上げることに、やや違和感を覚える読者もいると思われる。これは、納税者の選択により課税期間を短縮できること（☞ p.124）と関係がある。

　課税期間が 1 か月や 3 か月の場合に、そのような短期間の売上高で小規模事業者制度の適用の有無を判断することが合理的でないのは、明らかである。そのため、課税期間を単位とすると、課税期間が短縮されている場合に 1 年分に換算するなどの作業が必要となる。現行法はこの換算などの手続きを避けて、すべての事業者について 1 年を単位として課税売上高を測定しようとしているのである（事業年度が 1 年未満の法人の場合については、☞課税売上高の計算方法の補足(ⅰ)・p.195）。

▶基準期間の事業内容

　ある年の事業内容と、その年の基準期間の事業内容が同一であることは、小規模事業者にあたるか否かを判断する際の考慮要素ではない。ある個人が行なう経済活動の規模だけが問題とされるのである。次の **Case** でこのことを確認しよう。

Case 4-2

　個人事業者 A は、令和 2（2020）年には小売業を営むとともに、店舗の横の所有地を月極駐車場として数名の契約者に使用させていた。この年の課税売上高は 1000 万円を超えていたが、駐車場業から得られる課税売上高は 100 万円未満であった。

Aは、令和3 (2021) 年中も令和2年度同様の駐車場業を続けていたが、同年中に小売業を廃業し、店舗建物を取り壊してできたスペースも、月極駐車場として賃貸することとした。

　令和4 (2022) 年において、Aが小規模事業者にあたるかどうかを検討せよ。

Analysis 4-2

　令和4年の基準期間である令和2年において、Aの課税売上高のほとんどは小売業から得られている。これに対して、令和4年のAの事業は駐車場業のみである。駐車場業だけで考えれば、令和2年の課税売上高は100万円にも満たないが、このように事業または課税売上高の内容を考慮する規定は存在しない。そのため、小売業を含めた令和2年の課税売上高が1000万円を超えていれば、令和4年において、Aは小規模事業者にあたらない。

▶基準期間の「前々年／前々事業年度」

　ビジネスのスピードが速くなっている現在、あるいは景気が乱高下する状況では、「その年」（2Ⅰ⑭）と「2年前」では売上高が激変してしまう、事業の実態に合っていないという批判もある。

　海外の立法例として、「その年」の事業状況をより正確に反映させるために、「前年の売上高プラスその年の見込み売上高」を基準とするものもある（ドイツ売上税法19条など）。

▶課税売上高の計算方法の補足

（ i ）　個人事業者と法人とでは、基準期間の課税売上高の計算方法に重要な違いがある。それは、基準期間における事業を行なった期間が1年未満であるときの扱いである。

　法人は、基準期間が1年未満の場合には、基準期間1か月あたりの課税売上高を計算し、その12倍が1000万円以下かどうかで、小規模事業者にあたるか否かを判断する（9Ⅱ②）。いわば、常に1年分の課税売上高に換算するのである。

　これに対して、個人の場合には、基準期間にあたる年の途中から事業を開始しても、1年分に換算せず、実際の課税売上高だけで判断する。

　この違いは、やはり法人について、規模の大きな法人が小規模事業者制度を利用することに、強い警戒が向けられていることから生じると考えてよいだろう。短期の課税期間設定と金地金取引を組み合わせた節税スキームについては、Ⅳでみていく（☞ p.246）。

（ ii ）　特定期間（☞ p.189）の課税売上高の計算には、重要な例外がある。それは、特定期間の課税売上高ではなく、その期間中の支払給与の合計額を「特定期間の課税売上高」にできるというものである（9の2Ⅲ）。すなわち、特定期間の給与の支払

合計額が 1000 万円以下である場合には、小規模事業者に該当する。

　これは、事業規模の小さな事業者は、必ずしもある課税期間の開始時に、特定期間の課税売上高を把握しているわけではないという事情に対応している。たとえば、前年分の売上高が明らかになるのは、3 月 15 日を期限とする所得税の確定申告の時であるとすると、その年の 1 月 1 日に前年の 1 月 1 日から 6 月 30 日までの課税売上高を知るには、前年の年末までに、必死でその金額を計算する必要が生じる。これに案外と手間がかかる、という零細事業者を想定してほしい。

　他方、立法当局者によると、給与等の額は売上高との相関性が高いとされている。多数の従業員を雇って多額の給与を支払っている事業者は、売上高も大きいということである（逆もいえる）。そして、給与を支払う際には、所得税法において給与支払明細書を交付することが義務付けられているし（所税231Ⅰ）、給与等からの源泉徴収義務（所税183）がある場合が多いから、事業者は、ある期間中の給与等の支払額を、かなり容易に知ることができる。このような事情をふまえ、事業者の事務負担を減らすために、課税売上高の代わりに、特定期間中の支払給与等の合計額で、小規模事業者にあたるか否かを判断してよいとされているのである。

▶**相続などの場合における判断方法**

　個人事業者が死亡し、事業用資産等を相続した相続人が死亡した個人事業者の事業を承継することがある。その場合の基準期間における課税売上高の考え方は、死亡の年とそれ以後の年とで異なる。次の **Case** で具体的にみてみよう。

Case 4-3

　小売業を営む個人事業者 A が令和 2（2020）年 7 月末日に死亡し、A の店で働いていた子の B が事業用資産等を相続により取得して、A の小売業を承継した。A の平成 30（2018）年と令和元（2019）年における課税売上高は、いずれも 1000 万円を超えていた。他方、B は所有する土地を月極駐車場として何人かの契約者に使用させていたが、この駐車場業にかかる平成 30 年と令和元年、令和 2 年の課税売上高は、1000 万円以下であった。

　令和 2 年 8 月 1 日以降同年末まで、令和 3（2021）年、令和 4（2022）年における、B の基準期間の課税売上高はどのように判断されるか。

Analysis 4-3

　この **Case** の事案は、相続があり、「その年の基準期間における課税売上高が 1000 万円以下である相続人」が、「当該基準期間における課税売上高が 1000 万円を超える被相続人の事業を承継したとき」にあたるので、令和 2 年 8 月から年末までの期間について、B は消費税の納税義務を負う（10Ⅰ）。相続のあった令和 2 年については、基準期間の A と B の課税売上高を合計しない。

他方、令和3年の基準期間である令和元年、令和4年の基準期間である令和2年については、Bの駐車場業の課税売上高と、Aの小売業の課税売上高を合計して、それが1000万円以下かどうかを判断する（10Ⅱ）。

　この **Case** では、まず、令和3年の基準期間である令和元年については、Aの小売業の課税売上高が1000万円を超えているので、Bは令和3年に消費税の納税義務を負う。次に、令和4年の基準期間である令和2年については、7月末までのAの課税売上高と、8月から年末までの小売業にかかるBの課税売上高、および同年の駐車場業にかかるBの課税売上高を合計して、それが1000万円以下かどうかで判断される。

　ある個人が行なう経済活動全部の規模を基準とするのであれば、この **Case 4-3** の令和3年と4年の判断方法（10Ⅱ）が原則と考えられる。しかし、相続があった年の基準期間における相続人と被相続人の課税売上高を合計しないのは、その相続が急であったときなどは、被相続人の課税売上高の確認が難しいからだ。そのような課税売上高の確認に比べれば、被相続人が小規模事業者であったかどうかの確認は容易であろう。

　なお、令和2年7月末までのAの小売業にかかる消費税の納税義務を、B（ほかに相続人がいれば、全員）が承継することは、すでに説明した（☞人の死亡と消費税の確定申告・p.138）。

　ここで述べたのと同様の問題は、法人の合併（11）、分割（12）などの場合にも生じるが、本書では説明を省略する。

▶課税事業者選択の意義と効果

（ⅰ）　小規模事業者としての納税免除をあえて放棄して課税事業者を選択するのは、売上金額に対して仕入金額が大きく、それゆえ仕入れにかかる消費税額負担が大きい事業者（薄利多売の事業者等）が仕入税額控除を受けるためであることは **Lecture** で説明したとおりである（☞ p.191）。

　この課税事業者選択は、令和5（2023）年10月以降、課税事業者からの課税仕入れのみが仕入税額控除の対象となることから、これまで以上に大きな意味をもつことになる。

　そのほかに課税事業者選択のメリットが大きいのは、輸出業者である。輸出売上げは免税となるが（7Ⅰ①）、その課税仕入れにかかる消費税について仕入税額控除をすることができる（30Ⅰ）。これは、「仕入税額控除ができるゼロ税率課税」の効果をもつ。

（ⅱ）　課税事業者選択をする場合、仕入税額控除を早くに行なう（場合によっては、還付を早くに受ける）ことを目的として、短縮した課税期間を選択できることも、すでに説明した（☞ p.124、128）。

　課税事業者選択の効果は、選択を届け出た課税期間の次の課税期間から発生する。

ある課税期間開始時に、その課税期間に消費税の納税義務が有るかないかが決まっていなければならないとするのが、消費税の大原則だからである。しかし、それでは事業を開始した課税期間について、課税事業者を選択することができないのは事業者にとって不便である（輸出業者の開業の場合を考えてみてほしい。事業開始の次の課税期間からしか還付を受けられないのは、不便である）。

そこで、この原則の例外として、事業者が国内において課税資産の譲渡等にかかる事業を開始した課税期間（令20①）、課税事業者選択をしていた個人事業者の相続人がその事業を承継したとき（令20②）、課税事業者選択をしていた法人の事業を、合併（令20③）または吸収分割（令20④）により法人が承継した場合には、課税事業者選択の届出をした課税期間から、課税事業者となることができるとしたのである（9Ⅳ）。

ただし、サラリーパーソンが副業でささやかな駐車場業を営んでいたところ、脱サラして輸出業を始めた場合などは、輸出業を始めた年ではなく、駐車場業を始めた年が事業を開始した課税期間にあたるから、上記の例外規定の適用はないとされる（国税不服審判所裁決 H.5・7・1参照）。消費税法における「事業」の概念が広くとらえられていることを思い出してもらいたい（☞ p.60）。

（iii）　課税事業者選択は、これを取りやめる届出をしない限りその効果は継続する（9Ⅴ）。たとえば、個人事業者 A が、平成29(2017)年の課税売上高が1000万円以下であり、平成30(2018)年中に課税事業者選択を行なって、令和元(2019)年には課税事業者であったとしよう。ここで、平成30年の課税売上高が1000万円を超えたので令和2(2020)年には原則に従って課税事業者となったが、令和元年の課税売上高は1000万円以下だった、という事例を想定する。この事例で、途中（令和2年）で原則どおり課税事業者になったからといって課税事業者選択の効果がなくなるわけではない。そのため、A は、令和3(2021)年（基準期間は令和元年）も、課税事業者である。

▶インボイス方式導入後の小規模事業者の保護のあり方

納税義務のない小規模事業者からの仕入れについて仕入税額控除を認めないとするのは、消費課税制度を擁する諸外国では当然のこととされる。その理由は、小規模事業者を非課税事業者としていることから、非課税取引に対して仕入税額控除が認められないように、非課税事業者からの仕入税額控除は認めないというものである。

令和5(2023)年10月のインボイス方式（適格請求書等保存方式）導入後、小規模事業者からの仕入れには仕入税額控除が認められないという状況を回避するため、小規模事業者から課税事業者への転換が増えることが予想される。あるいは、「課税事業者になって仕入税額の実額計算をするのは面倒だが、簡易課税制度の仕入税額のみなし計算は簡単そうだし、しかも実額計算より有利そうだ」と考える場合、簡易課税制度を選択する小規模事業者も増えるかもしれない。しかしそれでも、課税事業者や簡易課税選択事業者への転換ができない零細事業者が、これまでの取引先との関係を維持できずに、

廃業するというような切実な問題も生じうる。

　この問題に対する解決策は、基準期間の課税売上高を引き下げて課税事業者の範囲を拡大する一方で、零細事業者にとって負担感の大きい申告納税手続きや適格請求書発行手続きを簡素化することである。また、納税事務をルーティン化するという意味で、小規模事業者にこそ申告納税手続きや適格請求書発行手続きの電子化は重要である。ただし、零細事業者にとって納税事務の電子化は、経済的負担や技術面でのハードルが高いことから、会計ソフトと申告納税ソフトが統合された、簡易かつ安価なシステムの構築および技術支援が不可欠である。

　すでに海外では、原則としてすべての課税事業者に電子申告を義務付けた上で、官製の申告用ソフトを無償配布している国もある（ドイツなど）。

3. 簡易課税制度

Examples 4-3

　事業者Bは、酒類販売を営んでおり、簡易課税制度を選択している。Bの店には簡単な立ち飲みカウンターがあり、試飲をしたい客には有料でワインや日本酒を提供している。
　Bは、その売上げが全体として小売業にあたると考えているが、それでよいか。

Lecture

(1) 簡易課税制度の目的と仕組み

(i) 制度の概要と目的

　中小事業者（小規模事業者を除く）の仕入税額控除の特例である簡易課税制度は、次のとおりです（37Ⅰ）。

　事業者がある課税期間について、その基準期間（☞ p.26、184）の課税売上げが5000万円以下である場合、所轄税務署への届出を要件に、実額による課税仕入税額ではなく、みなし仕入率を利用した概算による課税仕入税額計算を行なうことができます。ここでの基準期間や課税売上高の意味は、小規模事業者の場合と同じです（☞ p.186）。

　簡易課税制度は、課税標準額に対する消費税額（ここでは対価の返還や売上代

金の貸倒れはなかったものとします）に、6事業種区分に応じて設定されているみなし仕入率を乗じて算出された金額をもって控除対象仕入税額とするものです。

> ■簡易課税制度のポイント
> ○要件は2つ
> 　・基準期間の課税売上高が5000万円以下であること
> 　・事業者が簡易課税制度の適用を選択して届け出ること
> ○効果
> 　・課税標準額に対する消費税額にみなし仕入率をかけた金額を、控除対象仕入税額とする

　控除対象仕入税額を簡易なみなし計算によって行なうことができる簡易課税制度は、本則計算を行なうには事務処理能力が不足する中小事業者への配慮から、消費税導入当初から組み入れられている特例措置です。

　仕入税額控除は、消費税の生命線ですが、それを行なうためには、仕入れにかかる情報をきちんと整理しておく必要があります。個別対応方式で控除税額を計算する場合（30Ⅱ①）、非課税売上対応課税仕入れ、課税売上対応課税仕入れおよび共通対応課税仕入れに区分する必要があります。あるいは一括比例配分方式を用いる場合（30Ⅱ②）、課税売上割合を計算する必要があります。これに加えて、帳簿と請求書等の保存義務もあります（30Ⅶ、☞ p.118）。これらは、中小事業者にとっては、重すぎる事務負担となり得ます。

　そこで、売上げの情報で仕入税額を区分するという発想（☞課税売上割合と仕入れに関する区分・p.113）をさらに一歩進めて、売上げの情報だけで控除される仕入税額を計算する方法が簡易課税制度なのです。このような制度とされているのは、ある程度以下の規模の事業者でも、売上げに関する情報はきちんともっていることが多い（代金請求などに必要だから）、という事情があるからです。

（ii）控除税額の計算方法

　簡易課税制度において控除できる仕入税額の計算の出発点は、売上金額です（特定仕入れがある場合には、それについても同じ計算をしますが、以下では説明を省きます）。控除できる仕入税額は、以下のとおりです。

> 37条1項1号　当該事業者の当該課税期間の課税資産の譲渡等（……）に係る課税標準である金額の合計額に対する消費税額……の100分の60に相当する金額

「課税標準である金額の合計額」は、「課税標準額」と呼ばれています（☞ p.131）。「課税標準である金額」は税抜価格です（28 I 括弧書、☞ p.87）。ですから、「課税標準である金額の合計額」にかかる消費税額（課税売上げにかかる消費税額）は、以下のとおり求められます。

$$課税売上げにかかる消費税額＝税込みの売上高合計額 \times \frac{100}{110} \times \frac{7.8}{110}$$

　あとは、この消費税額に0.6をかけた金額を仕入税額控除の金額とすればよい、というのが、計算方法の骨格になります。

　ここで計算した税額を仕入税額控除に使う場合には、帳簿や請求書等の保存義務はありません。帳簿などの保存がなくても、仕入税額控除ができる仕組みなのです（ただし、事業者としての帳簿等の保存義務は、別に課されています〔58〕）。

(iii) みなし仕入率

　ところで、簡易課税制度で用いられるみなし仕入率は、実際の仕入率に近いものである必要があります。そうでなければ、益税や損税（☞ p.34）が発生するからです。次の **Case** で確認しましょう。

Case 4-4

　事業者Aの実際の仕入れ（税抜きの売上額に対する税抜きの仕入額の割合）は、70％である。Aの仕入税額控除が（ア）60％のみなし仕入率で計算されるときと、（イ）80％で計算されるときに、どのような不都合があるかを指摘しなさい。なお、消費税率は10％とする。

Analysis 4-4

　Aの実際の仕入率が70％であるということは、たとえば、700円（税抜き）で仕入れた商品を1000円（税抜き）で売っているということである。
　お金の動き　（1000円＋100円〔税〕）－（700円＋70円〔税〕）＝330円
　本来であれば、上記の330円の中から、30円（＝100円－70円）を消費税として納税して、300円がAの手もとに残るはずである。
　（ア）　みなし仕入率60％で計算すると、控除される仕入税額は、60円（＝1000円〔税抜価格〕×10％×60％）となるから、納付すべき消費税額は40円（＝100円－60円）となり、Aの手もとには、290円（＝330円－40円）しか残らない。
　いわば、10円（＝300円－290円）がAの損税（顧客が消費税額分として支払った以上の金額を事業者が国に納付することとなる部分、☞ p.36）である。
　この結果は、納付される消費税額の一部をAが負担している点で、転嫁される

ことが前提の消費税としては、不合理な結果となる。

（イ）　みなし仕入率 80％で計算すると、控除される仕入税額は、80円（＝1000円〔税抜価格〕×10％×80％）となるから、納付すべき消費税額は 20円（＝100円−80円）となり、Aの手もとには、310円（＝330円−20円）が残ることになる。この 10円（＝310円−300円）は、Aの益税（顧客が消費税額分として支払ったのに、国に納付されずに事業者の手もとに残る部分、☞ p.34）である。

　　この結果は、Aが顧客から受け取った代金のうちの消費税額相当部分の一部がAの手もとに残る点で、やはり不合理である。

　この *Case 4-4* の結果をみると、みなし仕入率が実際の仕入率よりも高いと事業者に有利であり、実際の仕入率よりも低いと事業者に不利な結果となることがわかります。*Analysis 4-4* のとおり、（ア）には損税、（イ）には益税が生じていて適切ではないので、みなし仕入率は実際の事業における仕入率を調査するなどして、実態にあったものとすることが必要です。

　他方で、みなし仕入率を細かく区分して設定すると、特定の事業者の事業がどのカテゴリーに属するかの判断が難しくなりますし、ひとりで多種類の事業を営む場合の計算も著しく煩雑になります（☞ p.204）。

　このような 2 つの要請のバランスをとって、現行法では、6 種類のみなし仕入率が、事業の内容に応じて定められています。

　6 事業種区分とみなし仕入率は、次のとおりです（37Ⅰ①、令57Ⅰ①〜⑤）。

第一種事業（卸売業）　90％
第二種事業（小売業）　80％
第三種事業（農林漁鉱業、建設製造業、電気ガス水道業等）　70％
第五種事業（運輸通信業、金融・保険業、飲食店業以外のサービス業）　50％
第六種事業（不動産業）　40％
第四種事業（上記事業以外の事業）　60％

「ほかの種類の事業にあたらないもの全部」とされている「第四種事業」の典型例は、第五種事業から除かれている飲食店業です。

　現在の事業区分とみなし仕入率が、本当にそれぞれの事業の実態を反映したものといえるのかは、今後も引き続き検討を続ける必要があります。

（ⅳ）簡易課税の取りやめ

　簡易課税の届出をした事業者がこれを取りやめようとするときは、事業廃止

の場合を除き、適用届出を提出した翌課税期間から2年を経過した日の属する課税期間の初日以後でなければ取りやめの届出を提出することができません（37Ⅵ）。すなわち、いったん簡易課税を選択すれば、原則としてこれを2年間継続しなければなりません。これは、事業者が原則的な仕入税額控除計算（いわゆる「本則課税」）と簡易課税制度を自己に有利なように頻繁に入れ替えることを防止し、課税方式の選択を慎重に行なうようにするための期間設定です。

(2) 事業区分の判断

(ⅰ) 判断の基準

　世の中のすべての事業を6つの事業区分に分けるのは、難しい場合もあります。また、簡易課税を選択した事業者としても、自分の事業をみなし仕入率ができるだけ高い事業区分にと考えるでしょう（☞ **Case 4-4**〔p.201〕）。たとえば、歯科治療のときの歯の詰物（補てつ物）を作成する事業は、第三種事業（みなし仕入率70%）の製造業でしょうか、それとも第五種事業のサービス業（みなし仕入率50%）でしょうか。「モノを作る」という観点からは、製造業に該当するように思えます。しかし、歯科医師の患者に対する医療サービスを補助する作業という観点からは、サービス業といえなくもありません。

　これが争われた裁判で、第一審では第三種事業の製造業と判断されましたが（名古屋地判 H.17・6・29）、控訴審では第五種事業のサービス業とされました（下の名古屋高判 H.18・2・9）。この判断の違いのポイントとなったのが、第三種事業や第五種事業等の範囲は、「おおむね日本標準産業分類（総務省）の大分類に掲げる分類を基礎として判定する」としている通達（現行の消費税法基本通達13-2-4）の存在です。

　第一審は、日本標準産業分類は、税法における産業分類のためのものではなく、統計上の分類にとどまるものであることを前提として、税法で明確に規定されていない限り、「原則として、日本語の通常の用語例による意味内容が与えられるべきである」と判断しました。しかし、控訴審では、次のような理由から、原審の判断を覆しました。

■名古屋高判 H.18・2・9
　どの事業区分に該当するかは、「消費税簡易課税制度の目的及び立法経

緯、税負担の公平性、相当性等についても検討する必要がある」とした上で、主として次の理由によりサービス業に該当すると判断した。
①日本標準産業分類が歯科技工所をサービス業に分類している。
②民間団体の経営分析（TKC経営指標）によれば、歯科技工所の仕入率の平均が42%であり、サービス業のみなし仕入率50%とほぼ符合する。

（ii）兼業者の計算方法

　ある事業者が行なう事業の内容は、上記の6分類のどれか1つとは限りません。6種類全部を行なっている人は珍しいでしょうけれど（それでも、多角的に事業を展開している法人なら十分にあり得ます）、2〜3種類（小売りも卸売りもしているなど）であれば、容易に例を思い浮かべることができます。

　6分類のうち複数事業を営む事業者を、ここでは「兼業者」と呼びます。

　兼業者のみなし仕入率の計算の原則は、各事業の課税売上高による加重平均です（令57Ⅱ）。たとえば、第一種事業（みなし仕入率90%）の売上げが60、第二種事業（みなし仕入率80%）の売上げが40だとすると、みなし仕入率は、次のように計算されます。

$$みなし仕入率 = \frac{(60 \times 90\% + 40 \times 80\%)}{(60 + 40)} = 86\%$$

　しかしこの計算方法だと、課税売上高の合計に占める割合が非常に小さな事業まで、全部拾い上げなければならず、事業者には大きな事務負担となります。そのため、これに代わる簡便法が用意されています。

　まず、6種類の事業のうち、1種類の事業の課税売上高が課税売上高の全体に占める割合が75%以上であれば、全部の事業についてその1種類の事業に用いられるみなし仕入率を使ってよいとされています（令57Ⅲ①）。たとえば、複数の事業を営むAにおいて、小売業（第二種事業）の課税売上高が75%以上であれば、全体について第二種事業に用いられる80%のみなし仕入率を使って計算してよい、ということです。

　次に、6種類の事業のうち、2種類の事業の課税売上高合計額の課税売上高全体に占める割合が75%以上である場合の簡便法です。この場合は、その2種類のうち、みなし仕入率が高いほうの事業については本来のみなし仕入率を

適用し、それ以外の事業については、2種類のうち低いほうのみなし仕入率を適用するというものです（令57Ⅲ②）。

　これも例をあげると、小売業（第二種事業）と飲食店業以外のサービス業（第五種事業）の課税売上高の合計が全体の75％以上である事業者Bの場合は、小売業の課税売上高には80％のみなし仕入率を適用し、それ以外の全部の事業について50％のみなし仕入率を適用してよいわけです。

　このような簡便法を用いるか、それとも原則に従って、すべての事業について加重平均を用いるかは、納税者の選択に任されています。たとえば、小売業の売上げが35％、不動産業の売上げが40％、そのほか3種類の事業の売上げが合計で25％の事業者Cが簡便法を用いると、不動産業だけでなくそのほかの3種類の課税売上高にも、6種類の事業の中で一番低い40％のみなし仕入率が適用されることになり、明らかに不利です。このような場合には、Cは手間をかけても、原則に従って計算をすることになるでしょう。

> ■簡易課税制度のみなし仕入率
> ・第一種事業から第六種事業まで6事業区分され、各事業区分にみなし仕入率が設定されている
> ・簡易課税における控除対象税額の原則計算は、
> 　（課税標準額に対する消費税額）×（みなし仕入率）
> ・兼業者のみなし仕入率は、各事業の課税売上高による加重計算
> ・6事業区分うち、1種類または2種類の課税売上高の全体に占める割合が75％以上である場合、簡便法を用いることができる

　事業者は、事業区分の選択を自由にできるのか、次の **Case** で考えます。

Case 4-5

　簡易課税を選択しているレンタルビデオ店経営者Aは、ビデオのレンタルと販売の両方行なっている。Aとしては、販売業のほうがサービス業よりみなし仕入率が高いので、第二種事業としたいが、どのような場合にそれが認められるか。

Analysis 4-5

　最初に、事業の分類とみなし仕入率を確認すると、ビデオレンタルは第五種事業にあたり、みなし仕入率は50％である。また、ビデオテープ販売は第二種事業にあたり、みなし仕入率は80％である。

> 　第二種事業と第五種事業を営むＡが事業種類ごとに区分した記帳をしていない場合、Ａには不利な第五種事業のみなし仕入率（50％）が適用される（令57Ⅳ④）。
> 　Ａが事業種類ごとに区分した記帳をしている場合、いずれかの事業の課税売上高が全体の課税売上高の75％以上であれば、そのほかの種類の事業についても、その75％以上の種類の事業のみなし仕入率を用いてよいとされている（令57Ⅲ①）。したがって、Ａの店でのビデオテープ販売の課税売上高が全体の75％以上であれば、すべての課税売上高について、みなし仕入率はＡに有利な第二種事業のみなし仕入率（80％）を適用することができる。
> 　もしＡの店がビデオレンタル（みなし仕入率50％）とビデオテープ販売（みなし仕入率80％）の他に、喫茶店（第四事業種。みなし仕入率60％）を併設していて、ビデオレンタルとビデオテープ販売の課税売上高の合計が全体の75％以上の場合、Ａは簡便法を使って、ビデオテープ販売の課税売上高には80％のみなし仕入率を適用し、それ以外の事業については50％のみなし仕入率を適用することができる。

　簡易課税制度は、あくまでも特例措置であることから、原則に対する例外として適用要件は、厳格に解釈されるべきであると考えられます。

　この *Case 4-5* は、裁判例（大阪地判 H.12・9・28）を参考にしたものです。この裁判の原告である事業者は、ビデオ販売（第二種事業）とビデオレンタル（第五種事業）とを区分した記帳を行なっていなかったことから、第五種事業のみなし仕入率のみを適用した課税処分は適法であると判断されました。

Next Step

▶簡易課税制度の変遷

　簡易課税制度のみなし仕入率による控除仕入税額は、本則により計算した場合の控除仕入税額と乖離が生じることもあり、事業区分とみなし仕入率は、次頁の表のように、これまでたびたび見直されている。

　制度の見直しのほかに、そもそもこの制度が必要かどうかについて検討されたこともある。平成14（2002）年の政府税制調査会答申では、「基本的にはすべての事業者に対して本則の計算方法による対応を求めるべきである。また、中小事業者の多くが納税額の損得を計算した上で適用している実態が認められる。こうしたことから、免税点制度の改正に伴い新たに課税事業者となる者の事務負担に配慮しつつ、簡易課税制度を原則廃止することが適当である」と述べられている。

施行年	基準期間の課税売上高／みなし仕入率
平成元(1989)年 ――消費税導入時	基準期間の課税売上高：5億円以下 2種類の事業区分でみなし仕入率は、90％（卸売業）と80％（その他の事業者）
平成3(1991)年	基準期間の課税売上高：4億円以下 4種類の事業区分でみなし仕入率は、90％（卸売業）、80％（小売業）、70％（農林漁鉱業、建設製造業、電気ガス水道業等）および60％（その他の事業）
平成6(1994)年	基準期間の課税売上高：2億円以下 5種類の事業区分でみなし仕入率は、90％（卸売業）、80％（小売業）、70％（農林漁鉱業、建設製造業、電気ガス水道業等）、および50％（不動産業、運輸通信業、飲食業を除くサービス業）および60％（その他の事業）
平成16(2004)年	基準期間の課税売上高：5000万円以下 みなし仕入率：変更なし
平成27(2015)年	基準期間の課税売上高：変更なし 6種類の事業区分でみなし仕入率は、90％（卸売業）、80％（小売業）、70％（農林漁鉱業、建設製造業、電気ガス水道業等）、および50％（運輸通信業、金融保険業、飲食業を除くサービス業）、40％（不動産業）および60％（その他の事業）

▶各事業の関係

Lecture で述べたように、ある経済活動が6種類のうち、どの事業活動にあたるかの判断は、ときとして非常に微妙になる。

施行令では、第一種事業にあたるものは第二種事業にあたらず（令57Ⅵ）、第一種事業、第二種事業にあたるものは第三種事業にあたらず（令57Ⅴ③）、第一種事業から第三種事業までにあたるものは第五種事業にあたらず（令57Ⅴ④）、第一種事業から第三種事業および第五種事業にあたるものは第六種事業にあたらない（令57Ⅴ⑤）、とする交通整理が、一応試みられている（以上のどれにもあたらなければ、第四種事業にあたる。令57Ⅴ⑥）。

▶事業区分判断における日本標準産業分類や民間データの利用

日本標準産業分類による事業区分では、一見似たような事業について、異なる事業区分とされることもある。たとえば、前述した歯科技工所はサービス業に分類される一方で（☞ p.203）、義手義足を作る義肢製作業は製造業とされる。これについて、名古屋高裁判決〔p.203〕は、「義肢の製作については何らの医師の制限を受けるものではなく、義肢の製作業自体は、義肢装具士の資格の有無に左右されず、かつ、医師の指示も必

要としないのであるから、その販売も医師のみに限らず、義肢を必要とする者へ直接販売できることなどからすれば、義肢の製作業が歯科技工所の行う医療行為に付随するサービス提供と同様に解することはできない」と説明している。

製作者と使用者との間の医師の介在する程度によって区別することの合理性、また民間データを参考にした仕入率の近似を理由とした判断（☞ p.204）については、検討の余地があろう。

▶複数税率の下での簡易課税

現行簡易課税制度のみなし仕入率は、単一税率を前提として設定されており、令和元 (2019)年10月からの複数税率移行後は、本則課税による仕入税額と簡易課税による仕入税額との間の乖離が拡大する傾向にある。高税率かつ複数税率の国では、中小事業者の仕入税額計算の簡素化にどのように対応しているのだろうか。

たとえば、標準税率19％、軽減税率7％のドイツでは、暦年の売上高が61356ユーロ（約800万円）以下の事業者について、事業を「製造業」「小売業」「自由業」「その他の事業」の4分類とし、それぞれの分類についてさらに合計52職業に分類している。その上で、各職業に率を定め（たとえば、製造業である家具製造業は9.0％、自由業である小説家は2.6％など）、課税売上高にその率を乗じて控除対象仕入税額を算出している。

一見、自動的に簡単に計算できるようにもみえるが、率設定の合理的説明ができない（たとえば、なぜ小説家は2.6％で、ジャーナリストは4.8％なのかなど）。さらに、複数の職業を兼業しているときに（たとえば、アーティストが大学講師も兼業する場合など）、いずれの率を適用するのかが、争われることも少なくない。

法律用語のコラム

【「その他」と「その他の」】

法律の用語法には、厳密にルールが決まっていて、そのルールを知らないと法律を読んで理解するのが難しい場合がある。「その他」と「その他の」の使い分けも、その1つである。

このうち、「その他」は、単純に事項を加える場合に用いられる。「A、B、その他政令で定める××」と法律の条文にある場合、A、Bは法律の規定そのものによって規律されており、それに政令で定める何かが加えられ、A、Bと同じ規律に服することになる。

たとえば、「代物弁済による資産の譲渡その他対価を得て行われる資産の譲渡若しくは貸付け又は役務の提供に類する行為として政令で定めるものを含む」（2I⑧括弧書）との規定を受けた政令では、「負担付き贈与による資産の譲渡」「金銭以外の資産の出資」などが挙げられているが、「代物弁済による資産の譲渡」はその中に含まれていない（令2I）。それは、「代物弁済による資産の譲渡」が消費税法において「資

産の譲渡等」に含まれることは、上記の法律の規定で直接定められているのであり、政令は、それ以外の事柄を列挙して、「代物弁済による資産の譲渡」に追加するだけだからである。

　これに対して、「A、B、その他の政令で定める××」と規定されている場合は、A、Bは例示にすぎず、その法律の規定の対象は、すべて政令で定められることとなる。

　「当該提出日の属する期間が事業を開始した日の属する期間その他の政令で定める期間である場合には、当該期間」（19Ⅱ柱書括弧書）の規定を受けた政令で、「事業者が国内において課税資産の譲渡等（……）に係る事業を開始した日の属する期間」があらためて規定されている（令41Ⅰ①）のは、法律に規定する「事業を開始した日の属する期間」は例示にすぎず、この括弧書の効力が及ぶ範囲は、すべて政令で規定することとされているからである。

　「の」の１字の有無で、規定の内容が大きく変わることに注意しよう。　　　　（H.S.）

Key Points 4 − Ⅰ

❶消費税法は、中小事業者に対する制度として、小規模事業者制度（いわゆる免税事業者制度）と簡易課税制度を設けている。

❷小規模事業者や簡易課税選択事業者に該当するかどうかは、原則、「基準期間」の「課税売上高」によって判断される。しかしながら、小規模事業者制度を利用する法人については、設立時から規模が大きいために小規模とはいえない場合（新設法人）、自社は小規模事業者に該当するが支配的な親会社が大きい場合（特定新規設立法人）などには、小規模事業者に該当しないという例外規定がある。

❸小規模事業者は、自らの仕入れについては仕入税額控除ができない。仕入額控除ができるほうが有利であると考えるときには、課税事業者を選択することができる。

❹小規模事業者から仕入れを行なう課税事業者は、現行法の下では、仕入税額控除ができる。しかし、令和５（2023）年10月以降は、小規模事業者からの仕入れについては、仕入税額控除ができない。

❺簡易課税制度は、課税事業者ではあるけれど、本則課税による消費税計算を行なうのには事務処理能力が不足する中小事業者を考慮した、仕入税額を簡易に計算できる制度である。課税標準額に対する消費税額に、６事業区分に応じて設定されているみなし仕入率を乗じることで、控除対象仕入税額を計算することができる。

❻簡易課税制度のみなし仕入率は、必ずしも実際の仕入率と合致するものではなく、簡易課税のみなし率のほうが有利だとして簡易課税制度を選択する場合、益税が発生する。

❼複数税率構造の下では、現行のみなし仕入率が実態と合わないこともある。

Ⅱ 軽減税率

1. 軽減税率の概要

Examples 4-4

　令和元(2019)年10月から、消費税率が10%と8%の2本立てになった。主婦Cは、毎日の生活に不可欠な食料品が少しでも税率が低いのはありがたいことだと考えている。しかし、この複数税率導入に至るまで、軽減税率反対の議論があったのはなぜか、また、食料品以外の生活必需品には軽減税率が適用されないのはなぜかを知りたいと思う。
　複数税率のメリットとデメリットは何か。

Lecture

(1) 税率構造

　消費税の標準税率は7.8%（29、新消税29①）です。「消費税率は10%のはず」と思うかもしれませんが、これは、地方消費税がかかわっています。

> 地方税法72条の82　地方消費税については、……消費税額を課税標準額とする。
> 地方税法72条の83　地方消費税の税率は、78分の22とする。

　つまり、地方消費税は、消費税の課税標準に2.2%を乗じることになります（☞ p.22）。国税としての消費税率は7.8%、地方税としての消費税率2.2%で、あわせて10%です。令和元(2019)年10月より、軽減税率6.24%（新消税29②）が導入されました。
　消費税導入から現在までの税率の変遷は、以下のとおりです。

> 平成元(1989)年4月1日　　3%
> 平成9 (1997)年4月1日　　5%（国4%＋地方1%）
> 平成26(2014)年4月1日　　8%（国6.3%＋地方1.7%）
> 令和元(2019)年10月1日　　標準税率10%（国7.8%＋地方2.2%）
> 　　　　　　　　　　　　　軽減税率8%（国6.24%＋地方1.76%）

軽減税率が適用されるのは、「酒類・外食を除く食料品」および「週に2回以上発行される定期購読契約により購入する新聞」です（改正附則34Ⅰ①②）。

　国税としての消費税と地方消費税を合わせて課税するのは、地方自治体の徴税能力や事務負担を考慮したものです。国税として消費税を課税し、その税収を地方自治体に分配するという方法（たとえば、ドイツでは国と地方自治体で税収を折半しています）や、地方自治体が独自で課税する方法（たとえば、カナダの一部の州で採用している州売上税など）もあります。しかし、日本の消費税は、税率で国と地方とを分けています。

（2）軽減税率導入の目的と問題

（ⅰ）軽減税率導入の目的

　消費税導入から30年以上維持してきた単一税率が、税率10%の引き上げと同時に、どうして複数税率となったのでしょうか。

　それは、日々の衣食住に欠かせない生活必需品全般に消費税がかかることから、一般的には、所得の高い人より所得の低い人のほうが所得に占める消費税負担割合が大きくなるという、いわゆる逆進性（☞p.28）があることを前提としています。そのような逆進性を緩和するため、生活必需品には低い税率を適用するべきだというわけです。とくに、税率が引き上げられるときには、最終消費者のもつ痛税感がいっそう高まります。

　このように軽減税率には、実際に消費税を負担する消費者にとって、痛税感緩和という心理的効果があります。また、軽減税率適用品目に関連する業界にとっては、「生活に欠かせないモノである」というお墨付き効果もあります。

（ⅱ）軽減税率の問題

　軽減税率のメリットとして、（ⅰ）のように、消費者の痛税感緩和や軽減税率適用品目の必需品公認効果を挙げることができます。一方で、そのデメリットとして、次のことを指摘することができます。

　第1に、適用税率について事業者と課税当局との間で見解が分かれることが、しばしば生じることです。見解が分かれたまま裁判に至れば、事業者と課税当局双方に追加的コストがかかります（☞適用税率をめぐる争い・p.217）。

　第2に、軽減税率が適用される食料品販売については、富裕層もこれらを購入することから、逆進性緩和を必要としない所得層にまで恩恵が及ぶことにな

ります。これに対しては、「富裕層は値段がより高い食料品を買うだろう」という反論もあり得ます。しかし、収入が10倍多い人が10倍高い食料品を買うのが常とはいえません。

　第3に、業界のロビー活動次第で、軽減税率が獲得できたりできなかったりすることがあります（☞軽減税率適用範囲の拡大・p.218）。業界のロビー活動の成否で軽減税率適用が決まるかもしれないというのでは、低所得者に生じうる逆進性の緩和という本来の目的から外れてしまいます。

　第4に、税率を軽減する分、あるいは複数税率に伴う徴税コストが増大する分、税収減が生じることから、一定の税収確保が必要ということになれば、税率を引き上げなければならないことになってしまうかもしれません。

　第5に、軽減税率が逆進性緩和という本来の目的を超えて無制限に拡大する可能性があります。たとえば海外の例ですが、オランダで労働集約的事業（靴修理や自転車修理のように、労働力への依存度が高いために必然的に人件費が高くなる事業）からのサービスを軽減税率の対象としたとき、「軽減税率は消費者への配慮であり、事業者への配慮でないはず」との批判がありました。ただし、現在では、EU域内の共通ルールである付加価値税指令（EU指令、☞p.213）でこのような労働集約的事業への軽減税率適用を認めています。これは、軽減税率適用範囲が徐々に拡大していく例といえます。

> ■軽減税率のメリット
> ・消費者の痛税感緩和
> ・軽減税率適用商品の業界にとっての「生活必需品」お墨付き効果
> ■軽減税率のデメリット
> ・適用税率をめぐる意見の相違が生じること
> ・富裕層にも恩恵が及ぶこと
> ・軽減税率の適用が、業界のロビー活動次第になりうること
> ・徴税コストの増大
> ・適用項目が、逆進性緩和という本来の目的以外に拡大する可能性

Next Step

▶令和5年10月までの消費税法の規定

　軽減税率の適用対象は、2条9号の2に「軽減対象課税資産の譲渡等」として定めら

れているが、この規定は、令和5（2023）年10月1日から施行される。軽減税率を定める29条2号の施行日も同様である。

したがって、この施行日までは、軽減税率に関する規定はすべて、消費税法の中ではなく、平成28年改正附則（平成28年法律15号）34条である点に、注意が必要である。

▶税率構造と税収効率

消費税の大きな課税目的の1つが財政目的であるとすれば（☞ p.5）、できるだけ徴税コストのかからない税であることが求められる。そこで近年注目されるのが、「消費税収効率（VAT Revenue Ratio、略して「VRR」と呼ばれる）」である。

消費税は、本来、納税義務者である事業者が正しく申告した税額がそのまま国庫に納められるはずなのだが（これを「徴収されるべき消費税額」と呼ぶ）、事業者において申告漏れがあったり、課税庁において徴収漏れがあったり、脱税があったりすると、実際に国庫に納められた税額は、徴収されるべき税額を下回ることになる（このような差額を「税収ロス」と呼ぶ）。消費税収効率とは、徴収されるべき税額に対する実際に国庫に納められた消費税額の割合を示す指標、すなわち、税収ロスの程度を表す数値である。徴収されるべき税額が漏れなく国庫に納められれば「1」、徴収されるべき金額が脱税などで半分しか国庫に納められなければ「0.5」となる。

> 消費税収効率（VRR）の計算式：
> VRR＝実際に国庫に納められた消費税額÷徴収されるべき消費税額

2020（令和2）年のOECDのデータによれば、加盟国のうち消費税収効率が最も高いのがニュージーランド（0.99）、続いてルクセンブルク（0.89）、エストニア（0.74）、日本（0.72）、スイス（0.69）、韓国（0.68）、チリ（0.64）、イスラエル（0.63）、デンマーク（0.62）、チェコ（0.61）となる。この上位10か国のうち、6か国（2020年当時に単一税率であった日本を含む）が単一税率である。なお、エストニアは単一税率ではないが、電子政府化を積極的に推進しており、税務手続きの多くがデジタル化されているため消費税収効率が高い。エストニアが「電子国家」と呼ばれるのは、このことによるものである。

法律用語のコラム

【EU域内の消費税の共通ルール「付加価値税指令（EU指令）」】

2022（令和4）年5月現在のEU加盟国は、27か国である。加盟国の公用語はすべてEUの公用語となるため、24言語すべてが公用語である。

人権・安全保障・外交は、EU共通の政策である一方、課税権は、各加盟国の主権に属するため、各国はそれぞれの租税法律をもつ。しかし、モノやサービスの越境取引に対する消費税（付加価値税）については、最低限の共通ルールは必要であり、そ

の役目を担うのが「付加価値税指令」である。

EU法における「指令」（directive）とは、各加盟国に達成するべき結果を示すものであり、その結果を達成するための手段の選択は、各加盟国に委ねられる。各国の主権を尊重しつつ、EU域内の法制をできるだけ近接させるための仕組みといえる。

たとえば、現行の2006年EU指令97条は、「標準税率は15％未満であってはならない」と規定しているため、各加盟国は標準税率を15％以上に設定しなければならないが、15％以上のどのレベルにするかについては、各国の裁量に委ねられる。このほか、軽減税率適用可能な項目（EU指令附則Ⅲ）も定められていて、各国はそのリストの項目から軽減税率適用項目を選択することになる。

ただし、一定の要件の下で、付加価値税指令の規定とは異なる措置が認められないわけではない。

最新のEU指令は、オランダの国際税務の研究機関であるIBFDから毎年刊行される『EU VAT Compass』で確認することができる。　　　　　　　　　　　（Y.N.）

2. 軽減税率の適用対象

Examples 4-5

次の①から⑤の商品の販売のうち、軽減税率が適用されないのはどれか。
①野菜と肉を調理の上、デパートの食品売場で販売される総菜
②調理人が個人宅に食材を持ち込んでの調理（ケータリングサービス）
③寿司の宅配
④人気キャラクターのレプリカのおまけ付き菓子のパッケージ
⑤高級クリスタルガラス容器に入って販売されている岩塩

Lecture

軽減税率の適用項目について（☞ p.211）、現実の日常生活では、「これは10％商品なのか、8％商品なのか」と迷うことがあるでしょう。また、事業者が「自社商品は軽減税率商品」として市場に出した後で、課税庁から「標準税率商品」と指摘されることもあります。

現在の軽減税率適用項目は、「飲食料品」と「新聞」ですが（改正附則34Ⅰ①②）ですが、軽減税率適用対象のモノにおまけが付いて販売されたり、モノの提供

の仕方が違っていたりする場合に、標準税率と軽減税率のいずれが適用されるのか、いわゆる税率振り分けの問題をみていきます。

(1) 飲食料品

食料品と飲料品（酒類を除く）は、軽減税率が適用されます（改正附則34Ⅰ①）。ただし、飲食店での飲食料品の提供や、ケータリングサービスによる飲食料品の提供は、標準税率の適用になります（改正附則34Ⅰ①イ・ロ）。

酒類販売については、嗜好品であって必ずしも生活必需品とはいえないため、軽減税率適用から除外するのはわかります。しかし、標準税率と軽減税率のいずれを適用すべきか判然としないことが多々あります。たとえば、飲食料品に調理が加えられている場合（デパートの食品売場での総菜販売など）、飲食料品販売店に併設された飲食エリア利用のための飲食料品が販売される場合（コンビニのイートインコーナーでの飲食など）、軽減税率の飲食料品と標準税率適用のモノとがセットで販売されている場合などです。

総菜販売、イートインコーナーでの飲食、セット販売など、軽減税率適用の可否が明確でないものについて、今のところ法令の定めはなく、国税庁からQ&Aが出ているだけです。それによれば、飲食店内での飲食でない限り、飲食料品の販売は軽減税率適用とするというのが原則ですから、総菜販売も調理済み飲食料品のテイクアウトも宅配料理も軽減税率となります。一方で、飲食店に準ずる飲食設備がある場所（イートインコーナー）での飲食料品の提供は、軽減税率適用とはなりません（実際に、レジで厳格に区別されているかどうかはともかくとして）。イートインコーナーで飲食するより、自宅まで料理を届けてもらうほうが、より手間（サービス）をかけているようにも思えますが、とにかく、前者は標準税率であり、後者は軽減税率です。

軽減税率適用商品と標準税率適用商品のセット販売（おまけ付き菓子など）は、「一体資産」と呼ばれ、全体として軽減税率が適用されます（改正附則34Ⅰ①括弧書）。このような一体資産が軽減税率適用対象となる要件は、施行令によれば、「一体資産の税抜価額が1万円以下であること」かつ「食品価額の占める割合が3分の2以上であること」です（新消税令2の3①）。**Examples 4-5** の④については一体資産とされるでしょうが、⑤については、中身の岩塩より容器のほうが圧倒的に高額で、かつ、1万円超で販売されている場合には、標準税率適

用商品となります。

（2）紙の新聞と電子版新聞

　メディアを通して私たちが得る情報は、毎日の生活に欠かすことはできません。とはいえ、消費課税において新聞販売だけが、しかも紙ベースの新聞販売だけが軽減税率となるのはなぜでしょう。

Case 4-6

　ＡもＢも日刊紙Ｃ新聞を毎日読むことを習慣としている。

　Ａは販売店から配達してもらう紙の新聞を購読し、Ｂは電子版の契約をして講読している。ところが、Ａの購読料は軽減税率（8％）なのに、Ｂの電子版購読料は標準税（10％）である。紙面の内容は同じなのに、どうして税率が違うのだろうか。

Analysis 4-6

　軽減税率適用項目の規定（改正附則34Ⅰ②）によれば、「一定の題号を用い、政治、経済、社会、文化等に関する一般社会的事実を掲載する新聞（1週に2回以上発行する新聞に限る。）の定期購読契約（……）に基づく譲渡」のみが、つまり、そのような紙の新聞のみが軽減税率の対象となる。

　そもそも、新聞購読料に軽減税率が適用されるのは、「新聞は生活必需品である」という考えによるものである。さらにいえば、「人々の知る権利の保護」および「活字文化の普及・発展」のために重要だというものである。

　しかしながら、テレビ報道や定期刊行雑誌も「知る権利」や「活字文化の普及」に貢献しているといえる。また、紙の新聞も電子版新聞も記事内容は同じなのであるから、どれも同じ税率とするべきであろう。

　これに対して、新聞記事に比べて雑誌記事は玉石混交で、有害雑誌もありうるからだと説明される。また、電子版新聞は容易にカットアンドペーストができ、それを第三者に速やかに送信することができ、検索機能も紙の新聞を上回ると説明される。いずれの説明も一理はあるとしても、消費税率に違いが生じるほどの理由づけにはなっていないと思われる。

　紙の新聞と電子版新聞の違いは、消費課税の視点からいうと、前者が「モノ（資産）」であり、後者が「サービス（役務）」であることに関係しているといえます。つまり、電子版新聞の販売は「電気通信利用役務の提供」（2Ⅰ⑧の3）となり（☞p.167）、軽減税率は、生活に欠かせないモノの販売にのみ適用するというわけです。しかし、紙の新聞が毎朝夕配達される場合、新聞本体に加え

て配達サービスも加わりますから、純粋にモノだけの販売とはいえません。これについては、配達サービスは、主たる商品である新聞の販売に副次的に付随するサービスと割り切るほかはないでしょう。

電子版の新聞は、印刷代や輸送代がかからない分、税抜本体価格が安く設定されますから、月額料金（税込み）は、一般に、安く設定されています。ただ、適用される税率は異なることを理解しておく必要があります。

Next Step

▶税率振り分け基準の欠缺

飲食のための設備（テーブルや椅子）のある場所での飲食料品の提供には軽減税率が適用されないとして、たとえば、公園内で販売車を使って、ホットドッグなどを売る場合はどうなのか。公園内のベンチ近くに販売車を停めて販売すれば、飲食のための設備付きの飲食料品販売といえなくもない。国税庁のQ&Aでは、「公園などの公共のベンチ等で特段の使用許可等をとっておらず、顧客が使用することもあるがその他の者も自由に使用している場合は、軽減税率の適用対象となります」と説明するが、同じ公園内で簡易な椅子を置いて販売する事業者と、公園のベンチを活用して販売する事業者との間に、税率が異なるほどの差異があるだろうか。

軽減税率は、消費課税における優遇ないし特例であるから、その適用項目の該当の可否は、厳格に解釈されるべきであろう。

▶適用税率をめぐる争い

適用税率の問題は、事業者と課税当局との間で生じうる長期にわたる裁判リスクやこれに伴うコストだけでなく、そうした裁判の結果について、担税者である消費者が蚊帳の外に置かれるという問題がある。

これが問題となったのが、英国の「マークス・アンド・スペンサー事件」である。

大手小売業者M社は、その商品である菓子を標準税率適用商品として、20年以上販売していた。しかしその後、これが軽減税率適用商品であったとして、課税当局にそれまでの納税額の還付を求めた。M社と英国政府は、13年間にわたって裁判で争った結果、M社の主張が認められ、約350万ポンド（約4億円）がM社に還付された。

ここで問題となるのは、主として次の2点である。第1に、ある商品の適用税率をめぐって、国も事業者も多大な時間と訴訟費用を費やしたことである。第2に、M社に還付された税額は、長年それを負担してきたM社の顧客に返金されないということである。M社は、長年にわたって顧客から標準税率分の金額を受け取り、かつ、勝訴によって国から差額税額分を受け取るという、いわば二重の利得を得たことになる。

▶軽減税率適用範囲の拡大

　新聞に軽減税率が適用されるなら、書籍や雑誌にも軽減税率の適用があり得そうだが、日本ではこれに軽減税率が適用されないのは、「有害書籍や有害雑誌もありうるから」というのが主たる理由である。

　EU域内の共通ルールによれば、EUでは比較的広範な軽減税率適用が認められていて、書籍、雑誌、地図、楽譜なども軽減税率適用が可能である。議論のあったこれらの電子版についても、2018（平成30）年に軽減税率適用可能項目に含まれることとなった。

　加えて、映画館や美術館の入場料も、軽減適用可能項目である。しかし、これらはモノの提供ではなくサービスの提供であり、しかも必ずしも「生活に不可欠」ではなく、「芸術・文化活動への配慮」ゆえの軽減税率適用である。

　このように、軽減税率適用項目が拡大する例として、労働集約的事業（自転車や靴の修理業、美容・理容業）への軽減税率適用が挙げられる（☞ p.212）。

　軽減税率適用が、業界のロビー活動次第という例がある。ドイツのホテル宿泊料への軽減税率適用である。国境を接した地域での宿泊客獲得のためのホテル業界によるロビー活動が奏功し、宿泊料金には軽減税率が適用されることになった。しかし、「ホテル宿泊は生活に不可欠か」、「国境を接していない観光地のホテルには必要がないのではないか」、「国境を接した地域の観光業のうち、なぜホテル業界だけが軽減税率を獲得できたのか」などの批判も多い。しかし、いったん法律で定められた以上、標準税率に戻すためには議会での立法作業が必要であり、事実上不可能といえよう。

3. 軽減税率と消費者の担税力

Examples 4-6

　所得課税においては、憲法14条1項から導かれる公平原則によって、納税義務者の担税力に応じた課税が重要となる（「応能負担原則」）。消費税法における納税義務者は事業者であり、消費者への消費税の転嫁が予定されている仕組みの中で、税の負担者である消費者に対する応能負担原則にもとづく考慮は、どの程度なされるべきか。

Lecture

（1）担税者である消費者の経済力への配慮

　所得の多寡に応じて課税をする所得税と違い、消費税は消費の多寡に応じ

て課税をするのではなく、消費者にモノやサービスを提供する事業者の売上高に応じて課税をします。収入や財産はたくさんあるのにモノをあまり買わない人もいれば、収入は少ないのにカード破産をするまでモノを買ってしまう人もいる状況で、担税者である消費者の経済力をどこまで考慮すべきか難しいところです。

> 憲法14条1項　すべて国民は、法の下に平等であつて、人種、信条、性別、社会的身分又は門地により、政治的、経済的又は社会的関係において、差別されない。

この意味で、消費課税における「応能負担原則」は、所得課税ほど強い要請ではないといえます。憲法14条の公平原則は、消費課税において、事業者間の競争条件に不公平を生じさせないこと、つまり「事業者が同じ市場では同じ条件で競争ができること」という意味での中立の原則が、より重要だといえるでしょう。

(2) 生活必需品販売を非課税にすることの弊害

消費者の負担考慮ということであれば、生活必需品販売を非課税（6 I）とすればいいようにも思いますが、それが望ましくないのはなぜでしょうか。

消費課税における非課税（☞ p.75）は、消費課税においては、むしろ不都合が生じやすいのです。

たとえば、米穀店の顧客に対する米販売を非課税とすると、顧客の税負担はゼロです。顧客には問題ないのですが、米穀店はその仕入れで負担した税額を控除することができません。米の仕入れは非課税だとしても、精米機や配

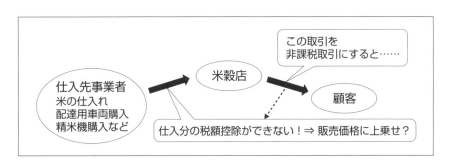

達用車両や店の備品などの購入には消費税を負担しているのに、非課税売上げに対応する課税仕入れについては仕入税額控除ができないのです（30Ⅱ）。

米穀店は、控除できない仕入税額について、商売をする者として自分で負担することはないはずですから、それを販売価格に上乗せすれば、結果的に顧客の負担は増えてしまうことになります。非課税だから法的には顧客に税負担はないのに、事業者がその仕入税額分を販売価格に加算することにより、経済的に、顧客の負担になる状況（「隠れた消費税」）が発生することになります（☞ p.40）。

所得課税では担税者にとってありがたい非課税ですが、消費課税での非課税は、事業者が仕入税額控除をすることができないということから、かえって消費者の負担が増えるということになりかねません。

それでは、顧客の税負担はゼロにして、かつ、仕入税額控除は認めるという仕組みはどうでしょうか。それは、課税売上高に0％の税率で消費税を課税することとしつつ、その売上げはあくまで課税売上げだから、それに対する仕入税額控除を認める（ゼロ税率適用）、という方法で実現できます。

ゼロ税率適用は、究極の軽減税率です。取引自体は課税取引であり、それに税率ゼロを乗じるということですから、顧客は税負担ゼロ、事業者は仕入税額控除ができます。この仕組みは、国の負担で成り立つ制度なので、国が政策として、「消費者の負担を軽減する必要がきわめて高い」とするときだけに限定されるべきです。英国では、生活必需品（食料品や子ども用衣料など）にゼロ税率が適用されています。

しかしながら、ゼロ税率によって税収が下がり、それでも一定の税収が必要ということになれば、標準税率の引き上げが必要になります。せっかくゼロ税率を導入したにもかかわらず、かえって標準税率が引き上げられることになれば、結果的に消費者の負担は増すことになります。

なお、現行法でこの「仕入税額控除ができるゼロ税率」が採用されているのは、輸出取引（☞ p.157）のみです。日本から輸出される貨物などはゼロ税率課税、すなわち免税となりますが（7Ⅰ）、輸出業者が国内で行なった課税仕入れについては税額控除をすることができます（30Ⅰ）。

この仕入税額控除ができるゼロ税率適用の仕組みは、国境を越える取引について、「輸出免税、輸入課税」とすることによって仕向地課税を実現するた

めのものであり（☞ p.146）、逆進性緩和の目的ではありません。

▶**消費者の担税力のとらえ方**

（ⅰ）　人の消費活動において、その人の消費量と経済力が必ずしも比例関係にはないことから、所得課税では稼いだ時の経済力に着目するのが合理的であるのに対して、消費課税では消費した時の経済力に着目するのが合理的であるとは一概にいえない。

　　たとえば、Ａに 100 万円の収入があり、そのうち 50 万円を生活必需品購入に使ったとする。税率 10% とすると、Ａの消費税負担 5 万円、収入に占める消費税負担割合は 5% である。他方、Ｂには 1000 万円の収入があり、100 万円を生活必需品に使ったとすると、Ｂの消費税負担は 10 万円、収入に占める消費税負担割合は 1% である。この時点では、生活必需品にかける金額はＢのほうが多いが、収入に占める生活必需品購入分の負担税額割合はＡのほうが高く、ＢよりＡへの考慮が必要そうである。

　　しかし、10 年後にＡは仕事で成功して多額の収入を得ることができ、他方、Ｂは病気で退職、あるいは定年退職して年金生活に入ったとすると、2 人のこれまでの消費スタイルがそれほど大きく変わらない場合、ＡとＢの立場は逆転する。

　　この例からわかることは、人の一生において消費税がもたらす逆進性の発生は、必ずしも固定的でないということである。もちろん、生涯にわたって貧困の中で暮らす場合もある。あるいは、一生のうち一時期だけ生活が苦しいことがあるかもしれない。生活必需品購入については、「必要なときに、必要な程度の考慮をする」という点からいえば、軽減税率で対応するより、生活困窮者に対して社会保障手当や割引クーポンで対応するほうが効果的であろう。

（ⅱ）　逆進性緩和の手法は、EU や日本が採用している軽減税率適用のほかに、どのような手法があるだろうか。

　　カナダでは、社会保障番号（SIN）で所得金額を把握し、一定の所得以下の人たちに所得税を払い戻すという方法を採用している。消費税の逆進性の問題を、所得税で調整しようというものである。ただし、これには、個人の所得金額を正確に把握する番号制度が必要となる。

　　ニュージーランドでは、社会保障制度でカバーする方法を採用している。しかし、これには支援を必要とする人々にきめ細かく行きわたる制度構築が必要で、相対的に小さくて豊かな国だからこそできることかもしれない。

　　消費課税に伴って生じる逆進性の問題を、消費税の枠内で緩和するのか（軽減税率）、税制全体の中で緩和するのか（所得税軽減）、社会保障制度と連携するのか、いわゆるマイナンバーカードの活用も含めて、日本でも議論を加速する必要がある。

【地方税法と税条例】

　消費税は消費税法という法律にもとづいて課税されている。それでは、地方消費税は地方税法という法律にもとづいて課税されているのかといえば、そうではない。実は、地方税は各地方団体の議会（都道府県議会や市町村議会）が定める条例にもとづいて課税されなければならないこととされているからである（これを租税法律主義になぞらえて、「地方税条例主義」と呼ぶ）。そのため、都道府県が課税する地方消費税は、都道府県議会が定める「税条例」に規定され、課税されることとなる。

　もっとも、最高裁の判例（最判 H.25・3・21）で、税条例が、地方税法の枠をはみ出して課税の範囲を決めることはできないとされているため、多くの場合、地方税法の内容をなぞった条例がつくられることになる。

　さらに、「うちの県の地方税は、この条例に規定していないことは、地方税法のとおりに課税する」旨の規定を税条例に置いておけば、税条例で詳細に決めなくても、税条例のこの規定を通じて、地方税法の規定がその県で適用されることになる。そのため、税条例はしばしば目の粗い規定をするだけ、ということになりやすい。

　たとえば、地方税法における地方消費税の規定は 39 か条あるが、地方消費税について 5、6 か条しか定めていない税条例の例もある。　　　　　　　　　　　　　　(H.S.)

Key Points 4 - Ⅱ

❶日本の消費税の税率は 0.78%、地方消費税率は消費税額を課税標準として、税率は $\frac{22}{78}$ である。つまり、地方消費税は消費税の課税標準の 0.22% であり、あわせて 10% となる。

❷令和元(2019)年 10 月より、食料品や新聞に対して軽減税率が導入された。その目的は、逆進性緩和ないし痛税感の緩和であるが、適用税率をめぐる納税者と課税当局の対立、その効果が富裕層にも及ぶこと、税収が下がることによりかえって税率が上がる可能性など、問題点も多い。

❸租税の基本原則である「公平原則」の消費課税への適用を考える場合、納税義務者である事業者は税額を消費者に転嫁することから、担税者である消費者の応能負担が問題となる。しかし、消費者の経済力とその消費金額が必ずしも比例しないことから、所得課税ほど強い応能負担原則は求められない。むしろ重要なのは、事業者が消費課税によって市場における競争力が歪められてはならないという意味での「中立原則」である。

❹消費課税における「非課税」は、所得課税における「非課税」と異なり、納税義務者である事業者や担税者である消費者にとって負担増となりうる。事業者にとって、売上げが非課税であるために、仕入税額控除ができなくなることにより、取り戻せ

ない消費税相当額を販売価格に上乗せすることで、かえって消費者の負担が増す。非課税の代わりにゼロ税率を導入した場合、これは国の負担によって維持される制度であることから、一定の税収を得るために標準税率を引き上げるということになれば、結果的に消費者の負担は増すことになる。

❺消費課税に伴う逆進性の問題について、日本は「軽減税率」という手法をとった。一方で、諸外国では一定の所得層に対する所得税の払戻しや、社会保障手当の充実という手法もとられている。

Ⅲ　適格請求書(インボイス)の導入

1. 適格請求書(インボイス)とは何か

Examples 4-7

　令和5(2023)年10月から「適格請求書等保存方式」が導入されることによって、何が変わるのか。次の①から④までのうち適切なものはどれか。

①これまでの請求書の記載事項が増える。

②適格請求書に記載された税額で売上税額を計算し、同様に適格請求書に記載された税額で仕入税額を計算することが原則となる。

③適格請求書を発行できる事業者となる手続きをとらなければならない。

④帳簿の保存は不要となる。

Lecture

(1) 概要

　令和5(2023)年10月1日から「適格請求書等(インボイス)保存方式」が導入されます(新消税30ⅠⅦ)。なお、「請求書等保存」(30Ⅶ)や「適格請求書等保存」と「等」が付くのは、通常は売主が買主に請求書を発行するのですが、スーパーと納入業者間の取引など、買主側の主導で反復継続的な取引が行なわれるビジネスでは、買主が売主に仕入明細書を発行することがあり、そのような明細書も請求書とみなされるからです(30Ⅸ②、新消税30Ⅸ③)。ここでは、売主が買主に発行する「適格請求書(インボイス)」について学んでいきます。

　消費税法の用語としては「適格請求書」とされますが、一般には「インボイス」と呼ばれています。このインボイスは、とくに欧州の長年の商習慣として、売主から買主に対して取引内容の詳細を記して発行されてきたものです。1977(昭和52)年に当時の欧州共同体(現在のEU)が仕入税額控除を組み入れた消費税(付加価値税)の共通ルールである付加価値税指令(EU指令、☞ EU域内の消費税の共通ルール「付加価値税指令(EU指令)」・p.213)を制定した際に、控除対象となる課税仕入れの詳細を記すものとしてこのインボイスを利用し、イン

ボイスの作成・保存を仕入税額控除請求権行使の要件としたのです。付加価値税導入から現在に至るまで、EU 域内の共通ルールでは、仕入税額控除が課税仕入れを行なった事業者の権利（請求権）と位置づけられていることは、重要なポイントです（☞「仕入税額控除」の性質——請求権か、計算項目か・p.229）。

　日本では、平成元(1989)年４月から施行された消費課税制度において、仕入税額控除の要件に「インボイスの保存」とはしませんでした。それは、結局、消費税導入時の仕入税額控除の要件は、「帳簿又は請求書等の保存」となりました。帳簿は、仕入税額控除を行なう事業者自身が作成するものですが、請求書はインボイスと同様、仕入税額控除を行なう事業者以外の者が作成する書類であり、請求書の交付は日本の商習慣として定着していた「請求書」が、インボイスの代替として利用されることになりました。

　その後、平成９(1997)年４月より、仕入税額控除の要件が「帳簿及び請求書等」となり、現在に至っています（30Ⅶ、☞ p.118）。

　請求書とインボイスの違いを、次の **Case** でみていきましょう。

Case 4-7

　事業者Ａは、令和５（2023）年10月以降も消費税の納税義務のある事業者（課税事業者）となるために、令和３（2021）年12月に適格請求書（インボイス）を発行することができる事業者登録を行なった。とはいえ、このインボイスなるものがこれまでの請求書と何が違うのかよくわからない。そこで、顧問税理士Ｂに「仕入税額控除をするためにインボイス保存が必要になるそうだが、これまでの請求書保存と何が違うのか」と尋ねた。

　Ｂ税理士は、どのように回答すればＡに納得してもらえるだろうか。

Analysis 4-7

　請求書とインボイスは、売主から買主に発行されること、そして両者間の取引内容の詳細（当事者の名称、取引年月日、取引内容、取引価格など）が記載されていることなどが共通している。

　現行法（30Ⅶ）では、仕入税額控除の要件が「帳簿及び請求書等の保存」であり、請求書は小規模事業者でも個人でも発行することができ、かつ、その請求書等の保存をもって事業者は仕入税額控除を行なうことができる。しかしながら、令和５年10月以降は、適格請求書発行事業者登録をした者のみが、仕入税額控除の要件となる請求書（適格請求書＝インボイス）を発行できることになる。

　Ｂ税理士の回答は、次のようなものになるであろう。

「これまでは仕入税額控除に必要な請求書を、納税義務のある事業者も、納税が免除される事業者も、個人も誰でもが発行することができました。しかし、令和5年10月1日からは、仕入税額控除に必要な請求書を発行できる事業者として登録した事業者だけが、仕入税額控除に必要な請求書、つまりインボイスを発行できることになります。」

　Aは、自分の仕入先事業者がインボイスを発行できる事業者になるのかという、次の心配が生じたが、ともかくも、請求書とインボイスの違いは理解できた。

　このように、令和5年10月1日より前は、納税義務者となる事業者（課税事業者）だけでなく、小規模事業者や個人が発行した請求書であっても、そこに記載された課税仕入れにかかる税額を控除することができます。しかし、それ以後は、課税事業者としての登録（適格請求書発行事業者登録）をした者が発行する請求書、すなわち、インボイスに記載された課税仕入れにかかる税額のみが、仕入税額控除の対象となります。

　日本はこれまで、請求書は事業者でも個人でも誰でも発行できる、そして事業者は、その請求書の保存をもって仕入税額控除ができるという、諸外国の消費税ではみられないユニークな仕組みになっていました。それは、小規模事業者や個人からの仕入れには仕入税額控除を認めないとなると、仕入れで負担した消費税を取り戻せない事業者としては、小規模事業者らからの仕入れを避けることになりかねないからです。そうした小規模事業者らの不利益を考慮して、このようなユニークな仕組みを維持してきたのです。また、これまでは税率が相対的に低かったため、小規模事業者らの不利益と税収ロス（☞ p.29）を比較して、前者に対する考慮を重視したわけです。

　しかしながら、税率が2桁になれば、税を納めていない小規模事業者からの仕入れについて仕入税額控除を認めるということは、相当な税収ロスにつながります。また、電気通信利用役務の提供についてリバースチャージ方式で課税をする際に（☞ p.172）、その電気通信利用役務の提供について、「事業者向けの役務提供」と「消費者向けの役務提供」に分けなければならないのに、役務提供先が事業者かどうか識別できる手段がない状況では、制度がうまく機能しません。そこで、消費税の納税義務のある事業者を識別するための手段として、適格請求書発行事業者登録制度を設け、これをもって課税事業者登録制度としたのです。

(2) インボイスの機能

　インボイス（適格請求書）の機能をさらに理解するために、いくつかの疑問を解いていきましょう。

　第1の疑問として、令和5（2023）年から「インボイス方式（適格請求書等保存方式）」が導入されるのは、消費税率が10％に引き上げられ、かつ、複数税率構造に移行したからでしょうか。

　その答えは、Yesでもあり、Noでもあります。

　平成元（1989）年4月に消費税法が施行されて以来、仕入税額控除の要件は、「帳簿又は請求書等保存」から「帳簿及び請求書等保存」（30⑦）へと変遷しました。消費税導入時には中小事業者の事務負担が最大限に考慮され、また、日本の商習慣として「請求書」は理解できても「インボイス」の理解は得られなかったため、仕入税額控除の要件を「インボイス保存」とすることは困難でした。しかし、消費税導入から30年以上経ち、消費税が税収の観点からも重要な基幹税となる中で、税率が2桁となり複数税率構造となったタイミングでインボイス方式の導入が決まったことから、「複数税率構造には、インボイスが必要だ」といわれることには一理あります。

　しかし、日本以外のOECD加盟国の消費税をみてみると、日本以外のすべての加盟国は「インボイス方式」を採用していて、その中には単一税率の国もあります。つまり、インボイスは、単一税率であっても複数税率であっても、仕入税額控除を行なう事業者にとっても課税庁にとっても、課税仕入れの詳細を確認するための必須アイテムといえるのです。

　第2の疑問として、適格請求書は発行資格のある事業者しか作成できませんが、どのようにして資格を取得するのでしょうか。

　これはすでに述べたように、「適格請求書発行事業者登録」が必要です（☞p.27）。この適格請求書発行事業者登録申請は、令和3（2021）年10月からすでに始まっています。令和5年10月以降、適格請求書発行事業者（課税事業者）からの課税仕入れについてのみ仕入税額控除が認められることから、これまでのような小規模事業者や個人からの仕入れについて、仕入税額控除を行なうことができなくなります。

　海外では、一定の売上げを超える事業者に課税事業者登録を義務付ける国もありますが（ニュージーランドなど）、日本では登録するかしないかは、事業者

の任意となっています。

　第3の疑問として、インボイスは仕入税額控除の局面でのみ重要な書類でしょうか。

　消費課税は、売上げにおける税額転嫁と、仕入れにおける仕入税額控除の両輪で駆動する仕組みになっています（☞ p.15）。このうち仕入税額控除については、控除対象となる課税仕入れは、仕入税額控除を行なう事業者自身が作成する帳簿の保存だけでなく、他者（売主）作成の書類である請求書（令和5年10月からはインボイス）で確認されます。そしてインボイス作成者である売主側事業者の課税売上げにかかる税額も、これによって確認できることになります。つまり、インボイスは、課税売上げに対していくらの税額が発生しているか、課税仕入れについていくらの控除額が発生しているかという、売上げと仕入れのダブルチェック機能をもっているのです。

> ■インボイス（適格請求書）の機能
> ・事業者が仕入税額控除を行なうためにその保存が必要である
> ・その記載内容により、課税仕入取引の詳細が確認できる
> ・記載されている控除対象仕入税額が、その仕入先の課税対象売上げとして申告納税されているかどうか、ダブルチェックすることができる

Next Step

▶複数税率構造とインボイス導入の関係

　「複数税率構造にはインボイスが不可欠」と一般には考えられがちであるが、必ずしもそうではない。OECDでは、米国を除いたその他すべての加盟国が国税としての消費税制度を有しており、OECD加盟国の消費税に関する2020（令和2）年の報告書によれば、加盟国36か国（2020年時点）の標準税率平均は19.3%であり（この報告書では日本の税率は8%の単一税率）、そのうち9か国は単一税率である（ただし、2019（令和元）年に日本は複数税率となったので、単一税率は8か国）。標準税率税率25%のデンマークや同15%のニュージーランドなど、相対的に高税率の国も単一税率を採用しており、かつ、日本以外の加盟国は、「インボイス方式」を採用している。したがって、高税率だから複数税率構造にしなければならないということではないし、複数税率構造だからインボイスが必要というわけでもない。

▶欧州におけるインボイスの歴史

　欧州におけるインボイスの歴史は、古くは石器時代の物々交換について貝殻に記録されたものに遡るが、約3500年前にビールやパンの取引について記されたものがインボイスの原型ともいわれている。そしてローマ帝国時代、中世の時代を経て産業革命の時代に至り、帳簿作成とインボイス発行は、産業や交易を担い広い地域を行き交う商人にとって、不可欠なものとして発展した。

　欧州各国が1960年代後半から仕入税額控除を組み入れた消費税（付加価値税）を導入し始め、1977年に当時の欧州共同体（現在のEU）が共通ルールをつくるに際して、仕入税額控除の対象となる仕入れの詳細を正確に把握するツールとして注目したのが、このインボイスである。商行為で一般に使われるインボイスと区別して、消費課税における仕入税額控除請求権を行使するためのものとして、正確には「タックス・インボイス」と呼ぶべきこのインボイスは、納税義務のある事業者として課税事業者登録をした者のみが発行できる。つまり、納税義務のない小規模事業者や個人は、このタックス・インボイスを発行することができない。

▶適格請求書（インボイス）の必須記載事項

　令和5(2023)年10月より、仕入税額控除の要件が「適格請求書発行事業者登録を行った事業者発行の適格請求書保存」となる（新消税30ⅠⅦ）。

　適格請求書の必須記載事項は、以下のとおりである（新消税57の4Ⅰ）。

　①適格請求書発行事業者の氏名または名称、および登録番号

　②課税資産の譲渡等を行なった年月日

　③課税資産の譲渡等の資産または役務の提供の内容（軽減税率適用の記載含む）

　④税抜価額、または税込価額を税率ごとに区分して合計した金額

　⑤税額

　⑥適格請求書受領事業者の氏名または名称

　これら必須記載事項の規定は、適格請求書保存に関する規定（新消税30Ⅰ）から離れた場所（新消税57の4Ⅰ）に、「適格請求者発行事業者の義務」として規定されている。諸外国では、インボイス発行・保存に関する規定と連結して定められるのが通常である。

▶「仕入税額控除」の性質──請求権か、計算項目か

　令和5(2023)年10月からのインボイス方式への移行により、仕入税額控除の要件が厳格化されるとも、国際標準化されるとも考えられる。そのような中で、課税庁による仕入税額控除の否認が増えたり、また逆に事業者による仕入税額控除制度の悪用が増えたりしないためには、仕入税額控除の法的性質を明確にする必要があろう。

> **新消税30条7項** 〔仕入税額控除を定める1項の規定は〕事業者が当該課税期
> 　　　間の課税仕入れ等の税額の控除に係る**帳簿及び請求書等**……を

> 保存しない場合には、当該保存がない課税仕入れ、特定課税仕
> 入れ又は課税貨物に係る課税仕入れ等の税額については、適用
> しない。

　このように「保存がない場合には……〔仕入税額控除の規定を〕適用しない」という、いわゆる消極要件で規定されている。これは、消費税制度を有する諸外国の仕入税額控除の規定と比較して特異な点である。たとえば、EU 域内の共通ルールは「仕入税額控除権を行使するためには……インボイスを保存しなければならない」（EU 指令 178 条）と定め、仕入税額控除は事業者にとっての権利、しかも「消費課税制度の必須要素」と位置づけている。

　EU 域内では、現行付加価値税以前の制度下において、仕入税額控除ができないために生じる税額累積という制度上の問題があり、多くの事業者が裁判でそれを争ってきた。そして、裁判所から、税額累積に対する違憲判決を引き出したのである（☞ p.21）。その結果、現在のような仕入税額控除制度を組み入れた消費課税制度の構築に至った経緯を考えれば、EU 域内の仕入税額控除は、「事業者が長年の闘争の末に獲得した権利」といえるであろう。

　一方、日本では平成元(1989)年の消費税導入当初から仕入税額控除制度は組み入れられ、しかも上記条文（30Ⅶ）からは、仕入税額控除が義務とも権利とも、あるいは所得税の費用控除のような減算項目とも判断できず、その性質は判然としていない。

　このように、性質があいまいなままであることの弊害として、主に 2 点を挙げることができる。

　第 1 に、仕入税額控除が消費課税の根幹を成す請求権と位置づける場合、それを否認するためには、相当程度の合理的理由づけが必要となる。他方、納税額算出のための計算項目の 1 つであるとする場合には、必要経費や損金の計上が否認されるように、仕入税額控除が認められない可能性が広がる。

　第 2 に、仕入税額控除を請求権とする場合、請求権の成立時期を明確にすることができる。たとえば、その成立時点での仕入れの目的（用途）をもって、当該仕入れが課税売上対応か、課税売上げと非課税売上げの両方に対応するものかを判断することができる（30Ⅱ①）。他方、計算項目の 1 つとする場合には、とくに課税仕入れの用途が途中で変わるときなど、課税仕入れの用途判断の基準時点をいつとするかが明確に定まらない。課税仕入れの用途区分の判断基準をめぐっては、いくつかの裁判例がある（☞ p.250）。

【EU における仕入税額控除請求権──欧州司法裁判所】

EU 域内では、仕入税額控除請求権が「消費課税の支柱」「納税者の権利」である との理解が定着しており、欧州司法裁判所（European Court of Justice）の先決 裁定（preliminary ruling）でも、繰り返し「仕入税額控除請求権は、付加価値税制 度の根幹部分であり，原則として制約されてはならない」と述べられている。ある脱 税スキームの違法性を知らないまま、一連の取引のひとつにかかわった事業者の仕入 税額控除請求権の可否が問われた事件（「Kittel 事件」欧州司法裁判所 2006 年 7 月 6 日判決）の先決裁定でも、同裁判所は、「〔EU 指令が定める〕仕入税額控除請求 権は、付加価値税制度の根幹部分であり，原則として制約されてはならない。……自 らの買主として行った取引が売主の脱税と関連していないことについて、自らに求め られる十分な注意を払った場合には、付加価値税の仕入税額控除権を失うリスクなし に、取引の正当性が認められなければならない」との判断を示し、脱税スキームにお いてすら、十分注意を払った事業者の仕入税額控除請求権を擁護した。

この欧州司法裁判所は、ルクセンブルクに所在する EU の司法機関である。この裁 判所のさまざまな機能の中で、消費課税に関して重要な機能が「先決裁定」である。

EU 加盟 27 か国（2022 年 5 月現在）の各国の消費税法の共通ルールが EU 指 令（☞ p.213）であるが、その国内法規定が EU 指令規定と整合していないことが問 題となり、それが国内裁判所で争われる場合、国内裁判所はいったん訴訟手続きを中 断し、問題となる EU 指令規定の解釈を求めて欧州司法裁判所に付託することができ る。付託された問題について欧州司法裁判所が示す解釈が、「先決裁定」である。付 託をした国内裁判所は、欧州司法裁判所が示す解釈に即して国内法を解釈する義務を 負う。このような先決裁定の制度を通して、EU 指令と各国の消費税法との整合がは かられることになる。

欧州司法裁判所判例は、以下の URL より、全文閲覧することができる。

〈https://curia.europa.eu/juris/recherche.jsf?language=en〉　　　　　（Y.N.）

2. 令和 5 年 10 月以降の原則的計算方法とインボイスの課題

Examples 4-8

令和 5（2023）年 10 月からインボイス方式へ移行を前に、適格請求書等発行事 業者登録を予定している事業者 A は、課税売上げと課税仕入れの計算方法につい て次のように考えた。

「課税売上げは少なめに、課税仕入れは多めに計上したい。だから、課税売上げ

については、インボイスにもとづいて各取引にかかる税額について円未満を切り捨てて課税期間中の合計額を計算し、課税仕入れについては、課税期間中の課税仕入れの支払対価の合計額に$\frac{78}{100}$を乗じて計算しよう。」

　Ａの考える「課税売上計算は積上げ計算、課税仕入計算は割戻し計算」は可能だろうか。

Lecture

(1) 令和5年10月以降の原則計算方法

　消費税の納税額の計算は、課税売上げに税額の計算と課税仕入れにかかる税額の計算から構成されます。

　課税売上げにかかる税額の計算は、令和5 (2023)年10月からのインボイス方式導入後も原則的計算方法は変わりません。すなわち、課税期間の課税売上げの対価（税込価額）を税率ごとに合計して、税率で割り戻して課税標準額を算出し、これに税率を乗じて税額を算出するのが原則です（「割戻し計算」）（新消税45Ⅰ）。

　前述したとおり（☞ p.86、131）、消費税の課税標準は個々の取引の対価ですが、申告における「課税標準額」は、課税期間中に行なわれる各取引の対価である課税標準の金額の合計額です（新消税45Ⅰ①）。つまり、消費税は課税資産の譲渡等が行なわれるごとに納税義務が成立しますが、その申告においては、各課税資産の譲渡等の課税標準の合計額に税率を乗じた税額が記載されることになります。

　他方、仕入税額の計算は、令和5年10月以降、取引ごとのインボイスに記載された消費税額（仕入税額控除を行なう事業者にとっては仕入税額）を基礎とするのが原則計算になります。つまり、各インボイスに記載された仕入税額の課税期間の合計額（またはインボイスごとに帳簿に記帳した仕入税額の積算額）をもって、課税仕入れにかかる消費税額とします（「積上げ計算」）（新消税30Ⅰ）。

　Case で、この原則計算方法を確認します。

Case 4-8

(1)　事業者Ａの課税売上げ（税込み）は、以下のとおりである。これをもとにＡの課税売上げにかかる税額の計算をしてみよう。

課税期間中の 10% 適用の課税売上げ（税込み）：5000 万円

課税期間中の 8 % 適用の課税売上げ（税込み）：3000 万円

(2) 上記（1）の事業者 A の各インボイスに記載された仕入税額の合計額は以下のとおりである。これをもとに、A の課税仕入れにかかる税額の計算をしてみよう。

課税期間中の各インボイス記載の仕入税額の合計（税率 10%分）：300 万円

課税期間中の各インボイス記載の仕入税額の合計（税率 8 %分）：200 万円

Analysis 4-8

(1) 課税売上げにかかる税額計算（割戻し計算）

税率 10% についての課税標準：

$$5000 万円 \times \frac{100}{110} = 4545 万 4000 円 \cdots\cdots\cdots\cdots (a)$$

※1000 円未満切り捨て（税通118Ⅰ）

税率 8 % についての課税標準：

$$3000 万円 \times \frac{100}{108} = 2777 万 7000 円 \cdots\cdots\cdots (b)$$

※1000 円未満切り捨て（税通118Ⅰ）

(a) ×7.8%（標準税率）＝354 万 5412 円 \cdots\cdots (c)

(b) ×6.24%（軽減税率）＝173 万 3284 円 \cdots\cdots (d)

※1 円未満切り捨て（税通119Ⅱ）

以上の計算により、A の課税売上げにかかる税額は、

(c) ＋ (d) ＝527 万 8696 円 \cdots\cdots\cdots\cdots\cdots\cdots (e)

となる。

(2) 課税仕入れにかかる税額計算（積上げ計算）

仕入れにかかる税額の計算は、以下のとおりである。

$$（300 万円＋200 万円）\times \frac{78}{100} = 390 万円 \cdots\cdots (f)$$

※標準税率分も軽減税率分も、消費税と地方消費税の比率は 78：22 なので（☞ p.22）、インボイス記載の仕入税額の合計額に $\frac{78}{100}$ を乗じる。

(e) と (f) から算出される納税額は、

527 万 8696 円−390 万円＝137 万 8600 円

※100 円未満切り捨て（税通119Ⅰ）

となる。

この *Case 4-8* における、割戻しによる売上税額計算と積上げによる仕入税額計算は、原則計算です。しかし、売上税額計算における原則計算では、商品ごとに税率を乗じたときの端数処理が「切り捨て」「四捨五入」「切り上げ」と事業者ごとに異なる中で、たとえば薄利多売の商売で四捨五入をしている場

合、切り上げられた金額が累積して課税期間中では多額になることもあり得ます。そこで、売上税額の例外的計算方法として、インボイス記載の税額の合計額に $\frac{78}{100}$ を乗じる「積上げ方式」も認められます（新消税45Ⅴ）。また、仕入税額計算についても例外的計算方法として、「割戻し計算」も認められます（新消令46Ⅲ）。

　ただし、インボイス方式導入に伴って出された通達（「消費税の仕入税額控除制度における適格請求書等保存方式に関する取扱通達」）によれば、事業者が売上税額については切り捨て処理による「積上げ計算」を選択して売上税額を少なめに計算し、仕入税額については「割戻し計算」を選択して仕入税額を多めに計算することを回避するため、売上税額計算には「積上げ計算」、仕入税額計算には「割戻し計算」とすることはできないとされています。しかし、事業者の有利選択を法令ではなく、通達で封ずるというのは、租税法律主義の観点からいえば、問題といえるでしょう。

（2）インボイスに誤記等があった場合

　インボイスの必須記載事項については、すでにみてきました（☞適格請求書（インボイス）の必須記載事項・p.229）。

　ヒューマンエラーはあらゆる作業につきものですが、たとえば、ある事業者が仕入れた商品について、仕入先事業者発行のインボイス中に適用税率の間違いをみつけた場合、仕入先事業者に伝えずに自分でこの間違いを訂正することができるでしょうか。

　インボイスに誤記や記載漏れ（以下、「誤記等」と呼びます）があった場合、自分で作成して自分で保存する帳簿の誤りがあったときの修正ほど簡単なことではありません。誤記等のまま相手方に交付されたインボイスによって相手方が仕入税額控除を行なってしまうことから、作成者がいつでも自由に訂正してよいということにはなりません。また、インボイスは、適格請求書発行事業者登録をした事業者がその資格において発行するものですから、受領側が独自の判断で訂正することもできません。

　インボイスの記載事項に誤記がある場合、「訂正ができるのは誰か」、「インボイス受領者に訂正請求の権利があるのか」、「訂正はいつまでにしなければならないのか」、「軽微な誤記程度であっても正規のインボイスとして認められず、

仕入税額控除は否認されるのか」などが問題になります。現時点ではこれらの問題に対応する明確な法令根拠はなく、国税庁Q&Aを参考にするしかないため、今後はこれに関するルールづくりが必要となってきます。

仕入税額控除の要件は、現行法では「帳簿及び請求書等保存」（30Ⅶ）ですが、これらの必須記載事項が正確に記載されていない場合には仕入税額控除が否認される、というのが判例の傾向です。

たとえば、病院などで余った薬を現金で買い取って別の医療機関に転売するビジネスをめぐって、帳簿に病院の実名表記がないことを理由として（30Ⅷイ）、仕入税額控除を認めないとした次のような裁判例があります。このビジネスでは、余った薬を売る病院としては名前を出してほしくないため、病院名は伏せることを買い取り条件とし、買い取った事業者もその帳簿に病院の実名を記載していませんでした。

■東京高判 H.10・9・30
　「〔法30条7項が規定する〕帳簿とは同条8項に列記された事項が記載されたものを意味することは明らかであり、また、同条7項の趣旨からすれば、右記載は真実の記載であることが当然に要求されているというべきである。……すなわち、法は、仕入税額控除の要件として保存すべき法定帳簿には、課税仕入れの年月日、課税仕入れに係る資産又は役務の内容及び支払対価の額とともに真実の仕入先の氏名又は名称を記載することを要求しているというべきである。」

■インボイスの今後の課題
・記載事項の誤記等の訂正方法や時期に関するルールづくり
・記載の正確さをどこまで求めるかのルールづくり

Next Step

▶インボイスは他の書類で代替できるか？

上記の薬を現金で買い取った事件では、法が定める帳簿・請求書等の必須記載事項を正確に真実を記載していなければ、仕入税額控除が認められないという裁判所の判断であった。つまり、「正確に真実が記載された帳簿・請求書等の保存」を仕入税額控除の要件としているが、令和5（2023）年10月からのインボイス方式導入後も同様の問題

は生じるであろう。

令和5年10月以降のインボイスの誤記等について、次の **Case** で考えてみよう。

Case 4-9

病院から薬を買い取った事業者Aは、インボイスには仕入先病院の実名を記していないが、薬事法で求められる別の書類には仕入先病院名を正しく記載している。インボイス以外の書類では仕入先が正確に特定されるのであるから、これによって仕入税額控除が認められるか。

Analysis 4-9

現行法30条7項は帳簿および請求書等の保存を定めているが、政令で定める事項については、これを緩和している（消税令49Ⅰ～Ⅵ）。たとえば、3万円未満の取引、仕入先が特定できない再生資源取引などは、帳簿保存のみで足りる。令和5（2023）年10月からのインボイス方式導入後も、これは基本的に変わらない（新消税令49Ⅰ～Ⅳ）。

これら施行令の取扱いが「正確に真実が記載されたインボイスの保存」の例外だとすれば、例外は厳格に解釈されるべきであるし、例外として列挙されていない以上、範囲を拡張することは難しい。

しかし、仕入税額控除は消費課税における本質的かつ不可欠な制度であり、事業者にとって重要な権利であると位置づけた場合には、仕入税額控除の要件は、まず、課税仕入れが本当に行なわれていることであり（実体要件）、インボイスの保存は課税仕入れが本当に行なわれたことを示す手続き（手続要件）となる。したがって、課税仕入れが現実に行なわれたことがインボイス以外の書類によって証明される場合には、仕入税額控除が認められる可能性がある。

▶修正されたインボイスの効果は遡及されるか？

インボイスが交付後に修正された場合、その効果は交付時にさかのぼるのだろうか、あるいは修正された日の属する課税期間で調整されるのであろうか。

これに関して、日本では法令の定めがなく、また裁判例もない。しかし、この問題も、仕入税額控除とインボイスの関係について、30条の仕入税額控除要件の規定を中心に考えるか、仕入税額控除制度の本質から考えるかによって結論は異なる。

すなわち、仕入税額控除要件を定める規定（30ⅦⅨ）を中心に考えれば、インボイスに法が求める必須記載事項が、正しく記載された時点で、仕入税額控除が認められることになる。他方、仕入税額控除が、消費課税にとって本質かつ不可欠な制度であることから考えれば、誤記等のあった当初のインボイス発行時において、その誤記等がきわめて軽微である場合などには、事後の修正の効果が当初のインボイスの発行時にさかのぼ

ることも考えられる。

　令和 5 (2023)年 10 月以降の取引を想定して、次の **Case** で考えてみよう。

Case 4-10

　事業者 A は、01 年に事業者 B に販売した商品についてインボイスを作成して B に交付したが、02 年に至って B の名称の一部が誤記されていることが判明した。B の指摘を受けて A はインボイスを訂正した。この場合、訂正されたインボイスの効果は 01 年に遡及し、B は 01 年の課税仕入れとして処理することができるか。

Analysis 4-10

　令和 5 年 10 月からは、インボイスの必須記載事項は、「作成者の氏名・名称」、「交付を受ける者の氏名・名称」、「譲渡年月日」、「資産・役務提供の内容」、「税抜価額と税額」であり (新消税57の4Ⅰ)、B の名称記載は必須事項である。ところがそれに単純な誤記があり、事後に訂正された場合に、誤記されたインボイスの効果は交付時に遡及するかが問題となる。

　ここでも、必須記載事項を正しく記していないインボイスには効力をいっさい認めないという、30 条の規定を重視する考えによれば、B の課税仕入れを 01 年に税額控除をすることができない。他方、仕入税額控除が消費課税の本質であるという考え方によれば、現に課税仕入れが行なわれ、それに関する記載に軽微な誤りがある場合には、当初のインボイスの交付時の仕入税額控除が認められる可能性がある。

　この **Case 4-10** に関連して、仕入税額控除を請求権として位置づけている EU における裁判例をみてみよう。

　ドイツの事業者が、インボイスの必須記載事項である課税事業者番号を記載せずに送付したインボイスについて、事後に修正して再送付したところ、ドイツの課税当局は、訂正されたインボイスの効果は当初の送付時に遡及しないとした。この裁判は、ドイツ国内裁判所から欧州司法裁判所に移って審理された結果、欧州司法裁判所は、訂正インボイスの効果の交付時への遡及を認めた。その理由は、第 1 に、仕入税額控除の実体要件は課税仕入れの事実であって、インボイスの保存は手続要件であること、そして第 2 に、事業者には必須記載事項が記載された正しいインボイス発行の義務はあるが、その義務違反には罰則で対処すべきであり、消費課税の根幹である仕入税額控除請求権を否認するべきではないというものであった（「Senatex 事件」。欧州司法裁判所 2016 年 9 月 15 日判決）。

▶事業者にインボイス方式導入のメリットがあるか？

　インボイス方式の導入は、一義的には、課税当局の消費税情報の管理に資するものではあるが、納税義務者である事業者にどのような便宜をもたらすであろうか。

第1に、ビジネスのグローバル化や電子化に対応しやすくなることだ。インボイスを発行できるのは課税事業者であるから、それを受領する事業者は相手方のステータス（課税事業者か、そうでないか）を確認することができる。国境を越えて提供される電気通信利用役務（☞ p.172）では、事業者間取引（B2B取引）について納税義務者が売主から買主に転換されるリバースチャージが行なわれるが、これまでは取引当事者が課税事業者かどうかを区別する手段がなかった。相手方のステータスを確認することができれば、取引当事者はどちらに納税義務があるのかを客観的に判断することができる。

　第2に、これは電子インボイスの普及次第ではあるが、請求書を作成して郵送したり、あるいは受け取った請求書を一定期間保存したりすることにより、事業者が負担する費用を削減することができる。

　第3に、これも電子インボイスの普及次第であるが、簡単で安価なインボイス作成ソフトがあれば、小規模事業者も課税事業者に転換しやすい。これにより零細事業者であっても、自分の事業に相応しい消費税計算方法を選択できることになる。このようなソフトウェアは、会計システムや申告書作成とも連動していれば、さらに便利になる。

　もっとも、電子インボイスの最大の課題は、その原本性が保証されているかどうか、つまり、インボイスが実在する事業者によって発行され、かつ、偽造されたものでないことがどのように保証されるかである。現時点では、電子インボイスに関する法令上のルールはなく、適格請求書等の保存方式に関する取扱通達（☞ p.234）で電子インボイスの範囲が示されているのみである。電子インボイスの発行者の実在と記載内容の真正性を保証するための法的整備も、これからの課題である。

Key Points 4 – Ⅲ

❶令和5（2023）年10月1日から、「インボイス方式（適格請求書等保存方式）」が導入される。適格請求書発行事業者登録、すなわち課税事業者としての登録をした事業者だけがインボイスを発行することができ、これを発行することができる事業者からの課税仕入れのみが仕入税額控除の対象となる。

❷インボイス方式への移行は、必ずしも複数税率構造の消費税に転換したからではない。税率構造のいかんにかかわらず、インボイスは控除対象となる課税仕入れの詳細な情報を記した書類として機能している。日本以外のOECD加盟国で単一税率構造の国（ニュージーランドなど）も、インボイス方式を採用している。

❸インボイスは、仕入税額控除の局面で機能するだけでなく、仕入先事業者においていくらの課税売上げが発生しているかを把握する機能もある。すなわち、売上げと仕入れのダブルチェック機能をもっている。

❹新方式導入後の税額計算の原則は、「売上税額は割戻し計算、仕入税額計算は積上げ計算」を原則とするが、例外的に売上税額について積上げ計算、仕入税額について割戻し計算も認められる。ただし、「売上税額は積上げ計算、仕入税額は割戻し計算」の組み合わせは、恣意的な有利選択として、通達は認めていない。

❺新方式導入後のインボイスに関しては、記載事項の誤記等について、誤記等を理由に無効なインボイスとする形式判断をするのか、あるいは課税仕入れの実体を考慮して修正ルールをつくっていくのかが課題である。

❻インボイスの電子化は、とくに中小事業者の申告納税手続きやインボイス作成の便宜の観点から、ますます重要性が高まる。簡易であること、取引事業者間で互換性があること、会計ソフトと互換性があることなどが求められる。

IV 消費税の脱税・節税スキームへの対応

1. 脱税事案と重加算税賦課事案

Examples 4-9

　　高級腕時計販売業を営むＡは、海外において２億円で高級腕時計を買い付けて日本国内に持ち込み、国内で仕入れたものとして、高級腕時計コレクターのＢに３億3000万円（10％の税込み）で販売した。Ａは消費税の申告において、売上税額3000万円、仕入税額2000万円、納付額1000万円とした。この場合、Ａの脱税額はいくらか。

Lecture

　本書の最後に、消費税の今後の重要課題として、消費税の脱税や過度な節税スキームの問題をみていきます。

　脱税は犯罪ですが、節税スキームや還付スキームについては、否認されるべき租税回避行為である一方、ビジネスモデルとしては社会に有用なものもあります。このようなグレーゾーンのスキームを、本書では還付スキームも含めて、「（広義の）節税スキーム」と呼ぶことにします。

　消費税は、少なくとも導入当初は、「所得課税に比べて脱税や租税回避が少ない」といわれていました。たしかに、消費課税の売上げの側面からすれば、納税義務者である事業者は自ら税負担をすることなく、それを次の取引相手に転嫁することができるのですから、脱税も租税回避もあまり関係がないように思われます。しかしながら、消費課税の仕入れの側面からすれば、仕入税額控除制度を巧みに利用することで、つまり仕入税額をできるだけ多く計上することで納税額は減りますし、さらには、売上税額を上回る仕入税額を計上することで、税の還付までも受けられることになります。

　当初、「消費税には脱税や租税回避が少ない」と考えられていたのは、税率が低く、単一税率など制度が簡素であったため、脱税のメリットも節税スキームの選択肢も少なかったからです。しかし、税率が高くなり、制度が複雑にな

ることで、脱税による利得も大きいものとなり、節税スキームの選択肢も広がってきています。

(1) 脱税の事案

まず、実際に起こった脱税事件を参考にして、典型的な消費税の脱税事案である **Case** をみていきます。

Case 4-11

清掃業を営む A 社は、B ホテルの清掃業務を請け負っており、これまでは自社社員らにこの業務を行なわせていた。しかしながら、その後、実態のない人材派遣会社 C 社を設立し、社員らを C 社の社員とした上で、A 社に派遣する仕組みに切り替えた。A 社へ派遣された C 社の社員らは、従前どおり、B ホテルの清掃業務にあたっている。一方で A 社は、社員派遣に対して C 社に支払った金額を、会計処理上、外注費に計上した。

A 社がわざわざ C 社というダミー会社をつくって、自社社員を C 社からの派遣社員としたのはなぜか。また、これが脱税事件とされるのはなぜか。

Analysis 4-11

A 社社員は A 社に対して労務を提供し、それに対して A 社は給与を支払うが、給与は仕入税額控除ができる課税仕入れにはあたらない（2 I ⑫）。しかし、人材派遣会社 C 社が自社社員を A 社に派遣する場合、これは C 社から A 社への役務の提供であり、それに対して A 社が支払う対価は外注費として、仕入税額控除ができる課税仕入れにあたる。

消費税率が高くなれば、「支払給与として法人税の損金算入にするより、課税仕入れとして仕入税額控除をするほうが得だ」と考えるわけである。

この **Case 4-11** は、C 社が実態のない会社であったとして、平成 29(2017)年に、名古屋国税局が、実際、消費税法違反事件として刑事告訴した事案です。

このように実態のない会社を使うほかに、基準期間（☞ p.186）のない出資金 1000 万円未満の新設法人が納税義務が免除されることを利用して（☞ p.187）、2 年ごとに新しい人材派遣会社を次々と設立するという節税スキームもしばしばみられます。この場合、新設法人である人材派遣会社には事業実態が一応あるため、脱税事案にはなりませんが、「派遣する会社は納税せず、派遣される会社は仕入税額控除を行なう」という不合理さは残ります。

Case 4-12

　Dは、金塊の購入に消費税がかからないE国で金塊18キロ（日本での価格1億円相当）を購入して、航空貨物扱いの電気工具の中に隠し込んで日本に持ち込んだ。首尾よく空港の手荷物検査を通過できたDは、この金塊に10%の消費税を付して金買取販売業者に売った。

　これは、明らかに密輸事件であるが、同時に脱税事件とされるのはなぜか。

Analysis 4-12

　Dは、金塊を日本に持ち込むにあたって、税関でこれを申告せずに消費税を免れている（4Ⅱ）。申告納税することなく国内に持ち込んだ金塊について、これに消費税相当額を加えた上で金買取販売業者に売却している。この販売価格とE国での購入価格との差額に加え、加算した消費税相当額がDの利益となっている。

　密輸した金塊が日本国内で買取販売店（密輸者との通謀が疑われる、いわゆるバッファ）に販売されたのち、商社（密輸であることは不知）に転売され、国際金市場に輸出されるが、輸出時に国内で生じた消費税相当額（密輸者によって納税されていないもの）が還付されることになる。すなわち、日本政府には還付分の損が生じる。

　この *Case 4-12* も、令和2（2020）年に摘発された消費税脱税事件をモデルにしました。金塊購入に消費税がかからない国で金塊を購入し、金塊を日本に持ち込む人物（いわゆる運び屋）が雇いやすい国を経由して、日本に持ち込みます。摘発された事件では、航空機を利用しましたが、2隻の密輸船が海上で金塊を受け渡す方法（いわゆる瀬どり）が用いられることもあります。多くの場合、個人の犯罪ではなく、下の図のように組織犯罪です。密輸者にとっては、消費

【金塊販売を用いた消費税の脱税事案の概念図】

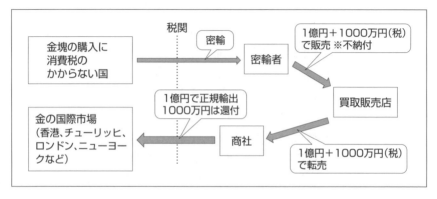

税率が高いほど、多くの利ザヤを得られることになります。

Case 4-11 と **Case 4-12** のいずれのケースにおいても、脱税者にとっては、税率が上がれば上がるほどメリットが大きくなります。

Case 4-11 は、仕入税額控除制度の濫用例（☞ p.21）です。実態のない会社を利用するなどの脱税に対しては、平成30(2018)年7月より、日本の国税当局が消費税事案の情報収集を担当する専門チームを発足させて対応をしています。基準期間のない新設法人を利用した節税スキームについては、令和5(2023)年10月以降は、小規模事業者からの仕入れについて税額控除ができなくなるため、この問題は解消に向かうことになるでしょう。

Case 4-12 は、輸出免税制度（☞ p.157）の濫用例です。これに対しては、平成28(2016)年に金の買取時の厳格な本人確認の義務化を定めた犯罪収益移転防止法改正があり、平成30(2018)年には、消費税法にもより厳しい罰則規定（64Ⅳ）が設けられました。

(2) 重加算税賦課の事案

次に、重加算税が課された **Case** をみていきます。これも、**Case 4-11** や **Case 4-12** の脱税の事案同様、輸出免税制度と仕入税額控除制度とを濫用して仕組まれたスキームです。

納税義務者が過少に申告をしたり、申告をまったくしなかったり、法定期限までに納付しなかったりしたときには、それぞれ過少申告加算税（税通65Ⅰ）、無申告加算税（税通66Ⅰ）、不納付加算税（税通67Ⅰ）というペナルティが課されます。このような過少申告、無申告、不納付が「隠蔽し、又は仮装」によって行なわれている場合には、さらに重い重加算税が課されます（税通68Ⅰ〜Ⅲ）。これら加算税や重加算税は、申告納税制度に対するコンプライアンスを高めるために課されるものであって、各租税法律が定める刑罰（消費税法では64条以下）とは異なります。

Case 4-13

衣料品輸出入業を営むF社は、台湾に所在するG社との間で契約を結んだ。その内容は、F社が日本国内で購入した商品を梱包して、輸出手続き・通関手配をし、G社に配送することであった。

他方、G社から商品買付けを行なっている台湾の複数事業者（H社ら）は、来日し

て日本国内の複数事業者（I社ら）から直接商品を買い付け、代金はH社ら自身が支払うものの、領収書はF社宛とした。商品はI社らからいったん日本国内の倉庫に運ばれ、台湾に向けて発送された。なお、F社のG社への商品輸出に際し、I社らからの仕入代金に販売利益を上乗せしていなかったほか、F社は輸出業務も実際に行なっていなかった。また、I社らはF社について、「H社らが購入した商品を引き取りに来るだけの業者」と認識していた。

F社はI社らから受領したF社宛領収書をもとに仕入明細書（30Ⅸ②）を作成し、自らを輸出業者とする消費税申告において、I社らから購入した際の消費税相当額を還付額とした。F社は、この還付額の一部をG社に送金した。

F社の上記還付申告について、重加算税を賦課することはできるか。

Analysis 4-13

F社はG社との間で、日本国内で商品を購入して台湾に輸出をするという契約は締結していたものの、仕入先のI社らから実際に商品を購入して代金を支払ったのは、台湾の事業者のH社らである。したがって、I社らがF社宛に作成された領収書は、取引実態と異なるものである。また、F社が輸出業務を行なった実態もなく、F社からG社への販売には販売利益も上乗せされておらず、およそ通常の経済活動とは考えられない。F社にとっての利益は、輸出免税（7Ⅰ）により獲得できる還付税額であり、これをG社と分け合うスキームになっているのである。

F社のこのような一連の行為は、実態を伴わない取引を仮装したものにほかならず、重加算税賦課の要件である「税額計算の基礎となるべき事実の仮装」（税通68Ⅰ）に該当すると考えるのが妥当である。

この *Case 4-13* は、裁判例（東京地判R.3・10・19）をモデルにしました。この事件では、還付税額をF社が25%、G社とH社らが75%の割合で分け合っていましたので、G社がこのスキームを主導していたと疑われるところです。

輸出免税制度を濫用したこのスキームは、とくに消費税率が10%に上がって以降、しばしばみられるようになりました。上記の裁判例に類似した事案（東京地判H.31・2・20）では、重加算税ではなく過少申告加算税の賦課処分がなされています。重加算税か過少申告加算税かの違いは、原告事業者が仕入先に対する支払いを全くしていないか、一部していたかにあることから、このスキームには常に重加算税が賦課されるわけではなさそうです。

▶脱税に対するリバースチャージの適用

　Case 4-12 で、密輸者が海外で雇われた「運び屋」であるために、日本国内で捕捉することが難しい場合、この密輸者と買取販売業者との間に消費税脱税についての通謀があるとすれば、国内の事業者である買取販売業者を納税義務者として申告納税をさせるということは考えられないであろうか。つまり、脱税に対するリバースチャージ（☞ p.172）のことである。

　現行法でリバースチャージが採用されているのは、「事業者向け電気通信利用役務の提供」（☞ p.174）および海外の外国人タレント等が日本国内で役務提供を行なう「特定役務の提供」（2 Ⅰ⑧の⑤）だけであって（☞特定役務の提供とリバースチャージ方式による課税・p.176）、これは、国境を越える役務提供について仕向地主義を実現させるためのリバースチャージの適用である。しかし、国境を越えて、複数の取引や人を連鎖して巧妙に仕組まれる脱税スキームが蔓延している EU 域内では、この一連の取引の一部当事者が通謀していることに着目し、納税義務を売主から買主に転換する立法例もみられる（たとえば、ドイツ売上税 25d 条）。

　ドイツがこのような立法を行なった背景には、EU 域内のモノの自由移動、輸出免税制度および仕入税額控除制度を悪用した、巧妙かつ深刻な消費税脱税問題がある。

2. さまざまな節税スキーム事案

Examples 4-10

　Ａは、塗装工事業を営む Ｂ 社の従業員であったが、給与から所得税や社会保険料が天引きされると手取額が少なくなることから、Ｂ 社に対して「従業員でなく、独立した職人として報酬を支払ってほしい」と申し入れ、Ｂ 社もこれに応じた。ただし、Ａは、いわゆる一人親方として、独立後も Ｂ 社の仕事のみを請け負い、仕事内容も仕事の段取りも、従業員時代と何ら変わることはなかった。Ｂ 社は、Ａからの請求書にもとづいて報酬を支払い、これを外注費として控除対象課税仕入れに計上した。

　この場合、どちらの考え方をとるべきか。

①Ａと Ｂ 社間の合意に従い、両者の関係は委託契約であり、Ｂ 社から Ａ の支払いは、外注費として仕入税額控除が認められるべきである。

②Ａは、独立後も、仕事内容に関する Ｂ 社との関係は何ら変わっていないのだから、両者間には雇用関係が継続している。Ｂ 社が Ａ に支払っているのは給与であり、Ａ に対する支払いから所得税の源泉徴収をするべきである。

Lecture

(1) 契約内容自体に違法性はない事案

消費税率が上がれば、当然、控除対象仕入税額も多くなります。**Examples 4-10** では、B社が従業員に支払う給与は、仕入税額控除の対象にならないけれど（2Ⅰ⑫括弧書）、独立した職人扱いにすれば、外注費は仕入税額控除の対象となります。実質的には雇用関係なのに、契約上は外注扱いにするだけで、仕入税額控除のメリットを受けることができるのです。

この場合、AとB社間では契約がきちんと結ばれ、契約どおりの内容が履行されているので、仮装行為とは認められません。ただ、Aが「事業者」といえるのか、そして「事業者」と判断される基準は、所得課税における事業者概念と同様に考えるべきなのかが問題になります（☞ p.30）。

この場合では、所得税の源泉徴収を嫌うAの独立に端を発し、たまたまB社が仕入税額控除を利用しただけかもしれません。しかし今後、消費税率が上がれば、「支払い給与を法人税で処理するより、外注費扱いにして仕入税額控除をしたほうが得だ」として、このスキームの利用が増えるかもしれません。

(2) 事後に立法措置がとられた事案

不動産取引に関連し、当事者間の契約自体に違法性はないけれど、短期の課税期間設定や、不動産取引とは関係のない金地金取引など、やや不自然な行為の結果、多額の仕入税額控除を可能にする *Case* をみていきます。

Case 4-14

居住用建物賃貸業を営むJ社は新設分割によって設立された子会社であるが、解散した新設分割親会社の基準期間の課税売上高を引き継ぐことにより、01課税期間において課税事業者であった。なお、01課税期間は25日間に設定されており、この25日間の間にK社から5万円で金地金を購入し、K社にほぼ同額で売却をした。01課税期間中の売上げはこれだけだったため、課税売上げ100%となった。引き続きJ社は01課税期間中に9億円の不動産（土地と建物）を購入する売買契約を締結し、翌02課税期間に代金（消費税込み）を支払い、同課税期間中に所有権を移転した。

J社は、課税仕入れを行なった日を01課税期間中の契約締結の日と考え、同課税期間の消費税申告において、上記不動産のうち建物部分の購入を課税仕入れとして仕

入税額控除を行なった。

J社の01課税期間の仕入税額控除は認められるか。

Analysis 4-14

居住用建物賃貸業を営むJ社は、その売上げのほとんどが非課税取引となる居住用建物の賃貸からのものであるため、これに対応する仕入れについて仕入税額控除ができない（☞ p.106）。そこで、非課税取引である居住用建物の賃貸が開始する課税期間（02課税期間）より前の01課税期間において、9億円の不動産の購入にかかる消費税の仕入税額控除をしたかったのである。

そのために、01課税期間を25日というきわめて短期の期間に設定した上、少額の金地金を買った直後に売却して、これを唯一の課税売上げとして課税事業者となり、一方で同課税期間に9億円の不動産購入の契約を行なったのである。不自然な取引が重ねられているとはいえ、個々の取引について何ら違法性はない。

しかしながら、不動産購入代金は02課税期間において支払われ、所有権移転登記も同課税期間において行なわれている。このケースでは、「課税仕入れはいつ行なわれたのか」の判断がポイントとなる。

消費税法は、課税仕入れの時期を定める規定をもたない。ただし、消費税法は、課税標準を「課税資産の対価の額（対価として収受し、又は収受すべき一切の金銭又は金銭以外の物若しくは権利その他経済的利益の額）」としているのであるから、課税仕入先の事業者の売上げについては、対価を現実に受け取る前であっても、対価を受け取る権利が発生していれば、課税売上げがあったと考えるべきであろう。

この **Case** のJ社の不動産の仕入先である者について、契約締結時には代金請求権が発生しているとはいえず、これに相対するJ社も契約締結時に代金支払債務が発生しているとはいえない。したがって、J社が不動産の所有者に代金を支払い、当該不動産がJ社に移転したときをもって「課税仕入れの時」と考えるべきであろう。

この **Case 4-14** は、裁判例（東京高判R.元・12・4）によるものです。裁判所は、所得課税における権利確定主義（所税36 I）を消費課税にも適用し、不動産の仕入時期を翌02課税期間であるとしました（☞「課税仕入れを行った日」をめぐる裁判例・p.104）。この裁判所の考え方に対しては、消費税法に権利確定主義を適用する明文規定がないという批判もありましたが、本件のようなスキームに対して、その後、立法措置により対処されることになりました。すなわち、令和2（2020）年4月の消費税法改正により、事業者が同年10月1日以降に居住用として賃貸する建物の購入に伴う消費税は、仕入税額控除が認められないことになりました（30X）。

Case 4-14 と同じく不動産購入にかかる仕入税額控除について、小規模事業者制度（☞ p.185）を利用した *Case* をみていきます。

Case 4-15

L 社は、01 課税期間において新築賃貸用マンション 1 室を 5000 万円で購入した。同社は、01 課税期間につき、小規模事業者制度も簡易課税制度も適用はなく、本則課税によって消費税申告を行なった。この賃貸マンションは主としてオフィス用賃貸が予定されており、翌 02 課税期間から賃貸料にかかる消費税の納税義務が発生するところ、L 社の 02 課税期間の課税売上げは 800 万円であったため、04 課税期間の基準期間である 02 課税期間の課税売上げが 1000 万円以下ということで、L 社は 04 課税期間に小規模事業者となり、04 課税期間の消費税を納める義務が免除される見込みである。

しかし、5000 万円もの物件を購入できる L 社が、オフィス用賃貸が始まって 4 年目に小規模事業者になって、消費税の納税が免除されることは許されるであろうか。

Analysis 4-15

たしかに、小規模事業者制度の趣旨を考えれば、高額資産を購入してオフィス用賃貸収入が生じる L 社が、賃貸開始数年後に消費税の納税義務が免除されるというのは納得がいかない。しかしながら、小規模事業者の免除規定（9 I）に従う限り、それを否定することはできない。

これを認めないというのであれば、立法で措置をするほかはない。実際に、この問題についても、平成 28(2016)年 4 月の改正により、事業者が小規模事業者制度および簡易課税制度の適用を受けない課税期間中に「高額特定資産」（一取引単位につき課税仕入れにかかる税抜支払対価が 1000 万円以上の棚卸資産等）の仕入れを行なった場合には、当該高額特定資産の仕入日の属する課税期間の翌課税期間から同日の属する課税期間の初日以後 3 年を経過する日の属する課税期間までは、小規模事業者制度は適用されず、また簡易課税制度選択届出書も提出することはできないこととなった（12の4 I、37 II③）。

（3）社会的に有意なビジネスモデルだが常に消費税の還付が生じる事案

事業者が古いマンションを 1 棟丸ごと買い上げてリフォーム等をして付加価値の高いマンションにするというのは、社会的に有意なビジネスモデルです。あるいは、高額すぎてひとりでは購入できない土地を、信託制度（☞ p.54）の利用により複数社で購入して、大型ショッピングセンターとして土地活用をするビジネスモデルは、街の景観や環境向上に加えて、土地の有効活用につな

がって、社会的には有意なものです。

　ただ、これに伴って常に消費税の還付が生じる場合、還付に至る節税スキームを否認するほうがよいのか、自由な経済活動の進展を妨げないほうがよいのか、悩ましいところです。これを具体的に **Case** でみていきます。

Case 4-16

　M社は、居住用中古賃貸マンションを1棟丸ごと買い上げてリフォームを施して付加価値を高め、これを売却する事業を行なっている。買い上げたマンションにはもともと居住者が住んでいるため、買上げから売却までの期間の居住者からの家賃はM社が受け取ることになっている。

　M社は、仕入税額控除の計算について、個別対応方式（30Ⅱ①）（☞ p.109）を採用している。上記中古マンションを購入したときに負担した消費税相当額については、居住者から受け取る家賃は非課税取引（6Ⅰ、別表1⑬）の対価であるものの、これはマンション売却に付随する一時的なものであると考え、課税仕入れであるマンション購入の用途区分を仕入税額が全額控除できる「課税対応課税仕入れ」（30Ⅱ①イ）として消費税申告を行なった。

　M社のこの判断に問題はないか。

Analysis 4-16

　M社は、居住者のいる中古マンションを買い上げ、それに付加価値をつけた上で買手が決まるまでの間は居住者から家賃を受け取る。居住用住居の賃貸は非課税取引であることから、課税仕入れにあたるマンション購入の用途区分は「共通対応課税仕入れ」として、非課税売上げに対応する課税仕入れは、仕入税額控除ができないとも考えられる。

　他方、M社にとって購入マンションは販売目的の棚卸資産であり、販売するために購入したのであって、販売まで受領する家賃収入は、本来の販売取引に付随する、一時的なものでしかないとも考えられる。

　このように考え方が分かれるのは、現行法のもとでは仕入税額控除の性質が判然としないからである（☞ p.30）。諸外国のように仕入税額控除を請求権と考えれば、請求権発生時点が用途区分決定時点となり、課税仕入れを行なった時点の状況により、用途区分が決定されると考えられる。すなわち、課税仕入れ後の一定期間の後には販売予定のマンションであっても、マンション購入時には居住用賃貸部分の家賃収入が発生しているのであるから、「共通対応課税仕入れ」と考えるべきであろう。

　また、仕入税額控除を請求権と性質づけできないとしても、M社の最終目的はマンションの売却だったとはいえ、売却まで必然的に発生する家賃収入は織り込み済みであっただろうし、リフォームをしてもすぐに買い手がみつからないリスクは、事業者として当然想定されているはずである。売却まで時間がかかるかもしれないリスク

> と、その間の家賃収入の発生は、M 社にとって自らコントロールできない不可抗力というより、ビジネスモデルに織り込まれた想定内の事象といえる。

　この **Case 4-16** には、いくつかの裁判例があります。たとえば、東京高判 R.3・4・21（「ムゲンエステート事件」）および東京高判 R.3・7・29（「エーディーワークス事件」）です。両判決ともに、マンション購入の用途区分を「共通対応課税仕入れ」との判断を示しました（ただし、後者の原審である東京地判 R.2・9・3 は、納税者の主張どおり「課税対応課税仕入れ」と判断しました）。

　このスキームについては、令和 2（2020）年 4 月の法改正により、事業者が非課税とされる住宅の貸付けの用に供しないことが明らかな建物以外の建物にかかる課税仕入れについては、税額控除ができなくなりました（30X）。

　この中古マンション 1 棟丸ごと買いのビジネスモデルは、不動産の流動化に資するだけでなく、投資家にとって魅力的な商品でもあります。しかし、高額なマンション購入であることから、常に多額の還付金が発生するという意味では、許容される節税効果を超えているといえるでしょう。

Next Step

▶高額特定資産と調整対象固定資産

　小規模事業者制度の趣旨（☞ p.185）にそぐわない利用により、納税は免除されて仕入税額控除はできるという場合、立法による対応が求められる。高額特定資産の仕入れに関する小規模事業者制度の適用制限ルール（いわゆる「3 年縛り」）は、平成 28（2016）年改正で導入された（☞ **Analysis 4-15**〔p.248〕）。

　課税事業者が簡易課税制度の適用を受けず、本則課税による課税期間において、「高額特定資産」の仕入れを行なった場合、当該高額特定資産を仕入れた日の属する課税期間の翌課税期間から、当該高額特定資産を仕入れた日の属する課税期間の初日以後 3 年を経過する日の属する課税期間までの各課税期間においては、小規模事業者制度の適用を受けることができない（12の4Ⅰ）。すなわち、このような事業者は、仕入れを行なった事業年度から 3 年間、小規模事業者にはなれない。

　「高額特定資産」とは、課税仕入れにかかる支払対価の額（税抜き）が一取引につき 1000 万円以上の棚卸資産または調整対象固定資産をいう（12の4Ⅰ、令25の5Ⅰ）。「調整対象固定資産」とは、建物、構築物、機械および装置、船舶、航空機、車両および運搬具、工具、器具および備品、鉱業権その他の資産でその価額が一取引につき 100 万

円以上のものをいう（2 I⑯、令5 I）。

　たとえば、これまでさほどの営業売上げがないにもかかわらず、課税事業者を選択していた法人がいるとする。そしてその法人は、01事業年度に高額特定資産を仕入れて多額の仕入税額控除をしたのち、その仕入れによる事業効果が出始める02事業年度について、小規模事業者の要件を満たすとして納税義務の免除を受けるとする。この一連の選択は、小規模事業者制度に形式的には沿ったものではあるが、小規模事業者制度の趣旨に合致しているとはいえない。そこで、このような小規模事業者制度の利用を封ずるため、このルールが導入された。

　これと同様に、高額特定資産の仕入れ等を行なった場合の簡易課税制度の適用制限のルールもある（37Ⅱ③）。

▶信託を用いた「節税スキーム」

　Case 4-16 と類似の節税スキームで、信託制度（☞ p.54）を利用することにより、さらに大型物件の取引が可能となる事案をみてみよう。

　資産流動化に関する法律の制定（平成10(1998)年）や、信託法の改正（平成18(2006)年）により受益証券発行信託の明文化により、次の **Case** のような新たなビジネスモデルが登場した。

Case 4-17

　不動産管理業を営む課税事業者のN社は、居住用に供されているマンション8棟を信託財産とする信託受益権を購入した。N社は、遅くとも翌年には不動産投資会社O社にこの信託受益権を売却する予定であったが、O社の組成が金融庁の認可の関係で遅れたため、その間、上記マンションの賃貸収入が生じることとなった。

　N社は、仕入税額控除の計算について個別対応方式を採用しており、上記信託受益権の購入代金のうち、建物部分について、用途区分を仕入税額が全額控除できる「課税対応課税仕入れ」（30Ⅱ①イ）として消費税申告を行なった。

　N社のこの判断に問題はないか。

Analysis 4-17

　マンション8棟を単独で購入するためには膨大な資金を必要とするが、これをまとめて信託財産とし、複数の信託受益権に小口化することにより、不動産取引が流動的に、つまり売買がしやすくなる。このように大型物件の売買や大型ショッピングセンターの建設にあたって信託を利用するのは、ビジネスモデルとしても投資商品としても有意である。しかし、この **Case** の場合のように、居住者からの家賃収入を「信託受益権売却までの付随的なもの」と位置づけ、非課税取引となる居住用建物の賃貸としないことにより、ほぼ例外なく多額の消費税還付が生じることには、許容される節税効果を超えているともいえる。

> この問題は、**Case 4-16** と同様である。したがって、令和２（2020）年４月の法改正により、事業者が非課税とされる住宅の貸付けの用に供しないことが明らかな建物以外の建物にかかる課税仕入れについては、税額控除ができない（30X）。

　この **Case 4-17** は、国税不服審判所の裁決例を参考にしたものである（国税不服審判所裁決 H.17・11・10）。

　Lecture で説明したように、**Case 4-16**〔p.249〕および **Case 4-17** で考察した節税スキームは、令和２年４月の改正（30X）により不可能になった。建物が住宅の貸付け用である場合、あるいは住宅の貸付け用となる見込みがある場合には、課税仕入れとされないことになったからである。しかしながら、「貸付け用または貸付け用になる見込み」と判断する基準時、すなわち、用途区分判断の基準時についての規定はなく、一番早い時点は仕入れを行なったとき、最も遅い時点は不動産を売却したときと、かなり幅がある。仕入税額控除を請求権とは解釈しづらい現行法の下では、「仕入税額控除請求権の発生時点での用途」という考え方はできないため、用途区分判断の基準時についても明文規定が必要である。

法律用語のコラム

【括弧書、本文、但書、柱書】

　法律の規定のある部分を正確に引用したり参照したりする場合には、条、項、号では不足する場合がある。その場合の特定方法について、簡潔に説明しよう。

　条と項を指定すれば、正確にその規定を引用できるのは、その条項が比較的単純なつくりの場合である。「保税地域から引き取られる外国貨物には、この法律により、消費税を課する」（4Ⅱ）はその例である。

　しかし、ある条項の中に括弧でくくられた部分があり、その箇所を特定して引用する場合には、条項の番号だけでなく、それが括弧書であることを指摘する必要がある。代物弁済による資産の譲渡が、消費税法において資産の譲渡等に該当することを定めている規定として、２条１項８号を指摘するのでは十分でなく、正確には、この号の「括弧書」を指摘する必要がある。この点は、法律以外の場面でもときどき経験することであろう。

　法律の条文で面倒なのは、１つの条項において、複数の括弧書が用いられている場合が、しばしばあることである。その場合は、その条項のいくつ目の括弧書かを指摘したり、「最初の括弧書」、「最後の括弧書」と指摘したりする。「電話、電信その他の通信設備を用いて他人の通信を媒介する役務の提供」が電気通信利用役務の提供に含まれないことを規定しているのは、「２条１項８号の３の最後の括弧書（または、３つ目の括弧書）」である。

1つの条項の中に「ある文」と、「ただし、で始まる文」がある場合は、先行する「ある文」は「本文」と、「ただし、で始まる文」は「但書」と呼ばれる。保税地域からのみなし引き取りを定めた4条6項は、「保税地域において外国貨物が消費され、又は使用された場合には、その消費又は使用をした者がその消費又は使用の時に当該外国貨物をその保税地域から引き取るものとみなす」という本文と、「ただし、当該外国貨物が課税貨物の原料又は材料として消費され、又は使用された場合その他政令で定める場合は、この限りでない」という但書とを含んでいる。

　但書は、一般には、本文に対する例外や特則を定める内容である。したがって、但書を含む条項を引用する際には、本文を引用するのか但書を引用するのかで、反対の結果となるから、細心の注意が必要である。

　最後に、「号」などを使って事項を列挙する場合に、列挙に先立って列挙されたものについての内容（法律の効果）などを定める部分は、「柱書」と呼ばれる。輸出免税を定める7条1項は、「事業者（……）が国内において行う課税資産の譲渡等のうち、次に掲げるものに該当するものについては、消費税を免除する」という柱書に続けて、1号から5号までを列挙し、これらについて消費税が免除されることを定めている。

　なお、本文、但書や柱書に括弧書が含まれていれば、当然、「本文括弧書」や「柱書但書」と引用することになる。 (H.S.)

Key Points 4－Ⅳ

❶消費税の税率が高くなり、仕組みが複雑になれば、脱税や過度な節税スキームが仕組まれる余地が広くなる。

❷最近の脱税事案としては、実態のない人材会社を設立して、実質的には自社社員であるのに、形式的には派遣社員とし、派遣会社に支払う外注費を仕入税額控除の対象とするものがある。また、金塊を密輸入し、複数の国内事業者を経由してこれを輸出し、密輸入時に納税せず、輸出時に税額還付をねらうものなどがある。

❸最近の重加算税賦課事案としては、実質的には海外の事業者自身が日本国内で仕入れを行なっているのに、契約上は国内の事業者が仕入れた上で輸出をしているようにみせかけて、輸出時の消費税還付相当額を得て、それを関係者で分配するものなどがある。

❹事業者該当性に疑念が生じる委託契約を結んで課税対象仕入税額を発生させるスキーム、短期の課税期間を設定して金地金売買を行なって課税事業者になった上で仕入税額控除を行なおうとするスキーム、小規模事業者制度を巧みに取り入れて消費税の納税義務を回避するスキームなどもある。これらのスキームについては、取引自体に違法性がないものの、実態と齟齬があったり、不自然な方法を使ったりしている。そこで、これらのスキームには、立法措置がとられることとなった（30X、

12の4Ⅰ、37Ⅲ③など）。

❺資産の流動化に資すものであったり、投資商品として魅力的であったりするビジネスモデルであるが、消費課税に関しては、常に税額還付が生じる節税スキームも登場してきている。これは、仕入税額控除の計算において、個別対応方式を採用するときに、「課税対応課税仕入れ」か、「共通対応課税仕入れ」かの判断の違いから、用途区分をめぐる問題が生じている。

❻用途区分については、令和2（2020）年の法改正により、非課税取引となる住宅貸付けの用に供する場合、または住宅貸付けの用に供する見込みがある場合には、その建物の購入について仕入税額控除ができないことになった（30X）。しかし、用途判断の基準時を明確にするための、さらなる立法措置が必要である。

事項索引

判例索引

著者紹介

佐藤英明（さとう　ひであき）

　東京大学法学部卒。

　神戸大学名誉教授、慶應義塾大学教授。

　執筆担当：Chapter 2、Chapter 3

西山由美（にしやま　ゆみ）

　慶應義塾大学大学院法学研究科後期博士課程単位取得退学。

　明治学院大学教授。

　執筆担当：Chapter 1、Chapter 4

スタンダード消費税法

2022（令和 4 ）年 9 月 30 日　初版 1 刷発行
2024（令和 6 ）年 2 月 15 日　同　2 刷発行

<table>
<tr><td>著　者</td><td>佐　藤　英　明
西　山　由　美</td><td></td></tr>
<tr><td>発行者</td><td>鯉　渕　友　南</td><td></td></tr>
<tr><td>発行所</td><td>株式
会社　弘　文　堂</td><td>101-0062　東京都千代田区神田駿河台 1 の 7
TEL 03（3294）4801　　振替 00120-6-53909
https://www.koubundou.co.jp</td></tr>
<tr><td>装　丁</td><td>笠井亞子</td><td></td></tr>
<tr><td>印　刷</td><td>三美印刷</td><td></td></tr>
<tr><td>製　本</td><td>井上製本所</td><td></td></tr>
</table>

ISBN978-4-335-35915-6